Linda Rodriguez McRobbie

Gute Prinzessinnen kommen ins Märchen, böse schreiben Geschichte

Linda Rodriguez McRobbie

Gute Prinzessinnen kommen ins Märchen, böse schreiben Geschichte

Von Olga, der Wilden,
über Kaiserin Sisi bis zu
Gloria von Thurn und Taxis

Aus dem Englischen von
Katharina Volk

Mit Illustrationen von
Douglas Smith

btb

Die amerikanische Originalausgabe erschien 2013
unter dem Titel *Princesses Behaving Badly* bei Quirk Books, Philadelphia.

MIX
Papier aus verantwortungsvollen Quellen
FSC® C014496

Verlagsgruppe Random House FSC® N001967
Das für dieses Buch verwendete FSC®-zertifizierte Papier
Munken Premium liefert Arctic Paper Munkedals AB, Schweden.

1. Auflage

First published in English by Quirk Books, Philadelphia, Pennsylvania.

Satz: Uhl + Massopust, Aalen
Druck und Bindung: GGP Media GmbH, Pößneck
Printed in Germany
ISBN 978-3-442-75447-2

www.btb-verlag.de
www.facebook.com/btbverlag

Inhalt

KÄMPFERINNEN

PARTY-GIRLS

FLITTCHEN

PRINZESSINNEN VON SINNEN

Es war einmal …

EINE EINFÜHRUNG

Jedes kleine Mädchen spielt gerne mal Prinzessin.

Jedes kleine Mädchen?

Nicht unbedingt. Als ich klein war, wollte ich nie eine Prinzessin sein. Ich war kein Wildfang, der lieber ein Junge gewesen wäre – ich stand einfach nicht auf Prinzessinnen. Auf Pferde schon, vor allem, wenn es sich um ein geflügeltes Pferd oder sogar ein Einhorn handelte. Aber in meiner Kindheit waren selbst die Disney-Märchenprinzessinnen noch nicht die Pastell-und-Glitzer-Götzen, die sie heute sind. Als kleines Mädchen war man bei der Kostümwahl nicht auf Belle, Arielle oder Cinderella beschränkt (und vielleicht noch Mulan oder Merida für die besonders Mutigen).

Heutzutage gilt der Prinzessinnen-Wahn bei vielen kleinen Mädchen als normal. Im Jahr 2000 beschloss Disney, die rehäugigen Hauptfiguren seiner Zeichentrickfilme über ihr wichtigstes Merkmal zu vermarkten: ihren Prinzessinnen-Titel. Damit war die Prinzessinnen-Plage in die Welt gesetzt. Prinzessinnen sind *das* große Geschäft in der Altersgruppe der unter Zehnjährigen. Die »Disney Princess«-Artikel waren 2012 die meistverkauften Merchandising-Produkte in Nordamerika. Weltweit brachten sie über 4,6 Milliarden Dollar Umsatz ein und schlugen damit *Star Wars* und die *Sesamstraße.* Wenn man alles berücksichtigt, was sonst noch mit dem Thema Prinzessin zu tun hat – *Die Prinzessin und der Popstar*-Barbies, Prinzessinnen-Bastelsets und zahllose Rosa-Glitzer-T-Shirts – erhält man das, was Kolumnisten und besorgte Eltern als »Prinzessinnen-Komplex« bezeichnen.

In ihrem faszinierenden Buch *Cinderella Ate My Daughter* beleuchtet Peggy Orenstein diesen Wahn, Mädchen in niedliche rosa Prinzessinnen-Kostüme zu stecken. Wie viele andere auch befürchtet sie, dass dieser Prinzessinnen-Wahn unrealistische Schönheitsideale vermittelt, der Kreativität sehr enge Grenzen steckt (darf es das rosa Ballkleid sein oder das lilafarbene?) und kleine Mädchen zu künftigen Narzisstinnen heranzieht. Und ich stimme ihr zu. Bisher gibt es zwar keine konkreten Beweise dafür, dass die allgegenwärtige Prinzessinnenkultur dem Selbstwertgefühl kleiner Mädchen schadet. Aber ich habe den Eindruck, dass dieses Phänomen falsche Hoffnungen weckt und einen faden Beigeschmack hat – ein ungerechtfertigtes Anspruchsdenken, eine trügerische Macht, die sich nicht auf ein gutes Urteilsvermögen, besondere Führungskompetenz oder Intelligenz gründet, sondern sich von gutem Aussehen, Reichtum und einem tollen Mann an der Seite ableitet. »Prinzessin« ist ein Titel, der absurde Erwartungen daran weckt, wie andere einen behandeln sollten, bizarre Vorstellungen davon, was wirklich zählt und was Frauen im Leben erreichen können oder sollen.

Natürlich wachsen die meisten kleinen Mädchen nicht in dem Glauben auf, dass es im Leben nur um glitzernde Schühchen, gute Feen und Märchenprinzen geht. Aber die Prinzessinnen-Fantasie ist eine Vorstellung, die wir nie wirklich ablegen. Das zeigt beispielsweise die allgemeine Begeisterung für Kate Middleton, das bürgerliche Mädchen von nebenan, das im April 2011 den feschen britischen Prinzen William heiratete. Streng genommen ist sie zwar gar keine Prinzessin, sondern Herzogin – ihr offizieller Titel lautet Duchess of Cambridge –, und doch trägt ihre Geschichte alle Kennzeichen eines Märchens. Die königliche Hochzeit sah sogar aus wie aus einem Zeichentrickfilm – es fehlten nur noch die zwitschernden Vögelchen, die Kates Schleppe tragen.

Eine niedlich nichtssagende »Prinzessin Kate«, dieses Bild verkaufte die Klatschpresse weltweit, obwohl das »märchenhafte« Leben der letzten britischen Prinzessin in Wirklichkeit ein so düsteres Ende fand. Diana *war* Cinderella, und diese Ähnlichkeit spielten die Medien damals genauso aus wie jetzt. Dianas wahre Geschichte jedoch – ihre Zweckehe, ihr untreuer Ehemann, die Gerüchte über Affären und Essstörungen, die Schattenseiten ihrer Berühmtheit, ihr Spiel mit der britischen Presse und schließlich ihr Tod auf der Flucht vor den Paparazzi – entspricht ganz sicher nicht dem schönen Märchen, von dem alle geträumt hatten.

Dass aus Märchen keine Erwartungen werden, erreicht man vielleicht am ehesten, indem man von echten Prinzessinnen erzählt und endlich aufhört, ihr Leben als Märchen darzustellen. Echte Prinzessinnen waren mitunter Frauen, die keine Kontrolle über ihre Lebensumstände hatten. Sophie Dorothea von Braunschweig-Lüneburg beispielsweise wurde gezwungen, einen Mann zu heiraten, den sie »Schweineschnauze« nannte – einen Mann, der sie brutal misshandelte und betrog. Zur Strafe dafür, dass sie ihrerseits eine Affäre hatte, hielt er sie schließlich über 30 Jahre lang, bis zu ihrem Tod, in einem Schloss gefangen. Andere, etwa Anna von Sachsen, waren psychisch äußerst labil – offensichtlich kann ein zu kleiner Genpool eben genauso verderblich sein wie absolute Macht. Ganz schön Grimm-ig, was?

Andere Prinzessinnen hingegen fanden Möglichkeiten, ihr Schicksal selbst in die Hand zu nehmen. Die chinesische Kaiserin Wu bewies, dass Prinzessinnen mindestens ebenso skrupellos machiavellistisch handeln können wie jeder beliebige Prinz. Manche, wie Sarah Winnemucca, nutzten ihre Titel (sowohl echte als auch angebliche), um Aufmerksamkeit für eine gute Sache zu wecken. Wieder andere wollten sich einfach nur bestmöglich amüsieren, etwa die Amerikanerin Clara Ward, eine sogenannte Dollar-Prinzessin, die ihren doch nicht so traumhaften Prinzen sitzenließ und mit einem Zigeunermusikanten durchbrannte. Und nicht wenige waren in Wahrheit gar keine Prinzessinnen, zum Beispiel »Prinzessin« Carabu oder Franziska, die polnische Fabrikarbeiterin, die sich als die verschollene Romanow-Prinzessin Anastasia ausgab.

Echte, historisch verbürgte Prinzessinnen waren zu großartigen wie zu grauenhaften Dingen fähig. Sie haben unkluge Entscheidungen getroffen, dumme Fehler gemacht, die falschen Männer geliebt, oder gar zu viele Männer … Sie haben gelogen, gemordet, ihre weiblichen Reize bewusst als Waffe eingesetzt oder sich komplett verhüllt und wie Männer gekleidet, um ihre Macht zu sichern. Sie hatten keine Angst davor, sich die Hände schmutzig zu machen – oder auch mal ein bisschen blutig. Sie waren echte *Menschen* mit Fehlern und Vorzügen, aber das Wort *Prinzessin* mit seinen vielen Assoziationen verbirgt diese Menschlichkeit oft hinter einer schönen Fassade.

Bei den Frauen, von denen ich auf den folgenden Seiten erzähle, versuche ich hinter den Mythos zu schauen und den echten Menschen darzustellen, so gut das nun mal möglich ist. Denn die Geschichte ist eben nur so wahrheitsgetreu wie diejenigen, die sie aufgezeichnet haben, und das gilt erst recht, wenn es dabei um eine Frau geht. Ich habe mich nach Kräften bemüht, den verlässlichsten Quellen nachzugehen, doch wie bei jeder Rekonstruktion der Vergangenheit muss man einen Teil der Geschichten als Gerüchte, Klatsch und Spekulation verbuchen.

Trotzdem erzähle ich hier die Geschichten echter Prinzessinnen, echter Frauen. Sie mögen mit »Es war einmal…« beginnen, verliefen aber garantiert nicht immer glücklich bis ans Ende ihrer Tage.

Kriegerinnen

Prinzessinnen,
die ihre Schlachten
selbst austrugen

Alfhild

DIE PIRATEN-PRINZESSIN

5. JAHRHUNDERT N. CHR.
DIE EISIGEN GEWÄSSER DER OSTSEE

Prinzessin Alfhild stand vor einer schweren Entscheidung. Endlich hatte es ein richtig toller Kerl geschafft, die todbringenden Sicherheitsmaßnahmen ihres Vaters zu überwinden und zu ihr vorzudringen, ohne dabei den Kopf zu verlieren oder vergiftet zu werden. Nun konnte sie also entweder diesen tapferen jungen Mann heiraten und sich dem häuslichen Glück widmen, nach dem Frauen der damaligen Zeit zu streben hatten. Oder ihr Leben als Adelige aufgeben und Piratin werden.

Wofür hat sie sich wohl entschieden?

Papas Liebling

Als einzige Tochter des Gotenkönigs Siward war die kleine Alfhild der Augenstern ihres überfürsorglichen Vaters und wurde zu einer beinahe pathologischen Sittsamkeit erzogen. Angeblich war sie so schamhaft, dass sie »ihr Antlitz mit dem Kleide verhüllte«, damit durch ihre überwältigende Schönheit auch ja kein Mann in den lüsternen Wahnsinn getrieben wurde.

Alfhild hatte allen Grund dazu, ihre Jungfräulichkeit so entschlossen zu hüten. Ihre Geschichte wird in den *Gesta Danorum* (Taten der Dänen) erzählt, einer mehrbändigen Chronik, die der Historiker Saxo Grammaticus im zwölften Jahrhundert verfasste. Wenn man Saxo glauben darf, war Jungfräulichkeit so ziemlich der einzige wertvolle Besitz einer Frau. Doch dass sie ihr Gesicht verhüllte, war nur eine von vielen Maßnahmen, die Männer daran hindern sollten, sie anzurühren. Saxo zufolge tat König Siward das, was jeder Vater eines bildhübschen Teenagers tun würde, wenn er nur könnte:

Ihr Vater verwies sie in eine enge Hut und übergab ihr eine Viper und eine Schlange zum Aufziehen, um ihre Keuschheit durch die Wache der herangewachsenen Reptilien zu sichern. Denn nicht leicht konnte der Zutritt zu einem Gemache gewonnen werden, das ein so gefahrdrohender Riegel versperrte. Er bestimmte auch, wer den Zugang zu ihm vergebens versucht habe, dem solle sofort der Kopf abgeschlagen und auf einen Pfahl gesteckt werden. So dämpfte das für die Keckheit aufgestellte Schreckbild die Erregung der Gemüter unter den jungen Männern.

Einen jungen Mann jedoch gab es, dessen erregtes Gemüt diese Hindernisse nur noch mehr entflammten, da er fand, das »Wagnis werde umso mehr Ruhm bringen, als es mit großer Gefahr verknüpft wäre«. Sein Name war Alf, und er war der Sohn des dänischen Königs Sigar. Eines Tages platzte Alf in Alfhilds Schlafgemach, in ein blutiges Fell gehüllt (um die Schlangen erst recht zu reizen, sonst hätte es ja keinen Spaß gemacht). Er tötete die Viper, indem er ihr eine glühende Stahlstange in den Rachen stieß. Die Schlange erledigte er mit etwas konventionelleren Mitteln – sie bekam einen Speer ins Maul.

Siward war durchaus beeindruckt davon, wie der tollkühne junge Däne sein schuppiges Sicherheitssystem überwunden hatte. Doch er wollte ihn als Schwiegersohn nur unter der Bedingung akzeptieren, dass Alfhild ihre »feste Wahl nach freiem Entschlusse« selbst traf. Alfhild war sehr angetan von dem tapferen Freier, der gerade ihre niedlichen Haustierchen umgebracht hatte – ihre Mutter eher weniger. Sie riet Alfhild, sich das noch einmal gründlich zu überlegen und sich nicht von den »schmeichelnden Lockungen der Schönheit« verleiten zu lassen.

Dieser weise Rat ihrer Mutter brachte Alfhild zu dem Schluss, dass Alf doch nicht der Richtige für sie war. Statt ihn zu heiraten, vertauschte sie ihre aufwändige Verschleierung gegen Männerkleidung und ging zur See. Als wilde Freibeuterin führte sie eine ganze Schar von Frauen auf ihren Raubzügen an.

Seemann ahoi

Warum Alfhild gleich unter die Seeräuber ging, ist ungeklärt. Saxo versucht nicht einmal, ihre Beweggründe zu erklären, und führt auch nicht näher aus, warum die vielen anderen »Jungfrauen von gleicher Sinnesart«, die sie begleiteten, ihrerseits auf diese Idee kamen. Ihrer unkonventionellen Entscheidung zum Trotz war Alfhilds Geschichte in einer Hinsicht typisch für historische Erzählungen aus dieser Epoche: Der Schutz von Tugend und Jungfräulichkeit um jeden Preis sagt etwas über Werte und Wirklichkeit im alten Skandinavien aus. Und sie passt in eine ganze Reihe weiterer sogenannter Schildmaiden-Sagen, romantische Geschichten von jungfräulichen Kriegerinnen, die Nadel und Faden weglegten und zu den Waffen griffen.

Saxo lässt uns zwar wenig über Alfhilds Motivation wissen, betont jedoch, dass ihre Entscheidung für ein Leben als räuberische Seefahrerin gar nicht so außergewöhnlich war. Auch andere Frauen, so behauptet er, »eine feine Lebensweise hassend«, tauschten »den ganzen weichen, flüchtigen Weibersinn« gegen Schwert und Schild. »Die Hände, die sie dem Linnengewebe hätten weihen sollen, widmeten sie dem Waffengewerbe … sie griffen die mit der Kampfeslanze an, die sie mit ihrem Schönheitsglanze hätten bezaubern können.« Saxo zufolge sollten Frauen sich also mit Weiberkram beschäftigen und ihre hübschen Gesichter verborgen halten, um nicht etwa die Leidenschaft nichtsahnender Männer zu wecken. Auf den Gedanken, dass Frauen zur Waffe griffen, um sich vor der allzu ungezügelten Leidenschaft mancher Männer zu schützen, ist er offenbar nicht gekommen.

Jedenfalls waren Alfhilds Raubzüge ein Riesenerfolg. Man wird nicht einfach zum Piraten, indem man sich einen Säbel schnappt und eine Augenklappe aufsetzt, doch warum und wie genau Alfhild so erfolgreich wurde, ist nicht überliefert. Saxo geizt da mit Einzelheiten. Doch trotz seiner prüden Bedenken gegen kämpfende Frauen im Allgemeinen gibt er zu, dass Alfhild Taten vollbrachte, »die weit über den Mut einer Frau hinausgingen« *(ähem!)*. Sie führte ihre Kameradinnen zu großem Reichtum und wurde schließlich Kapitänin eines weiteren Schiffes, diesmal mit männlicher Besatzung, die Alfhild als bezaubernd schöne und unerbittliche Anführerin verehrte. Im Lauf der Zeit sammelte Alfhild eine kleine Flotte um sich, die das Meer vor der finnischen Küste unsicher machte.

Doch die guten Zeiten sollten nicht ewig währen. Mit einem hatte Alfhild nämlich nicht gerechnet: der Hartnäckigkeit ihres verschmähten, schlangenmordenden Freiers. Alf hatte die schöne, sittsame Jungfrau nie vergessen und versuchte sie »mehrmals auf mühevoller Fahrt zu erreichen«. Eines Tages stießen er und seine Mannschaft an der Küste Finnlands auf eine Flotte Wikingerschiffe. Seine Männer waren dagegen, eine so große Flotte mit ihren wenigen Schiffen anzugreifen. Doch Alf duldete keine Widerrede und erklärte, es sei eine Schmach, wenn Alfhild erführe, dass er sich von ein paar Schiffen am Vordringen habe hindern lassen. Welche Ironie ...

Die Seeschlacht begann, und diejenigen Dänen, die gerade nicht massakriert wurden, wunderten sich, »woher denn den Körpern ihrer Feinde eine so feine Gestalt käme und ein solches Wohlmaß der Glieder«. Mit seinem Kameraden Borgar enterte Alf eines der feindlichen Schiffe, kämpfte sich zum Heck durch und »schlug alle nieder, die ihm in den Weg traten«. Doch als Borgar dem nächsten Seeräuber den Helm vom Kopf schlug, erkannte Alf zu seinem Erstaunen, dass keine andere als die schöne Alfhild vor ihm stand, die Frau, »nach der er über Land und Meer unter so vielen Fahrnissen mit unermüdlicher Anstrengung gesucht hatte«.

In diesem Moment begriff Alf: »... hier seien Küsse, nicht Waffen am Platze. Man müsse die harten Geschosse aus der Hand legen und den Feind mit sanfteren Diensten angehen.« Diese sanfteren Dienste sahen unter anderem so aus, dass er Alfhild aus den verschwitzten Seeräuber-Klamotten heraus und in sein warmes Bett holte. Und so waren die Tage des Plünderns und Brandschatzens gezählt – jedenfalls für Alfhild.

Die Worte, mit denen Saxo Alfhilds Rückkehr ins Leben einer Prinzessin beschreibt, sind entlarvend. Er schreibt, Alf »erfasste sie leidenschaftlich und zwang sie, ihre männliche Kleidung wieder mit Weibertracht zu vertauschen; mit ihr zeugte er später eine Tochter ...« Was Alfhild wollte und wie sie dazu stand, ihre Raubzüge und Abenteuer aufzugeben, ist nicht überliefert. Höchstwahrscheinlich deshalb, weil es Saxo einfach nicht interessierte. Aus seinen Worten geht deutlich hervor, dass Alfhild keine Wahl hatte. Danach weiß die Geschichte (oder zumindest Saxo) nichts mehr von ihr zu berichten.

Es war einmal eine Piraten-Prinzessin

Saxos Geschichte von der sittsamen Prinzessin, die zur Piratin wurde, mag wahr sein oder nicht. Immerhin handelt es sich bei den *Gesta Danorum* um ein Geschichtswerk, in dem neben echten Helden und Herrschern Riesen, Hexen und Drachen vorkommen. Doch die Erzählung von der Kriegerin Alfhild basiert wahrscheinlich auf einer echten Überlieferung, und Gelehrte und Historiker späterer Zeiten bezeichneten ihre Geschichte (wie viele andere aus Saxos üppigem Historiengemälde) als nützlich zum Verständnis der frühmittelalterlichen skandinavischen Kultur.

Aber welche Lehre vermittelte sie den folgenden Generationen – jenen Kindern, die ihr in den endlos langen skandinavischen Winternächten lauschten, gemütlich eingekuschelt vor dem Feuer? Das ist schwer zu sagen. Für die moderne Leserin ist es ein wenig enttäuschend, dass Alfhilds Abenteuerlust von einem Mann bezwungen wurde. Warum hätte sie nicht Ehefrau *und* Mutter *und* Seeräuberin sein können? Aber bevor wir die

Geschichte nach den feministischen Maßstäben des einundzwanzigsten Jahrhunderts beurteilen, sollten wir uns bewusst machen, dass Saxos Version der dänischen Geschichte für ein christliches mittelalterliches Publikum verfasst wurde, und das gut 700 Jahre nach Alfhilds Tod.

Die Sage von Alfhild basiert auf jahrhundertealter mündlicher Überlieferung heidnischer Geschichten. Was wiederum aus Saxos Feder floss, bekräftigt die Geschlechterrollen nach damaligem christlichem Verständnis. Alfhild ist sittsam und keusch. Andererseits kann sie aber auch gut mit Axt und Schwert umgehen, was der volkstümlichen Tradition der Schildmaiden entspricht. Alf muss ihre Wildheit irgendwie bezwingen, um sich ihrer würdig zu erweisen. Und natürlich wird am Ende alles gut, denn Alfhild gibt ihr rastloses Leben als wilde Freibeuterin auf und lässt sich als Ehefrau und Mutter häuslich nieder. Saxo macht überdeutlich, was er von solchen Waffenweibern hält – ja, er räumt dem Gejammer über sie mehr Platz ein als Alfhilds eigentlicher Lebensgeschichte.

In gewisser Weise ist die Sage von Alfhild genauso ein pädagogisches Märchen wie Aschenputtel oder Schneewittchen. Nur eben mit etwas mehr Säbelrasseln … und Schlangen.

Pingyang

DIE PRINZESSIN, DIE EINE ARMEE ANFÜHRTE

CA. 600–623
TANG-DYNASTIE, CHINA

Einen korrupten Kaiser stürzt man nicht ganz allein. Als Tochter eines Generals wusste Pingyang das sehr wohl. Da ihr Vater und ihr Bruder so ihre Schwierigkeiten hatten, die Armee des Kaisers zu besiegen, wartete sie lieber nicht ab, bis sie zur Kriegsbeute wurde. Stattdessen stellte sie ein eigenes Heer von über siebzigtausend Mann auf und kommandierte es auch selbst. Mit ihrer Hilfe gelang es ihrem Vater, den Kaiser zu stürzen und eine Dynastie zu begründen, die als goldenes Zeitalter der chinesischen Geschichte gilt.

Ach, und hatte ich erwähnt, dass Pingyang zu diesem Zeitpunkt noch keine 20 Jahre alt war?

Wie der Vater, so die Tochter

Pingyang war die Tochter von General Li Yuan, einem kaiserlichen Statthalter im China des siebten Jahrhunderts, dem eine ganze Armee unterstand. Li Yuan *wollte* nicht direkt zum Rebellenführer werden – immerhin war der regierende Kaiser ein entfernter Verwandter. Aber er war einflussreich, mächtig und ehrgeizig. Und das weckte eines Tages den Argwohn des letzten Kaisers der Sui-Dynastie, Yangdi.

Der paranoide Yangdi gilt bis heute als einer der größten Schurken der chinesischen Geschichte. Er ermordete seinen eigenen Vater, um sich den Thron zu sichern, und strapazierte die finanziellen und militärischen Mittel des Reiches mit misslungenen Eroberungsfeldzügen in fremde Länder. Mit dem Rest der Staatskasse finanzierte er kostspielige Bauprojekte, die ihm ewigen Ruhm sichern sollten. Als er pleite war, hob er einfach die Steuern an. Aber die konnte niemand mehr bezahlen – Yangdi hatte nahezu alle arbeitsfähigen Männer für seine Armeen eingezogen, und so waren nur noch wenige übrig, um die Felder zu bestellen und Geld zu verdienen. Zu wenige, genau gesagt. In den Jahren 613 und 614 lehnte sich die ausgebeutete Bevölkerung gegen ihn auf – zunächst nur hungernde Bauern, doch bald schlossen sich machtgierige Adelige und Regierungsbeamte der Rebellion an. Yangdi geriet in Panik und ließ jeden einkerkern oder hinrichten, der ihm irgendwie suspekt vorkam.

Li Yuan erschien ihm schon lange verdächtig, und das nicht ohne Grund. Der ehrgeizige General hatte nicht nur eine starke

Armee unter sich. Viel besorgniserregender war, dass Li Yuan angeblich einen Leberfleck in Form eines Drachen unter der linken Achsel trug – ein eindeutiges Zeichen dafür, dass er zum Kaiser von China bestimmt war. Yangdis Verdacht erhärtete sich 615, als sich in ganz China eine beliebte Ballade verbreitete, der zufolge der nächste Kaiser Li heißen sollte. Da Li einer der häufigsten Nachnamen war, hätte sich diese Weissagung so ziemlich auf jeden beziehen können, doch Yangdi war sich ziemlich sicher, welcher Li die größte Bedrohung für ihn darstellte.

617 gab Yangdi den Befehl, Li Yuan einzukerkern, weil der General angeblich mit nicht nur einer, sondern gleich zwei von Yangdis Konkubinen im Bett erwischt worden war – ein Kapitalverbrechen. Doch Yangdi war gezwungen, diesen Befehl zurückzunehmen, als er in Bedrängnis geriet und gegen die aufständischen Truppen Hilfe brauchte. Li Yuan erkannte natürlich, woher der Wind wehte, und dass er zwei Möglichkeiten hatte: den Augenblick nutzen und offen rebellieren oder von seinem panischen Kaiser vernichtet werden, wenn dieser ihn nicht mehr brauchte. Er entschied sich für die Rebellion.

Mit Hilfe seiner Nachbarn und Verbündeten, der Osttürken, stellte er eine Armee von über dreißigtausend Mann auf. In geheimen Botschaften teilte er seinem Sohn Li Shimin und seinem Schwiegersohn Chai Shao (Pingyangs Ehemann) seine Pläne mit. Damit wurde es für Pingyang und ihren Mann ein bisschen heikel – sie wohnten am kaiserlichen Hof, und Chai Shao war Kommandant der Palastwache. Er erzählte seiner Frau von seinem Plan, zu desertieren und sich der Rebellenarmee ihres Vaters anzuschließen, doch er fürchtete, dass sie nach seiner Flucht in Gefahr schweben könnte. Damit hatte er zweifellos recht, denn Yangdi war ohne Weiteres zuzutrauen, dass er Pingyang als Geisel festhalten oder ihr etwas antun würde, um sich an ihrem Vater und ihrem Mann zu rächen. Aber Pingyang war keine Frau, die so leicht in Ohnmacht fiel, oder zu Hause herumsaß und darauf wartete, in ein Verließ geworfen zu werden. Sie erklärte ihrem Mann, sie könne schon selbst auf sich aufpassen, und ein paar nervenaufreibende Tage nachdem er den Palast verlassen hatte, tat sie genau das.

Pingyang schlug sich zum Adelssitz ihrer Familie in der Provinz Hu durch. Dort stellte sie fest, dass das Volk darbte – neben dem Krieg hatte auch noch eine schwere Dürre eine Hungersnot ausgelöst. Also öffnete Pingyang den hungernden Massen die fürstlichen Speisekammern, und diese gute Tat vergaßen sie ihr nie. Außerdem standen sie dadurch in Pingyangs Schuld – eine kluge Idee, wenn man demnächst eine eigene Armee aufstellen will.

Das Heer der Dame

Wenige Monate später waren die Streitkräfte von Pingyangs Vater und Bruder in blutige Schlachten gegen die Armee des Kaisers verwickelt. Pingyang erkannte, dass das Überleben ihrer Lieben von der Truppenstärke abhing, und beschloss, ihnen unter die Arme zu greifen.

Also rekrutierte sie Soldaten aus der Bevölkerung, die sie jüngst vor dem Verhungern gerettet hatte, und stellte die kräftigsten und tüchtigsten in den Dienst ihrer Armee, die als »das Heer der Dame« bekannt wurde. Dann warf sie ihre Netze noch weiter aus: Sie soll einen jungen Diener als Gesandten zu einem Räuberhauptmann geschickt haben, der sich in der Nähe herumtrieb, um ihn zu überreden, mitsamt seiner Bande in ihre Armee einzutreten. Als das klappte, sandte sie weitere Diener zu anderen Banditen und bat auch diese, sich ihr anzuschließen. Warum die Räuber sich darauf einließen, ist unklar, aber immerhin stand Pingyang auf der Seite, die wahrscheinlich den Sieg davontragen würde. Sie schmiedete Allianzen mit den größten und schlagkräftigsten der versprengten Rebellengruppen in Hu. Sie bewog sogar Verbündete des Kaisers dazu, sich gegen Yangdi zu wenden – unter anderem desertierten der kaiserliche Premierminister sowie ein General mit über zehntausend Mann. Binnen weniger Monate hatte Pingyang über siebzigtausend Mann unter der Flagge ihres »Heers der Dame« versammelt. Sie überrannten die ganze Provinz und eroberten die Hauptstadt Hu.

Pingyangs hervorragendes Gespür für gute PR war ihr auch als Generalin sehr nützlich. Ihre Soldaten mussten sich per Eid verpflichten, in den eroberten Dörfern nicht zu plündern und zu randalieren. Noch überraschender für die Einwohner – nach jedem Sieg verteilten die Eroberer Essen an die Bevölkerung. Es heißt, das Volk habe das Heer der Dame nicht wie andere Armeen wie einen Schwarm gieriger Heuschrecken gefürchtet, sondern als Befreier angesehen. Noch mehr Menschen schlossen sich ihr an.

Die Umtriebe des Heers der Dame in der Provinz Hu zwangen den Kaiser, etwas gegen diese mutige Kriegerin zu unternehmen und ihr Truppen entgegenzuschicken. Sie besiegte sie allesamt und ermöglichte es damit den Armeen ihres Bruders und ihres Vaters, den größten Teil der kaiserlichen Streitkräfte auszuschalten. Kein Jahr nachdem Pingyang aus dem Palast geflohen war, um sich den Rebellen anzuschließen, marschierte sie zusammen mit ihrem Vater, ihrem Bruder, ihrem Mann und ihren Armeen auf den Daxing-Palast. Der Kaiser hatte keine Chance. Während sein Reich um ihn herum in Flammen aufging, soll er in den Spiegel geschaut und zu seiner Kaiserin gesagt haben: »Was für ein nobler Kopf. Wer ihn wohl abschlagen wird?« Yangdi floh gen Süden und überließ seinen Palast und seinen Thron den anrückenden Truppen. Letzten Endes wurde er doch nicht enthauptet – seine eigenen Ratgeber strangulierten ihn 618 in einem Badehaus.

Li Yuan nahm den Palast ein und wurde zum neuen Kaiser, dem ersten der Tang-Dynastie, die bis heute als Blütezeit des kaiserlichen Chinas gilt. Als Kaiser nahm er den Namen Gaozu an – »Hoher Stammvater«. Eine seiner ersten Amtshandlungen bestand darin, Pingyang den Titel »Prinzessin« und den Rang eines Marschalls zu verleihen, mit dem auch ein eigener Offiziersstab einherging.

Pingyang starb nur fünf Jahre später. Die Umstände ihres Todes sind nicht bekannt, aber da sie erst 23 Jahre alt war, sind die wahrscheinlichsten Todesursachen entweder Krankheit oder Tod im Kindbett oder, da wir ja im kaiserlichen China sind – ein Attentat. Als ihr Vater eine prunkvolle Beisetzung mit militärischen Ehren für seine Tochter plante, deren Mut und Tapferkeit ihm auf den Thron geholfen hatten, musste er sich von seinem Hof die Frage gefallen lassen, weshalb er solche Ehrungen einer Frau zuteilwerden ließ. Li Yuan erwiderte: »Sie war keine gewöhnliche Frau.«

Frauen aller Schichten genossen damals in China ein wenig mehr Achtung und Freiheit als ihre Zeitgenossinnen in anderen Kulturkreisen. Die Ehefrauen der Kaiser beispielsweise waren oft als offizielle politische Berater ihrer Männer anerkannt. Aber Pingyang war wirklich einmalig. In jener Zeit übten Frauen ihre Macht eher hinter den Kulissen aus – auf ein Pferd zu steigen und ein Heer zu kommandieren, war die seltene Ausnahme. Hätte sie länger gelebt, wäre sie vielleicht eines Tages selbst Kaiserin geworden.

Ihr Vater dankte 626 ab, drei Jahre nach Pingyangs Tod, und ihr Bruder bestieg als Kaiser Taizong den Thron. Die Tang-

Dynastie wurde zwar von einigen Aufständen und Bürgerkriegen überschattet, gilt aber dennoch als die letzte große Dynastie Chinas, ein goldenes Zeitalter der militärischen Macht wie der Kunst und Poesie. Und Pingyang war die Prinzessin mit dem Händchen für Kriegsführung und Öffentlichkeitsarbeit, die diese glanzvolle Ära mit ermöglichte.

SIEBEN KRIEGER-PRINZESSINNEN DER ANTIKE

Diese furchtlosen, gut gerüsteten Frauen, die ihren Wein aus den Schädeln besiegter Feinde tranken und auf Feuer schnaubenden Rössern ritten, waren knallhart. Lernen Sie nun ein paar Damen kennen, mit denen man es sich wirklich nicht verscherzen wollte.

Fu Hao

1976 entdeckten chinesische Archäologen das erstaunlich gut erhaltene, nie geplünderte Grab von Fu Hao, der Gemahlin des Königs Wu Ding der Shang-Dynastie. Sie war um das Jahr 1200 v. Chr. verstorben.

Was wir heute über Fu Hao wissen, verdanken wir zu einem großen Teil den Orakelknochen, die in ihrem Grab gefunden wurden. In diese Knochenfragmente ritzten alte chinesische Wahrsager Fragen an die Götter ein. Dann wurden die Knochen erhitzt, bis sie zersprangen. Die Wahrsager interpretierten die Risse und schrieben die Antworten, die sie daraus lasen, auf denselben Knochen nieder. Als Weissagungsmethode war das wahrscheinlich ungefähr so zuverlässig wie die Hieroskopie, auch Opferschau genannt, bei der man zum Beispiel in den Eingeweiden von Vögeln las, aber immerhin gewähren die Knochenorakel modernen Archäologen Einblick in die Sorgen und Nöte der Menschen früherer Zeiten. In Fu Haos Grab fanden sich die üblichen

Fragen, etwa, ob die bevorstehende Geburt gut verlaufen oder diese Zahnschmerzen wieder weggehen würden. (Die Antwort lautete in beiden Fällen: wahrscheinlich nicht.) Manche Fragen jedoch waren recht ungewöhnlich, selbst für eine der Hauptfrauen des Königs: Ob sie in der bevorstehenden Schlacht siegen würde, oder wann der beste Zeitpunkt für ein bestimmtes Opfer sei. Fu Hao war nämlich nicht nur Wu Dings Gemahlin, sondern auch seine Schamanin und Kommandantin seiner Truppen. Sie vollzog bedeutende religiöse Rituale, zu denen unter anderem auch Tier- und Menschenopfer gehörten, und führte die Shang-Armeen zu zahlreichen Siegen gegen benachbarte Völker. Wie überaus hoch angesehen sie war, zeigt wohl am besten ihre prunkvolle Beisetzung. Zu ihren Grabbeigaben gehörten 468 Gegenstände aus kostbarer Bronze, darunter viele Waffen, 755 Objekte aus Jade und unglaubliche 6900 Kaurimuscheln, eine Art Währung, die Toten häufig als Kapital fürs Jenseits mitgegeben wurde. Außerdem leisteten ihr 16 Menschenopfer in ihrem Grab Gesellschaft, darunter ein schwer bewaffneter Mann und sechs Hunde, von denen einer unmittelbar unter ihrem Sarg bestattet wurde.

Arachidamia

Die Frauen im antiken Sparta waren wahrlich keine zarten Pflänzchen. Aber Königin Arachidamia, die Gemahlin von Eudamidas I., war noch mal eine Klasse für sich.

Im Jahr 272 v. Chr. überredete ein neidischer Edelmann, der sich bei der Thronfolge übergangen fühlte, das Militär-Genie Pyrrhos von Epiros zur Belagerung von Sparta. Pyrrhos' Armee war besser ausgerüstet und zahlenmäßig weit überlegen, deshalb beschloss der Senat von Sparta, die Frauen und Kinder auf dem nahegelegenen Kreta in Sicherheit zu bringen. Dem Historiker Plutarch zufolge passte Arachidamia diese Entscheidung ganz und gar nicht. Mit einem Schwert in der Hand marschierte sie in den Senat und verkündete, die Frauen würden in Sparta bleiben, um sich Seite an Seite mit den Männern den Angreifern zu stellen.

Zum Verteidigungsplan der Spartaner gehörte ein tiefer Graben, der parallel zu Pyrrhos' Feldlager ausgehoben werden sollte. Arachidamia nahm die Sache in die Hand, teilte die Frauen und Kinder mit ein, und sie schafften allein ein Drittel des gesamten Grabens. Auch als die Schlacht begann, blieben diese kampferprobten Frauen in der Stadt, kämpften an vorderster Front und versorgten die Verwundeten. Pyrrhos musste schließlich abziehen und sich der unerbittlichen Verteidigung der Spartaner (die außerdem Verstärkung durch frische Truppen aus Mazedonien erhielten) geschlagen geben.

Boudicca

Boudicca war die Frau des Anführers der Icener, einem Stamm im Osten Englands. Zu Lebzeiten ihres Mannes galten die Icener als Verbündete der Römer, die seit etwa 40 Jahren versuchten, ihre Herrschaft über Britannien zu festigen. Daher ließen sie die Icener in Ruhe, doch nach dem Tod des Stammesfürsten überlegten die Römer es sich anders. Den Süden Englands hatten sie bereits unter ihrer Kontrolle, also warum sich nicht auch den Rest holen?

Zuerst versuchten die Römer, sich Boudiccas Ländereien unter den Nagel zu reißen. Als sie die nicht bekamen, rissen sie der Fürstin die Kleider vom Leib, peitschten sie öffentlich aus und vergewaltigten ihre beiden jugendlichen Töchter. Rasend vor Zorn stellte Boudicca im Jahr 60 n. Chr. eine Streitmacht aus Icenern und anderen verbündeten Stämmen auf. An der Spitze ihrer angeblich 120 000 Krieger, Männer wie Frauen, soll sie einen furchterregenden Anblick geboten haben. Cassius Dio, ein römischer Chronist, schrieb im 2. Jahrhundert n. Chr., sie sei unglaublich groß gewesen, hätte hüftlange rote Locken gehabt, einen durchdringenden Blick und eine »barsche« Stimme.

Boudicca war eine Anführerin voller Inbrunst und »von größerer Intelligenz, als man sie bei Frauen meist antrifft«. Ihre Widerstandskämpfer zogen eine Spur der Verwüstung durch das Land. Sie vernichteten die Neunte Legion der Römer, plünderten die Provinzhauptstadt Colchester, und als sie Londinium erreichten – den Handelsposten, aus dem sich später die Metropole London entwickeln sollte –, brannten sie es vollständig nieder. Der Aufstand kostete Tausenden Menschen das Leben.

Vor ihrer letzten Schlacht hielt Boudicca eine Ansprache, die den Vergleich mit anderen berühmten Anfeuerungsreden der Geschichte – wie der von Henry IV. bei Agincourt, der von William Wallace in *Braveheart* oder

der klassischen Szene in amerikanischen High-School-Filmen, wenn der Footballtrainer seine hoffnungslos unterlegene Mannschaft einschwört – nicht zu scheuen braucht. Auf einem Streitwagen stehend, heizte sie ihren Truppen ein und verkündete, die Götter stünden auf ihrer Seite, und selbst sie, doch nur eine Frau, sei bereit, für ihre Freiheit zu sterben. »Zeigen wir ihnen, dass sie Hasen und Füchse sind, die über Hunde und Wölfe herrschen möchten!«, schrie sie.

Und dann wurden ihre Truppen vernichtend geschlagen – das Ende einer brutalen und doch von gerechtem Zorn getriebenen Rebellion. Die wilde Boudicca starb entweder an einer Krankheit oder nahm Gift, um der Gefangennahme zu entgehen.

Tomyris

Königin Tomyris herrschte im 4. Jahrhundert n. Chr. über die Massageten, ein Nomadenvolk im Gebiet des heutigen Irans. Der antike griechische Autor Herodot beschreibt sie als kriegerisches Volk, gute Bogenschützen und Reiter. Er wartet außerdem mit einigen interessanten Details auf: Sie benutzten Waffen aus Gold (was unglaublich unpraktisch gewesen sein muss), die Frauen gehörten allen Männern gemeinsam, und wenn ein Mann ein gewisses Alter überschritt, wurde er von seinen Verwandten rituell geopfert und gegessen.

Tomyris wurde nach dem Tod ihres Mannes zur Herrscherin. Kyros II., der große Perserkönig, hielt ihre Zeit der Trauer für eine gute Gelegenheit, sich ihr Königreich unter den Nagel zu reißen. Er schickte einen Gesandten zu der trauernden Witwe und tat so, als sei er auf der Suche nach einer neuen Ehefrau. Doch die schlaue Tomyris erkannte seine wahren Absichten.

Und die sagte sie ihm auf den Kopf zu, woraufhin Kyros seine List aufgab und eine Invasion begann. Anfangs lief es nicht gut für Tomyris: Der clevere Kyros teilte seine Streitmacht auf und ließ einen Truppenteil als Köder zurück. Unter dem Kommando von Tomyris' Sohn griffen die Massageten das Heerlager an, schlachteten die zurückgebliebenen Soldaten ab und ließen sich danach die Weinvorräte der Feinde schmecken. Da kamen Kyros' Truppen zurück, massakrierten die betrunkenen Massageten und nahmen Tomyris' Sohn als Geisel.

Die Königin stellte Kyros ein Ultimatum: Er sollte ihren Sohn freilassen und friedlich abziehen, sonst werde er die ganze Wut der Massageten zu spüren bekommen. Sollte Kyros sich weigern, so schrieb sie ihm, »schwöre ich bei der Sonne, dem obersten Herrn der Massageten: Blutdurstig, wie Ihr seid, sollt Ihr doch mehr als genug davon zu schmecken bekommen.«

Natürlich gab sich Kyros nicht so einfach geschlagen. Also trommelte Tomyris sämtliche Krieger ihres Reiches zusammen und führte sie gegen die Perser in die Schlacht. Es war ein erbitterter Kampf, doch schließlich unterlagen die Perser, und auch Kyros fiel. Als Tomyris seinen Leichnam unter den Toten fand, schlug sie ihm den Kopf ab und tunkte ihn in Blut. So machte sie ihre Drohung war. Der Legende zufolge soll sie außerdem seinen Schädel als Trinkgefäß behalten haben.

Im Jahr 1058 hatten die Normannen sich bis ins nördliche Italien vorgekämpft, und die lombardische Prinzessin Sichelgaita wurde mit dem normannischen Eroberer Robert – »der Schlaukopf« – Guiskard verheiratet. Solche Ehen waren damals an der Tagesordnung: Erobert wurde ein Land oft mit dem Schwert, die Herrschaft aber vor dem Altar zementiert.

Sichelgaita hätte, wie so viele Frauen, ein bloßes Unterpfand der politischen Manöver ihrer eigenen Familie und dann ihres Mannes werden können. Doch so kam es nicht. Im Gegenteil, sie beeindruckte ihre Zeitgenossen dermaßen, dass sie noch 100 Jahre später in den offiziellen Chroniken ihrer Feinde Erwähnung fand. So schrieb Anna Komnena, eine byzantinische Prinzessin und gleichzeitig auch königliche Historikerin, im 12. Jahrhundert, Sichelgaita sei mit dem Feldzug der Normannen gegen die Byzantiner im Jahr 1081 nicht einverstanden gewesen. Robert hatte bereits große Teile Süditaliens inklusive Salerno erobert, und Sichelgaita riet ihm dringend davon ab, es auch noch auf einen Krieg mit der benachbarten Supermacht ankommen zu lassen. Doch da Robert ihren Rat ignorierte, tat Sichelgaita ihre Pflicht als Ehefrau, und noch viel mehr: Sie legte eine Rüstung an (sie muss eine wahre Walküre gewesen sein, der Beschreibung nach »von formidabler Gestalt«), marschierte mit ihrem Mann nach Brindisi an der italienischen Küste und überquerte mit ihm die Adria, um die Byzantiner auf ihrem eigenen Territorium anzugreifen.

Robert und seine Normannen jedoch waren den Byzantinern nicht gewachsen. Aus Angst um ihr Leben traten Roberts Männer den Rückzug an, was Sichelgaita gewaltig erzürnte. Sie funkelte sie »wild« an und schrie: »Wie weit wollt ihr noch laufen? Haltet stand! Seid mannhaft!« (Nun, vielleicht drückte sie sich nicht ganz so gewählt aus, aber jedenfalls muss es etwas in der Art gewesen sein, Anna Komnena zufolge.) Doch damit nicht genug: »Als die Männer weiter flüchteten, packte sie einen langen Speer und sprengte in vollem Galopp auf sie los. Das brachte die Soldaten wieder zur Besinnung und sie wandten sich erneut dem Kampf zu.«

Und sie siegten, zumindest kurzfristig. Zwei Jahre später war Robert gezwungen, nach Italien zurückzukehren und seinen Verbündeten, den Papst, gegen den gierigen Kaiser des Heiligen Römischen Reiches zu verteidigen. Doch nochmals zwei Jahre später setzten Sichelgaita und ihr Mann wieder nach Byzanz über, um den Feldzug neu zu beleben. Diesmal reichten ihre Anfeuerungen allerdings nicht aus, um das Blatt zu wenden, und inmitten dieses Comebackversuches starb auch noch ihr Mann an einem Fieber. Das Land, das die Normannen an die Byzantiner verloren hatten, sollten sie nie wieder zurückerobern.

Als Robert 1085 im Sterben lag, erwies Sichelgaita sich noch einmal als wagemutige Frau, diesmal allerdings auf etwas fragwürdige Weise. Angeblich versuchte sie, Roberts Sohn aus erster Ehe zu vergiften, um ihrem eigenen Sohn den Weg freizuräumen. Ihr sterbender Mann kam ihr auf die Schliche und zwang sie, dem Stiefsohn ein Gegengift zu verabreichen. (Angeblich soll sie danach Robert vergiftet haben, und sei es nur, um ihm einen schnelleren Tod zu bescheren …)

Dann klärte Sichelgaita ihre Differenzen mit Roberts Erstgeborenem, und ihr eigener Sohn durfte immerhin Herzog werden. Sie selbst blieb bis zu ihrem Tod im Jahr 1090 eine einflussreiche Herzogin.

Königin Durgavati

Dass Königin Durgavati überhaupt Widerstand gegen die Invasion der Moguln leistete, ist an sich eine bemerkenswerte Tatsache. Dass sie dabei *einen Pfeil im Auge stecken hatte*, ist umso beeindruckender.

Durgavati, geboren 1524 im heutigen Nordosten Indiens, gehörte dem Herrschergeschlecht der Chandel an, einer 300 Jahre alten Dynastie. Durch ihre Ehe mit einem Prinzen des Königreichs Gondwana vereinigte sie zwei unabhängige Herrscherhäuser. Als ihr Mann 1545 starb, war Durgavatis Sohn noch zu klein zum Regieren, also wurde sie zu seiner Regentin, wie so viele Königinnen vor und nach ihr. Ihre zwanzigjährige Regierungszeit war geprägt von wirtschaftlichem Aufschwung und ihrem tapferen Widerstand gegen die Nachbarreiche Malwa und Bengalen, die eine stete Bedrohung darstellten.

Doch im Jahr 1564 sah Durgavati sich einem noch viel mächtigeren und unerbittlicheren Feind gegenüber: dem Großmoguln Akbar, der ihr Land seinem Reich einverleiben wollte. Als Erstes schickte Akbar eine Botschaft: Wenn Durgavati seine Vasallin werden und ihm

Tribut zahlen wolle, würde er ihr Königreich nicht angreifen. Durgavati weigerte sich und verkündete, es sei besser, in Freiheit zu sterben, denn als Sklavin dieses fremdländischen Herrschers zu leben. Also schickte Akbar als Nächstes eine Armee, um eine dieser beiden Optionen umzusetzen.

Durgavati führte ihr eigenes Heer mit Pfeil und Bogen in den Kampf. Nachdem sie schwere Verluste erlitten hatte und ihr Sohn verwundet worden war, sah es gar nicht gut aus für sie. Und dann traf Durgavati ein Pfeil ins Auge. Unbeeindruckt, angeheizt vom Rausch der Schlacht, brach sie den Schaft ab und kämpfte mit der Pfeilspitze in der Augenhöhle weiter. Doch Durgavati wurde erneut getroffen, diesmal in den Hals. Aus Angst vor der Gefangennahme befahl sie ihrem Elefantenreiter, sie zu töten. Der Mann weigerte sich, also entriss sie ihm den Dolch und nahm sich selbst das Leben.

Die Schlacht war verloren, und mit ihr das Königreich.

Amina von Zaira

Amina war nicht nur die älteste Tochter der regierenden Königin von Zaira, sondern auch die beste Reiterin und Bogenschützin, die das Land der Hausa damals kannte. Zaira, im 16. Jahrhundert noch Zazzau genannt, ist ein fruchtbarer Landstrich zwischen dem Tschadsee und dem Niger, im heutigen nördlichen Nigeria. Legenden beschreiben Amina als Prinzessin »mit den rosigen Fersen«. Sie verteidigte ihr Reich gegen die Invasionen anderer afrikanischer Stämme, die jüngst zum Islam übergetreten waren.

Amina war eine fabelhafte Bogenschützin, die ihr Ziel noch auf den fernsten Hügeln traf, und sie ritt ein Pferd namens Dämon, das angeblich Flammen schnaubte. Mit ihrer Armee von über zwanzigtausend Männern und Frauen eroberte Amina Land von den Invasoren zurück und erweiterte ihr Territorium sogar bis zur Quelle des Nigers. Um ihr Reich zu schützen, erbaute sie eine Reihe Festungsanlagen, deren Überreste bis heute überdauert haben. In jedem Dorf, das sie eroberte, nahm sie sich einen Liebhaber und ließ ihn wieder fallen, sobald sie zum nächsten Ort weiterzog.

Wenn sie nicht gerade Krieg führte oder sich neue Liebhaber suchte, schuf Amina Handelsrouten durch die Sahara. Sie regierte ihr Land 34 Jahre lang und ist bis heute nicht in Vergessenheit geraten. Viele nigerianische Schulen und andere Institutionen sind nach ihr benannt.

Olga von Kiew

DIE PRINZESSIN, DIE ES VON DER BLUTDURSTIGEN RÄCHERIN ZUR HEILIGEN BRACHTE

CA. 890–969
KIEWER RUS
(DIE HEUTIGE UKRAINE)

Prinzessin Olga von Kiew war mit einem gierigen Mann verheiratet, der obendrein wohl nicht allzu helle war. Er hieß Igor und war im 10. Jahrhundert der unbeliebte Herrscher der Kiewer Rus. Dieses Großreich, das dem russischen Reich vorausging, wurde erst später nach seiner Hauptstadt Kiew benannt. Igors Untertanen waren nicht gerade begeistert über seinen kostspieligen Feldzug gegen die Drewlanen, einen slawischen Volksstamm im Westen. Und wenn Igor schon bei seinem eigenen Volk unbeliebt war, kann man sich vorstellen, was erst die Drewlanen von ihm hielten … Besonders, nachdem er sie unterworfen hatte und sie zwang, ihren jährlichen Tribut nicht nur einmal zu zahlen, wie sich das gehörte (und wie es der Begriff *jährlich* nahelegt), sondern gleich zweimal.

Im Jahr 945 forderte Igor sogar noch mehr von den Drewlanen: mehr Geld, mehr Pelze, mehr Honig. Prinz Mal, ihr Anführer, warnte seine Leute: »Gelangt ein Wolf unter die Schafe, wird er die ganze Herde rauben, eines nach dem anderen, wenn er nicht getötet wird. Wenn wir ihn also jetzt nicht töten, wird er uns alle vernichten.« Also töteten sie Igor, und das auf spektakulär grausige Art und Weise: Sie nahmen ihn gefangen, banden ihn zwischen zwei Bäume und rissen ihn mittendurch. Seine Witwe Olga blieb mit dem dreijährigen Sohn Swjatoslaw zurück, der kaum groß genug war, um auf den Thron zu klettern, geschweige denn um darauf zu sitzen.

Nun waren es die Drewlanen, die ihrerseits gierig wurden. Nach der Hinrichtung des Tyrannen kamen sie auf die dreiste Idee: »Jetzt haben wir schon mal den Fürsten der Rus getötet. Holen wir uns doch auch gleich seine Witwe Olga für unseren Prinzen Mal, dann haben wir auch Swjatoslaw unter Kontrolle und können ihn von klein auf nach unserem Willen formen.«

Das war ein guter Plan, und er hätte aufgehen können. Aber mit einem Faktor hatten sie nicht gerechnet: Olga.

Blutige Rache

Wie Olga ihr Problem mit den Drewlanen löste, kann man in der *Nestorchronik* nachlesen, einer Sammlung von Mythen und Aufzeichnungen aus der Zeit um die Gründung des Großreichs. Und so steht die Geschichte geschrieben:

Nachdem die Drewlanen Igor ermordet hatten, schickten sie 20 Gesandte, die mit Olga verhandeln sollten. Olga empfing sie gastfreundlich und erkundigte sich nach ihrem Anliegen. Die Antwort: Da ihr Mann ja nun tot sei – was hielte sie denn davon, den Fürsten Mal zu heiraten? Olga hätte nicht vernünftiger reagieren können. »Euer Vorschlag ist mir angenehm. In der Tat kann mein Mann nicht von den Toten auferstehen«, entgegnete sie. Dann bat sie die Männer, am folgenden Tag wiederzukommen, damit sie ihren gesamten Hofstaat versammeln und ihnen einen noch ehrenvolleren Empfang bereiten könne. Über Nacht ließ Olga ihre Leute einen großen Graben vor ihrem Schloss ausheben. Als die Gesandten wiederkamen, wurden sie hineingestoßen und lebendig darin begraben. Während ihre Männer schon die Erde zurückschaufelten, beugte Prinzessin Olga sich über den Rand und erkundigte sich bei den Gesandten, ob diese besondere Ehre auch nach ihrem Geschmack sei. Eins zu null für Olga.

Und sie war noch lange nicht fertig. Als Nächstes sandte sie den Drewlanen eine Nachricht und bat sie, die edelsten und vornehmsten Männer zu schicken, die Olga dann in ihr kleines Reich und zu ihrem Prinzen geleiten sollten. Wenn man ihr diese Ehre nicht erwies, so warnte sie die Drewlanen, würde ihr Volk sie nicht gehen lassen. Die Drewlanen fielen darauf herein. Olga empfing die adeligen Gesandten überaus freundlich und bot ihnen an, sich nach der langen Reise erst einmal im Badehaus zu waschen. Kaum waren die Besucher eingetreten, ließ sie die Türen verriegeln und das Haus in Brand stecken. Zwei zu null für Olga.

Anscheinend hatte niemand den Drewlanen Bescheid gesagt, dass jeder, den sie bisher zu Olga geschickt hatten, ermordet worden war. Also schöpften sie keinen Verdacht, als Olga eine weitere Botschaft sandte. Darin kündigte sie ihre baldige Ankunft an und befahl, in der Stadt, in der ihr Mann begraben lag, »große Mengen Met« bereitzuhalten, damit sie »an seinem Grab weinen und eine Trauerfeier für ihn abhalten« könne. Sie kam auch, mit einem kleinen Gefolge Soldaten. Als die Drewlanen nach dem Verbleib ihrer edelsten und besten Männer fragten, log sie und behauptete, die Gesandten seien noch unterwegs. Man könne doch schon einmal mit dem Feiern und Trinken beginnen, schlug Olga vor. Das taten die Drewlanen dann auch, mit Begeisterung. Als sie betrunken genug waren, gab Olga den Befehl. Ihre Männer fielen über die betrunkenen Drewlanen her und metzelten 5000 von ihnen nieder. Drei zu null für Olga.

Und sie war immer noch nicht fertig.

Olga kehrte nach Kiew zurück und bereitete ihr »großes und tapferes Heer« für den Angriff auf die überlebenden Drewlanen vor. Ihre Soldaten zogen eine Spur der Verwüstung durch das Land und eroberten einen Ort nach dem anderen, bis die Unterlegenen nur noch hinter den Mauern ihrer Hauptstadt Iskorosten Zuflucht fanden. Olga und ihre Armee versuchten ein Jahr lang vergeblich, die Stadt einzunehmen. Schließlich ersann sie wieder einen ihrer Pläne.

Sie schickte den Belagerten eine Nachricht mit der Frage: »Warum ergebt ihr euch nicht? Alle eure Brüder haben sich mir ergeben und dem geforderten Tribut zugestimmt. Aber ihr würdet wohl lieber verhungern, als Tribut zu zahlen?« Die Drewlanen erwiderten, dass sie ihr gern Tribut zollen würden, aber sich sicher seien, dass sie noch immer auf Rache aus sei.

Nicht doch, entgegnete Olga. »Da ich das Unglück meines Mannes bereits zweimal gerächt habe, als eure Gesandten nach Kiew kamen, und ein drittes Mal bei seiner Trauerfeier, steht mir der Sinn nicht mehr nach Rache. Aber ich möchte unbedingt einen kleinen Tribut. Wenn wir Frieden geschlossen haben, kehre ich nach Hause zurück.« Und sie verlangte tatsächlich nur einen sehr kleinen Tribut: drei Spatzen und drei Tauben von jedem Einwohner der Stadt. Erleichtert übergaben die Drewlanen die Vögel.

Aber Olga war *immer noch* nicht fertig.

Sobald es dunkel wurde, wies sie ihre Soldaten an, Stoffstreifen in Schwefelsäure zu tränken und an die Füße der Vögel zu binden. Die geflügelten Brandstifter wurden freigelassen, flogen schnurstracks nach Hause und setzten die ganze Stadt in Brand. Olga befahl ihren Soldaten, jeden zu töten oder gefangen zu nehmen, der dem Inferno entkam. Vier zu null für Olga.

Und erst jetzt war sie fertig.

Eine unorthodoxe Heilige

Die *Nestorchronik* wurde Jahrhunderte nach Olgas Tod verfasst, und es ist nicht gesichert, ob die Schilderung ihrer blutigen Rache auf Tatsachen beruht. Ihre Geschichte erinnert stark an einige Mythen der Wikinger, die offenbar eine besondere Vorliebe für grausige Racheaktionen wütender Witwen hegten. Wenn die Zeitangaben stimmen, wäre Olga außerdem eine reife Dame von 55 Jahren gewesen, als sie in den Krieg zog. Andere Quellen bestätigen immerhin Teile der Geschichte, vor allem den grausigen Mord an Igor und die nicht minder grausame militärische Vergeltung.

Olga war eine historisch verbürgte Person, obwohl über ihr Leben vor den geschilderten Ereignissen wenig bekannt ist. Sicher ist, dass sie in die Dynastie der Rurikiden eingeheiratet hatte, die 862 durch den Wikingerfürsten Rurik begründet worden war und die die Kiewer Rus bis ins 16. Jahrhundert hinein regierte. Als Olga an die Macht kam, war die Kiewer Rus allerdings nicht viel mehr als ein lockeres Bündnis von Wikingern, Slawen und anderen heidnischen Stämmen. Nachdem sie ihren Rachedurst gestillt hatte, herrschte sie noch mindestens 20 Jahre lang im Namen ihres Sohnes als fähige, starke Regentin. Sie führte die erste Münzwährung im Lande ein, und ihre Neuerungen in der Verwaltung schufen ein geeintes Reich, das in ganz Europa und im Mittelmeerraum durch Botschafter vertreten war.

Außerdem war sie die Erste ihrer Dynastie, die zum orthodoxen Christentum konvertierte. Das eröffnete dem Handel und der Diplomatie ganz neue Möglichkeiten, vor allem im christlichen Byzanz und bei den mährischen und bulgarischen Nachbarn. Ihre Taufe in Konstantinopel im Jahr 954 oder 955 ist ein weiteres legendäres Beispiel ihrer listigen Raffinesse. Konstantin VII. war so hingerissen, dass er Olga die Ehe antrug. Doch Olga wollte nur Handel mit Byzanz treiben, nicht Konstantin die Herrschaft über die Kiewer Rus überlassen. Also argumentierte sie, dass eine Ehe nicht in Frage käme, weil sie keine Christin sei. Wenn er jedoch bereit wäre, die Taufe selbst vorzunehmen, würde sie noch einmal darüber nachdenken. Die Zeremonie wurde abgehalten. Als Konstantin seinen Heiratsantrag danach wiederholte, entgegnete Olga: »Wie könnt Ihr mich heiraten, nachdem Ihr mich getauft und mich Eure Tochter genannt habt? Das ist den Christen verboten, wie Ihr sehr wohl wissen müsstet.«

Olgas Bekehrung zum Christentum machte sie im eigenen Land zu einer religiösen Minderheit und letztendlich noch zur Heiligen. Das orthodoxe Christentum in der Kiewer Rus zu etablieren, sollte ihr zu Lebzeiten nicht gelingen. Trotzdem gilt sie als Mutter der Kirche in Russland und der Ukraine.

Olgas brutale Racheaktion wird ausschließlich mit ihrer heidnischen Vergangenheit in Verbindung gebracht. Hingegen wurde sie nach ihrem Tod von den Gläubigen aufgrund ihrer Frömmigkeit verehrt. Später behaupteten Kirchenchronisten, sie sei zwar im Körper einer Frau geboren, hätte jedoch »den Mut eines Mannes« besessen, und beschrieben sie charmanterweise als »strahlend unter den Ungläubigen wie eine Perle im Mist«. Es gelang ihnen, Olgas Charakter gründlich reinzuwaschen – heute kennt man sie in der Ukraine als »die heilige Olga«. 1997 wurde zu ihren Ehren sogar ein Orden gegründet, der den Namen der blutigen Heiligen trägt.

Khutulun

DIE PRINZESSIN, DIE IN DEN RING STIEG

CA. 1260–1306
ZENTRALASIEN

Die Eltern von Prinzessin Khutulun wurden allmählich nervös. Und das lag weniger daran, dass ihr kleines Mädchen ein echter Wildfang war – im 13. Jahrhundert waren bei den Mongolen die meisten Frauen ziemlich taff. Wirklich besorgniserregend war vielmehr, dass Khutulun fast 20 Jahre alt war, und immer noch nicht verheiratet. Obwohl sie damit praktisch als alte Jungfer galt, wollte sie erst den Mann heiraten, der sie in ihrer Paradedisziplin schlagen würde – dem Ringkampf. Und das hatte bisher keiner geschafft. Zu allem Überfluss schadeten die fiesen Gerüchte darüber, warum sie nach wie vor Single war, inzwischen dem guten Ruf ihres Vaters.

Nun hatte ein weiterer mutiger Prinz, der sämtliche Voraussetzungen erfüllte, Khutuluns Herausforderung angenommen. Er war sich seines Sieges so sicher, dass er 1000 Pferde darauf verwettete. Khutuluns Eltern drängten ihre Tochter, ihn gewinnen zu lassen. Es ging um nichts Geringeres als um das Königreich – würde sie sich dafür aufs Kreuz legen lassen?

Ready to rumble

Khutulun steckte Kampfgeist im Blut. Sie war um 1260 als Tochter und Lieblingskind von Qaidu Khan, einem Stammesherrscher in Zentralasien, zur Welt gekommen. Außerdem war sie die Nichte von Kublai Khan, eine Ururenkelin von Dschingis Khan, und wuchs als einziges Mädchen unter 14 Brüdern auf. Dass sie Ringen lernte, war also kein Wunder. Aber dass sie eine so unglaublich gute Ringerin wurde, dass kein Mann im Reich ihres Vaters sie besiegen konnte? Das erwies sich dann doch als problematisch.

Manche Chronisten beschreiben Khutulun als »schön«, doch da dürften sie sich ein wenig künstlerische Freiheit herausgenommen haben. Sie war eine junge Frau mit kräftigem Knochenbau und breiten Schultern, die sich von klein auf im Reiten und Bogenschießen geübt hatte. Bei den Mongolen lernten beide Geschlechter, ihre Herden zu beschützen, und der Bogen war die ideale Waffe für Frauen und Kinder, weil es beim Schießen eher auf Präzision als auf große Schlagkraft ankam. Doch im Gegensatz zu anderen mongolischen Mädchen lernte Khutulun auch Ringen. Sie erwies sich bei alledem als Naturtalent, was sie zum erklärten Liebling ihres Vaters machte. Er verließ sich zunehmend auf ihre Kraft und ihre Unterstützung, ihren Rat und kriegerischen Mut.

Khutuluns Fähigkeiten waren so bemerkenswert, dass auch Außenstehende auf sie aufmerksam wurden, wie etwa Marco Polo, der venezianische Weltreisende, dessen Reiseberichte in Europa eine große Faszination für den Orient weckten. Doch in der Geschichte mongolischer Stammesherrscher war sie vielleicht gar nicht so außergewöhnlich. Bei den Mongolen hatten Frauen aus Adelsfamilien schon immer Armeen kommandiert, an Pferderennen teilgenommen und über gewaltige Territorien geherrscht. Dschingis Khan betrachtete seine Töchter als den Söhnen überlegen, hinsichtlich ihrer Führungsqualitäten, und übertrug ihnen Königreiche, die sie mit Klauen und Zähnen verteidigten (nicht selten gegen ihre eigenen Brüder).

Khutulun hatte also offensichtlich genau dieses Kampf-Gen ihrer Vorfahrinnen geerbt. Wenn sie an der Seite ihres Vaters in die Schlacht ritt – was ziemlich oft vorkam, da Qaidu sich ständig mit Kublai Khans Streitkräften bekriegte –, muss sie furchterregend gewesen sein. Marco Polo berichtet, dass sie den richtigen Augenblick abwartete und dann »in das feindliche Heer vorstieß, einen der Männer packte, so geschickt, wie ein Falke eine Taube schlägt, und ihn zu ihrem Vater brachte«.

Zeitgenössische Chronisten verbreiteten Schilderungen von Khutuluns Kampffertigkeiten als reißerische, schillernde Geschichten über die blutrünstigen, kriegerischen Mongolen. Doch ihrem eigenen Volk wurde sie dank ihrer unvergleichlichen Fähigkeiten im Ringkampf zur Legende. Sie war unschlagbar. Der gebräuchliche Wetteinsatz bei den Mongolen waren Pferde, und Khutulun sammelte angeblich mehr als 10 000 Stück an, indem sie jeden einzelnen Kampf gewann. Und auch Marco Polo berichtete, dass Khutulun, eine »wahre Riesin«, nur bereit war, einen Mann zu heiraten, der sie im Ringkampf schlagen konnte.

Ein ebenbürtiger Gegner?

Um 1280 säten Feinde der Familie das Gerücht, Khutulun wolle deshalb nicht heiraten, weil sie nicht nur der Liebling, sondern auch die Geliebte ihres eigenen Vaters sei. Dann kam dieser heiratswürdige junge Prinz daher mit seinem Wetteinsatz von 1000 Pferden und wollte sein Glück versuchen. Marco Polo zufolge war er eine sehr gute Partie, »ein junger Kavalier von Adel, der Sohn eines reichen und mächtigen Königs, ein ausgezeichneter, kühner Kämpfer mit außerordentlicher Körperkraft«, ganz zu schweigen davon, dass er »gut aussehend, furchtlos und stark in jeder Hinsicht« gewesen sein muss. Khutuluns Eltern sahen in ihm die Lösung ihres peinlichen Problems und drängten ihre Tochter, absichtlich zu verlieren.

Und zunächst sah es auch tatsächlich so aus, als würde sie sich darauf einlassen. Polo, der Lieblingstourist so vieler Historiker, wurde Zeuge dieses Kampfes und hielt fest: »Sie packten einander bei den Armen und rangen hierhin und dorthin, doch lange Zeit konnte keiner von beiden die Oberhand gewinnen.« Der Kampf endete damit, dass Khutulun ihren Verehrer »ganz wie ein Mann mit Macht auf das Pflaster des Palastes warf... Und als er sich derart niedergerungen zu ihren Füßen liegen sah, waren seine Schmach und Schande wahrlich tief.« Khutulun hatte also immer noch keinen Prinzen – dafür aber 1000 weitere Pferde zu füttern.

Letzten Endes heiratete sie doch, wahrscheinlich fiel ihren Eltern ein gewaltiger Stein vom Herzen. Aber ihr Mann hatte sie nicht im Ringkampf geschlagen – es sei wahre Liebe, hieß es. Von dem Mann, der endlich ihr wildes Herz zähmte, ist nicht viel bekannt, außer, dass sie ihn aus freien Stücken geheiratet hat. Doch nicht einmal die Ehe brachte diese Prinzessin dazu, aus dem Ring zu steigen. Sie kämpfte weiterhin an der Seite ihres Vaters und drang auf grausamen Feldzügen immer weiter ins Mongolenreich und nach China vor. Als Qaidu 1301 schwer verwundet starb, meinten nicht wenige, Khutulun solle seine Nachfolge antreten.

Das kam allerdings beim Rest der Familie nicht gut an, vor allem bei ihren vielen Brüdern. »Kümmere du dich um Nadel und Faden!«, soll einer von ihnen einem persischen Geschichtsschreiber zufolge gesagt haben. Was dann geschah, ist bis heute ungeklärt – ihre Gegner behaupteten, sie habe in den Jahren nach dem Tod ihres Vaters »Zwist und Aufruhr« gesät, indem sie einen ihrer Brüder als Anwärter auf die Position des Khans unterstützte. 1306 jedenfalls war sie tot, entweder im Kampf gefallen oder von einem rivalisierenden Bruder gemeuchelt.

Khutuluns Tod läutete in der Mongolei und in dem Imperium, das Dschingis Khan aufgebaut hatte, eine weitreichende Veränderung ein. Sie war die letzte der großen Kriegerinnen und Stammesführerinnen. Es gibt die Theorie, dass mit dem Rückzug der Frauen von der Macht die Herrschaft über das Reich zunehmend unfähigen Männern zufiel. Dies soll schließlich zum Verfall des Mongolenreiches geführt haben. Möglich ist es.

Die Legende von Khutulun wäre womöglich in Vergessenheit geraten, gäbe es da nicht eine exotische Erzählung mit dem Titel »Turandot«, die der französische Gelehrte François Pétis de la Croix 1710 in einer Sammlung von Fabeln veröffentlichte. Pétis de la Croix stieß bei Recherchen für seine Biographie des Dschingis Khans auf ihre Geschichte und machte aus der brutalen Ringer-Prinzessin die wunderschöne 19-jährige Tochter eines fiktiven Kaisers von China, die sich zu heiraten weigerte und nur einen Mann akzeptieren wollte, der bewies, dass er ihr intellektuell ebenbürtig war. 1761 verarbeitete der Italiener Carlo Gozzi das »Märchen« *Turandot* zu einem Theaterstück um eine Frau, stolz wie ein »Tiger«. Daraus wiederum machte Giacomo Puccini die Oper *Turandot*, an der er bei seinem Tod

1924 arbeitete (und die dann von einem Kollegen fertiggestellt wurde).

Bei den Mongolen gedenkt man Khutuluns vor allem in der Sportart, die sie so hervorragend beherrschte. Mongolische Männer tragen beim Ringen bis heute eine Art langärmelige Jacke, die vorne offen ist, damit ihre Gegner sich überzeugen können, dass sie keine Brüste haben. Welch ein Tribut an die Ringerin, die nie besiegt wurde!

Lakshmibai

DIE PRINZESSIN, DIE EINEN AUFSTAND ANFÜHRTE – UND DABEI IHREN SOHN AUF DEM RÜCKEN TRUG

1834–1858

JHANSI, NORDINDIEN

Die Rani Lakshmibai von Jhansi starb im Kampfgetümmel, die Zügel ihres Pferdes zwischen den Zähnen und einen Säbel in jeder Hand. Vielleicht starb sie auch, noch während sie herumwirbelte, um den Soldaten niederzustrecken, der ihr gerade in den Rücken geschossen hatte. Möglicherweise wurde sie aber auch nur schwer verwundet und lebte noch lange genug, um ihren Schmuck an ihre

Soldaten zu verteilen und die Errichtung eines Scheiterhaufens, auf dem man sie verbrennen sollte, anzuordnen. Darüber gibt es unterschiedliche Berichte. Fest steht jedoch, dass Lakshmibai starb und durch ihren Tod zur Legende wurde, zum Symbol des Kampfes der indischen Bevölkerung gegen die Unterdrückung der britischen Kolonialherren.

Dabei wollte sie eigentlich gar nicht Rebellin werden. Als die Inder sich 1857 gegen die British East India Company auflehnten, war sie einfach nur die junge Witwe des Rajas von Jhansi, einem Fürstentum in Nordindien. Eigentlich wollte sie nur ausharren, bis die Briten die Lage wieder unter Kontrolle bekämen. Doch die bezeichneten sie als Sympathisantin der Aufständischen, gar als Rebellenhure, und da beschloss Rani Lakshmibai, ihnen zu zeigen, was eine echte Rebellin ist.

Vom Wildfang zur Rani

Bevor sie den Titel Rani Lakshmibai erhielt (*Rani* ist die weibliche Form von Raja und bedeutet »Königin«, »Fürstin« oder »Prinzessin« auf Hindi) war sie einfach nur Manikarnika, ein kleines Mädchen aus der Kaste der Brahmanen. Manu, wie die Kleine genannt wurde, hatte sehr früh ihre Mutter verloren und wuchs am Hof des entmachteten Premierministers des ehemaligen Marathen-Reiches auf. Ihre Spielkameraden waren allesamt Jungen, also tat sie, was diese eben taten. Sie lernte Lesen und Schreiben, auf Pferden und Elefanten reiten, konnte mit einem Säbel umgehen und einen Drachen steigen lassen. Sie soll außergewöhnlich mutig gewesen sein. Als einmal ein wild gewordener Elefant in der Stadt randalierte, soll Manu auf seinen Rüssel gesprungen sein und das Tier beruhigt haben, sodass es keinen weiteren Schaden anrichtete. Ob diese Geschichten von der wilden Göre wahr sind, ist unklar – die mit dem Elefanten vermutlich nicht. Aber jedenfalls war die kleine Manu zu Höherem bestimmt.

1842 wurde sie mit einem kinderlosen Witwer verheiratet. Er war viel älter als sie und Raja eines kleinen Fürstentums in Nordindien, das als treuer Verbündeter der Britischen Ostindien-Kompanie galt. Alten Überlieferungen zufolge soll sie damals erst acht Jahre alt gewesen sein – kein ungewöhnliches Alter für eine Heirat im indischen Hochadel des 19. Jahrhunderts. Diese Verbindung bescherte ihr einen neuen Namen, Lakshmibai, das Ende ihrer Kindheit und eine neue Heimat: Jhansi, einen heißen, trockenen Landstrich, dessen gefürchtete Sandstürme als »Teufelshauch« bekannt waren.

Spätestens als Lakshmibai 14 Jahre alt war, wurde die Ehe vollzogen, und mit 17 war sie schwanger. Doch die Freude über die Geburt ihres Sohnes und damit eines Erben für den Raja währte nicht lange. Der Junge starb im Alter von drei Monaten, bald darauf gefolgt von ihrem am Boden zerstörten Ehemann.

Im November 1853 war Rani Lakshmibai also ein verwitweter Teenager. Ein verwitweter, *wehrloser* Teenager, dachten sich die Briten vermutlich. Damit Jhansi nicht vollständig an die Briten fiel, hatte der alte Raja kurz vor seinem Tod einen fünfjährigen Jungen aus seiner Verwandtschaft adoptiert und als seinen Erben benannt. Bis das Kind volljährig wurde, sollte Lakshmibai das Reich regieren. Doch Lord Dalhousie, der Generalgouverneur der Britischen Ostindien-Kompanie, weigerte sich, Lakshmibai oder den Jungen als rechtmäßige Nachfolger anzuerkennen. Anfang 1854 annektierten die Briten Jhansi unter dem Vorwand, die unmittelbare Herrschaft der Ostindien-Kompanie sei besser für das Volk. Rani Lakshmibai wurde eine

Art Rente auf Lebenszeit garantiert, und sie durfte im Palast wohnen bleiben. Sie protestierte dagegen und schrieb zahlreiche Briefe, auch an den Generalgouverneur selbst, in denen sie auf geltendes britisches und indisches Recht hinwies, das ihren Anspruch auf den Thron stützte. Doch Dalhousie blieb hart, und die Britische Ostindien-Kompanie verleibte sich das Fürstentum Jhansi ein.

In die Offensive gedrängt

Dass die Briten Indien überhaupt für sich beanspruchten, zeugt ja von einem gewissen Größenwahn und war hauptsächlich dem Umstand geschuldet, dass das Land viel Geld abwarf – obendrein konnte man sich noch wie ein Weltreich fühlen. Seit etwa 1773 hatten sie dort über die Britische Ostindien-Kompanie das Sagen. Ihre Herrschaft hatten sie geschickt ausgebaut; durch Landbesitz einerseits – zum größten Teil durch Kriege und Annexionen gewonnen – und durch den immensen Einfluss, den sie auf die indischen Fürstenfamilien ausübten, die wiederum zu bloßen Marionetten verkommen waren.

Aber Indien war von Hitze und Krankheiten geprägt, die für das kolonialistische Immunsystem gänzlich neu waren. Die Bevölkerung hingegen litt unter der Fremdbestimmung und der allgemeinen Ignoranz der Briten gegenüber ihren religiösen Sitten und Gebräuchen. Das musste früher oder später schiefgehen.

Im Mai 1857 hatten die Sepoys (von der Ostindien-Kompanie angeheuerte indische Soldaten) endgültig genug. Der Funken im Pulverfass war die Entscheidung der britischen Kommandanten, neue Vorderlader-Büchsen anzuschaffen, deren papierumhüllte Patronen mit Fett imprägniert waren. Die Patronen mussten mit den Zähnen aufgebissen werden, um das Schwarzpulver freizusetzen, dabei bekamen die Soldaten unweigerlich etwas von dem Fett in den Mund. Es ist eine geradezu lächerliche Nachlässigkeit, doch als Fette wurden Rindertalg oder Schweineschmalz verwendet. Das verletzte die religiösen Gefühle sowohl der Hindus, denen die Kuh heilig ist und das Schwein als unrein gilt, als auch der Muslime, deren Religion den Verzehr von Schwein streng verbietet. Rasch fand man ein anderes Fett für die Patronen, doch die Einsicht kam zu spät: Mehrere Sepoys weigerten sich, die Patronen zu benutzen.

Am 10. Mai wurden sie von einem Kriegsgericht zur Zwangsarbeit verurteilt, und in der Stadt Merath brach eine Revolte aus. Briten, die gerade die Kirche verließen, wurden abgeschlachtet, die meuternden Soldaten plünderten, vergewaltigten und mordeten. Das Chaos breitete sich auf das nahe Delhi aus, wo der letzte Großmogul die Aufständischen unterstützte und seinen eigenen (leider unerfahrenen) Sohn zum Kommandanten der Rebellentruppen ernannte.

Binnen eines Monats erreichte die Revolte Jhansi. Auch dort hatten sich die Briten in den vier Jahren Besatzungszeit bei der Bevölkerung nicht gerade beliebt gemacht. Erst hatten sie das Verbot abgeschafft, Kühe zu schlachten, ein Frevel in den Augen der Hindu-Einwohner. Dann hatten sie die Einnahmen, die für einen Tempel bestimmt waren, in die eigene Kasse umgeleitet. Und schließlich zwangen sie Lakshmibai, einen Teil der Staatsschulden ihres Mannes aus ihren privaten Mitteln zu begleichen, und sperrten ihr den Zugang zu dem Vermögen, das der verstorbene Raja dem Adoptivsohn der beiden vermacht hatte. Die Rani hatte mehrmals vergeblich im Namen ihres Volkes protestiert. Als die Rebellion auf Jhansi übergriff, schwelte der Zorn auf die Briten schon länger.

Er entlud sich am 8. Juni 1857. 61 britische Männer, Frauen und Kinder, die sich in die Festung von Jhansi geflüchtet hatten und sich den Rebellen ergaben, wurden massakriert. Entgegen späteren Berichten war Lakshmibai an dieser Rebellion gar nicht beteiligt – sie wurde zu dieser Zeit selbst in ihrem Palast von meuternden Soldaten belagert.

Als die Aufständischen im Lauf des Juni Jhansi wieder verließen, zogen die verbleibenden Vertreter der britischen Obrigkeit ebenfalls ab. Die Rani nahm die Sache also selbst in die Hand und organisierte die Verteidigung ihres Landes, indem sie Truppen aufstellte, Kanonen gießen und Waffen herstellen ließ. Eine beliebte Legende behauptet, Lakshmibai habe sogar ein Regiment Soldatinnen selbst ausgebildet. Ob das nun stimmt oder nicht (wahrscheinlich eher nicht), sei dahingestellt, auf jeden Fall war ihre Armee nicht dazu gedacht, gegen die Briten zu kämpfen. Nein, Lakshmibai verteidigte Jhansi gegen die Fürsten benachbarter Reiche, die das Machtvakuum nutzen wollten, um ihr Territorium ein bisschen zu vergrößern. Im September und Oktober 1857 wehrte die Rani erfolgreich die Angriffe von gleich zwei Möchtegern-Großkönigen ab.

Rani Lakshmibai hätte also wahrlich Grund genug gehabt, sich gleich den Rebellen anzuschließen. Dennoch beteuerte sie in jenem Sommer und Herbst mehrmals, ihr Land sei den abgezogenen Briten weiterhin treu. Als beispielsweise die Aufständischen, die das Massaker an den Briten verübt hatten, von Lakshmibai Waffen und Geld forderten, ging sie darauf ein, schrieb jedoch an die britische Regierung. Sie erklärte, weshalb sie diese Forderung der Rebellen erfüllt hatte, und bat um Hilfe und Schutz gegen ihre Nachbarn. Auf ihre Bitten erhielt sie nicht einmal eine Antwort. Selbst als sie direkt darauf angesprochen wurde, ob sie gegen die Briten kämpfen wolle, erwiderte Lakshmibai, dass sie Jhansi sofort wieder der Kontrolle der Briten überlassen werde, sobald diese zurückkehrten. Die glaubten ihr jedoch nicht.

In den Monaten nach Ausbruch der Rebellion wurde Lakshmibai von den Briten als Aufständische bezeichnet und in der Presse und offiziellen Dokumenten der Ostindien-Kompanie verleumdet. Sie wurde als »lasterhaftes« Weib beschimpft, als »falsche Schlange« und als Hure, die für das grauenhafte Massaker in der Festung verantwortlich gewesen sei. Die Briten brauchten einen Sündenbock, und da kam ihnen Rani Lakshmibai gerade recht.

Bis zum Winter 1858 hatte die britische Gegenoffensive die unorganisierte Rebellion praktisch niedergeschlagen, und fast ganz Nordindien war wieder in der Hand der Kompanie. Ende Februar bereiteten die britischen Streitkräfte sich darauf vor, auch Jhansi zurückzuerobern, und zwar mit aller Gewalt. Nachdem Lakshmibai monatelang um Hilfe gefleht und ihre Loyalität beteuert hatte, musste sie erkennen, dass die Briten sie aller Wahrscheinlichkeit nach als Aufständische zum Tod durch den Strick verurteilen würden, sobald sie ihnen in die Hände fiel. Doch wenn sie sich auf die Seite der Rebellen schlug, konnte sie zumindest noch in Freiheit, im Kampf sterben. Und so wurde Rani Lakshmibai angesichts der aufmarschierenden Armee tatsächlich das, was die Briten behauptet hatten – eine Aufständische.

Am 24. März begann die Belagerung von Jhansi. Lakshmibai organisierte die Verteidigung ihrer Stadt gegen die Briten. Am 30. März kam ihr ein anderer Rebellenführer (ein Freund der Rani aus Kindertagen) mit zwanzigtausend Mann zu Hilfe. Doch alle Hoffnungen zerschlugen sich, als seine Armee unerfahrener Rekruten unterlag und die Briten durch die Stadtmauer brachen. Zeitgenössischen Berichten zufolge sollen die Straßen sich vor Blut rot gefärbt haben, während sich die Briten durch die Stadt vorkämpften. Sie nahmen den Palast ein, doch gerade als die Briten zum vernichtenden Schlag ansetzten, erfuhr ihr General, dass Lakshmibai entkommen sei. Und obendrein mit einem Teil ihrer Truppe.

Die Offensive der Briten hatte die Verteidiger vernichtend geschlagen. Noch problematischer war jedoch, dass die Wasservorräte der Festung restlos erschöpft waren. Lakshmibai blieb also nur die Flucht. Als Soldat verkleidet, ihren Adoptivsohn an sich gepresst (entweder in einem Tragetuch auf den Rücken gebunden oder vor sich auf dem Schoß) floh sie zu Pferde in die Nacht hinaus. Die britische Kavallerie war ihr dicht auf den Fersen. Ein Offizier bekam sie beinahe zu fassen, doch Lakshmibai konnte ihn mit ihrem Säbel niederstrecken. (Wahrscheinlich ist diese Begebenheit der Ursprung der volkstümlichen Darstellungen von Lakshmibai, die sich auf den meisten Bildern mit ihrem Sohn in einem Tragetuch auf dem Rücken in die Schlacht stürzt – wenn das tatsächlich die Regel gewesen wäre, hätte man ihr mütterliches Verantwortungsbewusstsein als höchst zweifelhaft bezeichnen müssen.)

Auf Lakshmibais Kopf war nun ein Preis ausgesetzt. Sie

schloss sich in Kalpi, einer Festung etwa 150 Kilometer östlich von Jhansi im Fürstentum Kachchh, den anderen verbliebenen Rebellen an, doch zu ihrem großen Unmut und zum Unglück der Bevölkerung wurde nicht ihr das Kommando über die Armee der Aufständischen übertragen. Diese Ehre ward ihrem Sandkastenfreund zuteil, der es schon nicht geschafft hatte, Jhansi zu retten, obwohl seine Armee den Briten zahlenmäßig fünf zu eins überlegen gewesen war.

Kachchh fiel an die Briten, dann kapitulierte die Stadt Kalpi, und wieder entkam Rani Lakshmibai mit knapper Not. Die Rebellen beschlossen, sich nach Gwalior zurückzuziehen, in eine Region, die traditionell die Briten unterstützte, deren Sepoy-Truppen sich jedoch dem Aufstand angeschlossen hatten. Die Rebellenführer waren sich ihres Sieges in Gwalior so sicher, dass sie ihn schon feierten, noch ehe die Schlacht begonnen hatte. Nicht so Rani Lakshmibai. Während ihre Gefährten aßen, beteten und tanzten, inspizierte sie zu Pferde die Truppen, bewaffnet mit Säbel und Pistole.

Als die Briten am 17. Juni 1858 anrückten, erwarteten Lakshmibai und ihre Armee sie vor den Toren. In voller Kriegsaufmachung und mit blankem Säbel stürzte sich die Rani von Jhansi in die Schlacht und – darin sind sich alle Berichterstatter einig – blickte mutig dem Tod entgegen.

Die genauen Umstände ihres Todes jedoch sind unklar. Eine Version lautet, sie habe mit zwei Säbeln gekämpft und die Zügel ihres Pferdes mit den Zähnen festgehalten, als sie niedergestreckt wurde. Eine andere erzählt, sie sei in den Rücken geschossen worden, hätte sich umgedreht, um auf ihren Angreifer zu schießen, und sei von dessen Säbel durchbohrt worden. In weiteren Versionen soll sie schwer verwundet noch lange genug gelebt haben, um ihren Soldaten selbst zu befehlen, einen Scheiterhaufen zu errichten – und ihren Goldschmuck an sie zu verteilen, ehe sie sich bei lebendigem Leib verbrennen ließ. Wie es auch dazu gekommen sein mag, Lakshmibais Tod war gleichbedeutend mit dem Ende der Rebellion. Die Straße nach Gwalior wurde von den Briten erobert, und bald darauf fiel auch die Stadt selbst. Der Aufstand war niedergeschlagen.

Dennoch konnten die Rebellen zumindest einen Sieg verbuchen – die Ostindische Kompanie hatte an Macht eingebüßt. Im August 1858, als sich der Staub ein wenig gelegt hatte, wurde sie offiziell aufgelöst. Doch mit der Vormacht der Briten in Indien war es damit längst nicht vorbei. Königin Viktoria legte sich den Titel Kaiserin von Indien zu, und ihre Regierung übernahm die Kontrolle über das Reich, das zur offiziellen Kolonie der britischen Krone wurde. Erst 1947 erlangte Indien die Unabhängigkeit, gehörte jedoch bis 1950 weiterhin zum britischen Herrschaftsgebiet.

Während des langen indischen Freiheitskampfes wurde Lakshmibai zur Legende und zum nationalen Vorbild. Bis heute lernen Kinder ihre Geschichte in der Schule, und es gibt sogar eine Comic-Reihe mit ihr als Titelheldin. Sie ist eine Heldin, eine politische Symbolfigur, die Jeanne d'Arc Indiens. Sogar Sir Hugh Rose, der dieser »tapfersten Rebellenführerin von allen« in der Schlacht gegenübergestanden hatte, musste zugeben: »Der beste Mann auf Seiten des Feindes war die Rani von Jhansi.«

Thronräuberinnen

Prinzessinnen,
die in einer von Männern
dominierten Welt
an die Macht gelangten

Hatschepsut

DIE PRINZESSIN, DIE PHARAO VON ÄGYPTEN WURDE

CA. 1508–1458 V. CHR.
ÄGYPTEN

Hatschepsut muss ein PR-Genie gewesen sein. Wie sonst hätte eine übergewichtige Prinzessin mittleren Alters mit schütterem Haar sich zu einem schlanken, athletischen König von göttlicher Abstammung stilisieren können? Ein Glück, dass die Männer, die sie mit Hammer und Meißel aus der Geschichte zu tilgen versuchten, nicht besonders gute Arbeit geleistet haben. Sonst wüssten wir womöglich gar nichts von der außergewöhnlich langen und erfolgreichen Herrschaft einer von nur drei Frauen in drei Jahrtausenden, die den Titel und die Macht eines Pharao errangen.

Königin einer Goldenen Ära

Hatschepsut wurde zur Zeit des sogenannten »Neuen Reichs« geboren, der Blütezeit des alten Ägyptens. Sie war die älteste Tochter von Thutmosis I., einem großen Feldherren der 18. Dynastie, und seiner Frau, Königin Ahmose. Ihren eigenen (vermutlich nicht ganz glaubhaften) Behauptungen zufolge war Hatschepsut das Lieblingskind des Vaters und sollte nach seinem Tod den Thron besteigen. Bedauerlicherweise machte ihr Vater diesen Wunsch jedoch nicht offiziell. So wurde nach seinem Tod unter den Prinzen, die Thutmosis' Haremsdamen geboren hatten, nach einem Thronfolger gesucht.

Als Favorit galt Prinz Thutmosis, der Sohn einer unbedeutenden Nebenfrau, der bereit war, seine Halbschwester Hatschepsut zu heiraten, um seinen Anspruch auf den Thron zu untermauern (über Inzest in königlichen Kreisen siehe auch S. 77). Den machte ihm auch niemand streitig, und so wurde er Thutmosis II., und seine Halbschwester/Ehefrau Hatschepsut wurde Königin.

Doch Thutmosis II. starb nur drei Jahre später völlig unerwartet (eine Computertomographie seiner Mumie weist auf eine Herzerkrankung als Todesursache hin). Wieder drohte ein dynastischer Machtkampf – Hatschepsut hatte nur eine Tochter geboren. Doch der Harem gab ja noch mehr Prinzen her, und obwohl er noch ein Kleinkind war, wurde Thutmosis III. zum neuen Pharao gekrönt.

Hatschepsut, nun Königinmutter, übernahm die Regentschaft, da der Junge (ihr Stiefsohn *und* Neffe) noch nicht alt genug zum Herrschen war. Das war damals in Ägypten durchaus üblich – Mütter regierten oft anstelle ihrer Söhne, wenn diese noch zu jung waren, und Ehefrauen kümmerten sich um die Staatsbelange, während ihre Männer im Krieg waren. Etwa zwei Jahre lang spielte Hatschepsut die Rolle der pflichtbewussten Regentin und erkannte Thutmosis III. ganz selbstverständlich als Pharao an. Dann jedoch geschah etwas, womit niemand gerechnet hatte: Hatschepsut schubste den kleinen Pharao vom Thron und schnappte sich die Krone selbst.

Ein weiblicher Pharao

Sich dreist selbst zum König zu krönen, erforderte einiges Geschick. Man musste dazu wirklich Eier in der Hose haben, und zwar buchstäblich, denn laut göttlicher Anordnung hatte ein Pharao männlich zu sein. Was also war Hatschepsuts Erfolgsstrategie?

Sie behauptete erstens, ihr Vater, der Pharao, habe sie zu seiner Nachfolgerin bestimmt. Sie begründete das damit, dass nur sie von wahrhaft blaublütiger Abstammung sei – nicht nur die Brut einer unbedeutenden Konkubine (wie Thutmosis II. und III. ...). Zweitens verkündete sie, eine Tochter des Amun zu sein – der König der Götter habe die Gestalt ihres Vaters angenommen, um mit ihrer Mutter zu schlafen. Hatschepsut bezeichnete sich fortan als »Gottesgemahlin des Amun« – das ist zwar nicht ganz logisch, klingt aber zumindest danach, als sei sie wirklich von königlichem Blut *und* die Tochter *und* Ehefrau des allerhöchsten Gottes. Ihr letzter und politisch wohl klügster Schachzug bestand dann darin, sämtliche bisherigen Höflinge hinauszuwerfen und den Palast mit Leuten zu bevölkern, die sie unterstützten und ihr verpflichtet waren.

Auch außerhalb der Palastmauern betrieb Hatschepsut eine beispiellose Propaganda in eigener Sache. Um ihr Image als Pharao zu stärken, ließ sie sich oft als Mann darstellen. Auf offiziellen Bildern und Statuen ist sie ein schlanker, athletischer, maskuliner Herrscher, mit der Uräusschlange auf dem Kopf und falschem Bart, beides Insignien eines Pharaos. Offenbar spielte es keine Rolle, dass sie mittlerweile eine füllige Frau mittleren Alters war, die den in der Familie weit verbreiteten Überbiss geerbt und »riesige Hängebrüste« hatte (laut den Archäologen, die ihre Mumie fanden).

Hatschepsuts Regierungszeit war außergewöhnlich, eine Ära des Wohlstands und Friedens. Zu ihren größten Erfolgen gehörte die Erneuerung der Handelsbeziehungen mit den benachbarten Königreichen. Ihr Augenmerk galt eindeutig mehr der Bereicherung denn der Eroberung. Zwar konnte sie früh einige bedeutende Siege erringen, doch sie schickte ihre Armee lieber auf lukrative Expeditionen als auf kostspielige und gefährliche Feldzüge.

Einen Teil dieser Reichtümer gab sie für ihre zweite Leidenschaft aus: ehrgeizige Großbauten. Sie ließ ihre Untertanen gewaltige Obelisken errichten, Tempel im ganzen Königreich erbauen oder renovieren und gab außerdem Hunderte Statuen von sich in Auftrag, um der Nachwelt genau in Erinnerung zu bleiben. Auf einen Obelisken in der Tempelstadt Karnak ließ sie schreiben: »Mein Herz wendet sich hin und her, denke ich daran, was das Volk wohl sagen wird. Jene Menschen, die meine Bauwerke in der Zukunft sehen und von meinen Taten sprechen werden.«

Welch eine Ironie, und traurig obendrein, wenn man bedenkt, was als Nächstes geschah.

Hatschepsut starb um 1458 v. Chr. anscheinend an den Folgen einer Diabeteserkrankung. Somit gelangte endlich der rechtmäßige Herrscher Thutmosis III. an die Macht. Der war inzwischen Mitte 20 und mehr als reif für ein wenig Action. Er erwies sich als fähiger und expansionslustiger Feldherr – der Napoleon des alten Ägyptens. Er führte 17 Feldzüge in die Region, die wir heute als Vorderasien kennen, und die Strategien eines seiner größten Siege werden noch heute an Militärakademien gelehrt.

Gegen Ende seiner erfolgreichen Regierungszeit begann der alternde Thutmosis III. einen Feldzug anderer Art: Jede Spur der Herrschaft seiner Tante/Stiefmutter sollte ausgelöscht werden. Er ließ Steinmetze ihren Namen von ihren zahlreichen Monumenten schlagen, Texte auf ihren Obelisken mit Stein verkleiden, ihre Statuen vernichten oder ihnen zumindest das Gesicht abschlagen und gemalte Darstellungen der Hatschepsut zerhacken. Sogar in den offiziellen Königslisten der ägyptischen Herrscher kommt sie nicht mehr vor. Dieser Rachefeldzug war erfolgreich, zumindest ein paar Jahrtausende lang. In einer Biographie der ägyptischen Könige, verfasst 300 v. Chr., wird sie an einer Stelle knapp erwähnt. Aber erst 1822, als die ägyptischen Hieroglyphen vollständig entziffert wurden, erfuhr die Nachwelt, dass es Hatschepsut überhaupt gegeben hatte.

Doch warum versuchte Thutmosis III. jedes Andenken an Hatschepsut zu vernichten? Auf den ersten Blick scheint hinter diesem beträchtlichen Aufwand mehr als Rachsucht zu stecken. Der Tod, oder vielmehr das Leben nach dem Tod, spielte bei den alten Ägyptern eine wichtige Rolle – deshalb waren sie auch so besessen von der möglichst perfekten Mumifizierung.

Sie glaubten daran, dass der Geist eines Menschen weiterleben könne, wenn genügend Darstellungen dieses Menschen zurückblieben. Hatschepsuts Namen aus den Wänden zu hacken und Abbildungen und Statuen von ihr zu zerstören, war also mehr als nur ein symbolischer Akt, um sie aus der Erinnerung zu tilgen. Mit dieser Aktion wollte Thutmosis III. vielmehr dafür sorgen, dass sie auch ja tot blieb.

Oder steckt etwa noch mehr dahinter? In der Ägyptologie ist man sich schon lange uneins, wie Thutmosis III. denn nun wirklich zu Hatschepsut stand. Einerseits hatte sie seinen Platz als Herrscher besetzt, und er hatte im Gegenzug alles zerstört oder für sich beansprucht, was sie je geschaffen hatte. Wohl deshalb fühlten frühere Historiker sich berufen, sie als die böse Stiefmutter darzustellen, als eitel, ehrgeizig, skrupellos, ein echtes Mannweib. Andererseits hatte Hatschepsut Thutmosis III. nicht etwa ermorden lassen, was durchaus eine Option gewesen wäre. Statt ihn irgendwo wegzuschließen, ermöglichte sie ihm eine militärische Ausbildung. Das war eine riskante Entscheidung, denn der junge Mann hätte ohne Weiteres einen Haufen Anhänger um sich scharen und sein Anrecht auf den Thron mit Gewalt durchsetzen können. Offenbar respektierte Thutmosis III. seine Stiefmutter-Tante durchaus, denn er ließ ihren Leichnam nicht zerstören – der allererste logische Schritt, wenn es ihm tatsächlich darum gegangen wäre, ihr Leben nach dem Tod zu sabotieren. Zudem begann er mit seiner Löschungsaktion erst Jahrzehnte nach ihrem Tod. Er hätte seine Wut also schon sehr lange gären lassen müssen, oder aber er hatte ganz andere Gründe.

Moderne Ägyptologen gehen davon aus, dass Thutmosis nicht aus Wut oder Hass handelte, sondern aus politischem Kalkül. Nach allem, was man über ihn weiß, war er ein rationaler, besonnener Herrscher. Wahrscheinlich wollte er Hatschepsuts ruhmreiche Regierungszeit seiner eigenen zuschlagen, ihre Leistungen für sich selbst verbuchen. Deshalb ließ er auch manche Bilder von ihr unberührt, die sie als offizielle Regentin an seiner statt darstellten. Außerdem machte Thutmosis sich vermutlich Gedanken um seine Nachfolge. Die Geschichte umzuschreiben, war eine Möglichkeit, seinem Sohn Amenhotep II. den Thron zu sichern und dafür zu sorgen, dass Thutmosis' eigene Blutlinie an der Macht blieb.

Obwohl hinter Thutmosis' Feldzug gegen Hatschepsuts Andenken vermutlich nichts Persönliches stand, hatte er dennoch vernichtende Wirkung. Die Forschung hat über 150 Jahre gebraucht, um eine halbwegs zufriedenstellende Biographie der Erbprinzessin, die als Pharao herrschte, zusammenzustückeln. Und es gibt darin immer noch Lücken, die für Verwirrung sorgen. Glücklicherweise haben Thutmosis' Abklopftrupps nicht alles erwischt. Einer der drei Sarkophage, die Hatschepsut für sich anfertigen ließ, wurde 1903 entdeckt (er war leer), und die mit Steinen verdeckten Inschriften an ihren Obelisken waren besonders gut erhalten.

Hatschepsuts Mumie wurde Anfang des 20. Jahrhunderts entdeckt. Grabräuber hatten sie achtlos aus ihrem Sarg auf den Boden eines unscheinbaren Grabes im Tal der Könige gekippt und all ihren Schmuck gestohlen. Über 20 Jahre lang versuchten Archäologen vergeblich, dieses traurige Häuflein Haut und Knochen zuzuordnen. Ohne all die goldenen Beigaben fürs Jenseits war die Mumie schwer mit der Frau in Verbindung zu bringen, die einst Ägypten regiert hatte. Erst 2007 gelang Wissenschaftlern der Nachweis, dass es sich tatsächlich um den Leichnam des mysteriösen weiblichen Pharaos handelte.

Doch ihre Mumie kann uns auch nicht erklären, weshalb Hatschepsut all das getan hat – warum sie den rechtmäßigen

Herrscher beseitestieß, sich zum Pharao krönen ließ und eine beispiellose Propaganda veranstaltete, um ihren Anspruch auf den Thron zu legitimieren. Eine dynastische Krise, Machtgier, politisches Gerangel, ein persönliches Bedürfnis nach Autorität oder der Drang nach Ruhm – all diese Möglichkeiten haben Ägyptologen abgeklopft. Keine davon ist wirklich schlüssig. Letztendlich wissen wir nur, dass Hatschepsut eine bemerkenswerte Frau war, die Macht und Herrschaft für sich beanspruchte, und das mit einem bewundernswerten Selbstbewusstsein.

FAMILIENANGELEGENHEITEN – Inzest in königlichen Kreisen

In den meisten Kulturen ist Inzest ein Tabu, doch im Lauf der Geschichte haben sich viele königliche Familien nicht daran gestört. Warum?

Erstens und vor allem ist Inzest eine Möglichkeit, dafür zu sorgen, dass die Macht in der Familie bleibt. Ehen zwischen Bruder und Schwester oder sogar zwischen einem Elternteil und Kind waren im alten Ägypten, bei den Inka oder noch im Thailand des 19. Jahrhunderts nicht unüblich und eine geschickte Methode, die Herrschaft auf eine einzige Familie zu konzentrieren.

Zweitens glaubten einige Kulturen, damit dem Vorbild der Götter zu folgen. Diese göttliche Gepflogenheit nachzuahmen, stärkte die legitimierende Verbindung zwischen göttlichen und weltlichen Herrschern. Anfang des 19. Jahrhunderts beispielsweise unterstützten die hawaiianischen Häuptlinge die Hochzeit von Prinzessin Nahi'ena'ena mit ihrem Bruder, König Kamehameha III., mit dem Argument, das hätten die alten Götter auch so gemacht. Bei den kurz zuvor eingetroffenen christlichen Missionaren kam das natürlich nicht gut an, und auf ihr Drängen hin wurde die Prinzessin mit einem anderen verheiratet. Dennoch führten sie und ihr Bruder ihre sexuelle Beziehung bis zum Tod der Prinzessin 1836 fort.

Drittens hob Inzest den Hochadel vom niederen Rest der Gesellschaft ab, da sie die Freiheit hatten, etwas zu tun, was sonst niemandem erlaubt war. Als frommer katholischer Monarch konnte man sich die Hochzeit unter Blutsverwandten sogar vom Papst genehmigen lassen, und damit war sie dann für Gott wie für die Menschheit akzeptabel. Der Durchschnittsmensch hingegen durfte nicht einmal den Sonntagsgottesdienst schwänzen, ohne seine unsterbliche Seele zu gefährden.

Man sollte allerdings nicht vergessen, dass die Ehe zwischen engen Verwandten aus triftigem Grund eine schlechte Idee ist und nahezu überall verboten: Die mangelnde genetische Vielfalt kann zu einer Kombination schädlicher rezessiver Gene führen und damit zu schweren Geburtsfehlern. Die Gaumenspalte und der Klumpfuß des berühmten ägyptischen Pharaos Tutanchamun sind wahrscheinlich darauf zurückzuführen, dass seine Eltern Geschwister waren. Wie der Pharao wurden auch Kinder europäischer Königshäuser zum Opfer dieser Methode, Macht zu festigen und zu erhalten. Hochzeiten zwischen Cousins und Cousinen, sogar ersten Grades, waren bis weit ins 20. Jahrhundert hinein gang und gäbe, mit bedauerlichen Folgen für die Nachkommen, die zum Beispiel an der Bluter- oder diversen Geisteskrankheiten litten.

Der spanische Zweig im Hause Habsburg liefert ein warnendes Beispiel dafür, was für Probleme Inzest nach sich ziehen kann. Die Sippe regierte Spanien fast 200 Jahre lang und verheiratete immer enger verwandte Familienmitglieder miteinander. Die Linie fand ihr spektakuläres Ende in Karl II., dessen Eltern Onkel und Nichte waren und ihrerseits schon durch ein gewisses Maß an Inzucht geprägt. Karl kam geistig und körperlich behindert zur Welt. Seine Zunge war so groß, dass er erst mit vier Jahren sprechen lernte, und sein Körper so schwach, dass er erst mit acht Jahren anfing zu laufen. Später zeigten sich Anzeichen von Wahnsinn – so verlangte er etwa, dass die Leichen toter Verwandter exhumiert würden, damit er sie betrachten konnte. Karl verstarb 1700, fünf Tage vor seinem 39. Geburtstag, ohne einen Erben zu hinterlassen. Halb Europa gruselte sich, dass er überhaupt so lange gelebt hatte. Der Leichenbeschauer behauptete, der Körper »enthielt keinen einzigen Tropfen Blut. Sein Herz war so klein wie ein Pfefferkorn, seine Lunge war zerfressen, die Eingeweide faulig und brandig, er hatte nur einen Hoden, schwarz wie ein Stück Kohle, und sein Kopf war voll Wasser.«

Wu Zetian

DIE PRINZESSIN, DIE KAISER VON CHINA WURDE

17. FEBRUAR 624 – 16. DEZEMBER 705
TANG-DYNASTIE, CHINA

Wu Zetian hatte das Herz einer Schlange und das Wesen eines Wolfs, favorisierte üble Speichellecker und ruinierte gute, loyale Beamte. Sie »tötete ihre Schwester, schlachtete ihre großen Brüder ab, ermordete den Kaiser und vergiftete ihre eigene Mutter. Sie ist den Göttern wie den Menschen ein Gräuel«.

So hieß es jedenfalls lange Zeit. Der offiziellen Geschichtsschreibung, die oft verworren und weiblichen Herrschern nicht wohlgesonnen ist, die wahre Geschichte abzuringen, ist nicht einfach. In diesen Aufzeichnungen wird sie als sadistisch, grausam und machtgierig dargestellt. Doch ihr gelang etwas, das in der dreitausendjährigen Geschichte des kaiserlichen Chinas keine andere Frau schaffte: Sie herrschte selbst. Dass sie dazu ein paar Leute umbringen musste – unter anderem angeblich ihre eigene, erst wenige Tage alte Tochter –, war eben der Preis der Macht.

Hui, Wu

Die grausigste Geschichte über Wu ist wohl die ihres Aufstiegs zur Kaiserin. Wu war eine eher unbedeutende Prinzessin der Tang-Dynastie, die schon als junge kaiserliche Konkubine Pläne für ihren Aufstieg schmiedete. Als sie eine Tochter gebar – nicht ihr erstes Kind von Kaiser Gaozong –, witterte sie ihre Chance. Wie es der Brauch verlangte, besuchte die amtierende Kaiserin Wang die junge Mutter in ihren Gemächern, um das Neugeborene zu bewundern. Nachdem Kaiserin Wang gegangen war, erstickte Wu das Kind. Als Kaiser Gaozong sie kurz darauf besuchte, fand er seine Tochter tot in ihrem Bettchen liegen, und die weinende, zutiefst verstörte Wu behauptete, Wang müsse die Kleine ermordet haben. Gaozong glaubte diese Lüge, und die Kaiserin wurde in ein dunkles, modriges Verließ geworfen. Dort bekam sie bald Gesellschaft von einer weiteren Rivalin Wus: der zweitliebsten Konkubine des Kaisers. Doch das genügte ihr offenbar noch nicht. Als Wu endlich Kaiserin geworden war, stieg sie zu dem Verließ hinab, um ihre einstigen Feindinnen zu bestrafen. Sie ließ den beiden einhundert Peitschenhiebe versetzen, ihnen Hände und Füße abhacken, Arme und Beine brechen und befahl dann, die Frauen – die *immer noch* lebten – in einem Weinfass zu ertränken. Während sie zusah, wie ihre Opfer vergeblich zappelten, kicherte sie hämisch: »Jetzt können sich die beiden Hexen bis auf die Knochen betrinken.«

Falls das stimmt, würde sich nicht einmal ein drittklassiger Horrorfilmproduzent an diesen Stoff heranwagen. Ja, Wu hatte zweifellos eine mörderische, machiavellistische Seite (lange vor Machiavelli ...). Aber dass Historiker sie dermaßen dämonisierten, lag auch an einer Menge lügnerischer Propaganda. Viele waren der Ansicht, dass Wu die konfuzianische Weltordnung schon allein dadurch störte, dass sie eine Frau war, ganz zu schweigen davon, dass sie erst durch ihren Mann herrschte und dann ihren eigenen Söhnen den Thron raubte. So etwas kam bei den Leuten nicht gut an, und wenn man schon mal dabei ist, ein abschreckendes Beispiel zu schaffen, streut man eben noch so viel Kindsmord und grausige Meuchelei ein wie nur möglich.

Um zu verstehen, wie Wu an die Macht gelangte und weshalb sie all das tat, muss man wissen, dass die Tang-Dynastie die reinste Schlangengrube war. Eine prachtvolle Schlangengrube zwar – die Blütezeit der alten chinesischen Zivilisation, eine goldene Ära der Poesie, der Rechtslehre und aller möglichen anderen tollen Dinge (und ihre Existenz verdankte sie Prinzessin Pingyang, wie auf S. 24 nachzulesen ist) –, aber dennoch eine Schlangengrube. Unliebsam gewordene Leute wurden »gebeten«, Selbstmord zu begehen, und gegebenenfalls half man auch nach. Mord, vor allem unter Verwandten, war gang und gäbe. Noch häufiger brachten Leute falsche Anschuldigungen gegen politische Rivalen vor in der Hoffnung, dass man ihre Feinde hinrichten würde. Wenn gewisse historische Berichte zutreffen, muss man im kaiserlichen Palast nur so im Blut hingerichteter, gemeuchelter und zum Selbstmord gedrängter Menschen gewatet sein.

Ehe Wu Rivalen abzuschlachten begann, war sie die Tochter eines Gouverneurs und eine vornehme Dame. Sie war eine Prinzessin, aber von sehr niederem Rang. Obwohl sie schon im Teenageralter als Konkubine in den kaiserlichen Haushalt kam, war sie kaum mehr als eine Dienstmagd, deren Hauptaufgabe darin bestand, die kaiserlichen Betten zu beziehen. Wu war offenbar mit bemerkenswerter Schönheit und Intelligenz gesegnet, doch solche Vorzüge reichten nicht aus, um es *ins* kaiserliche Bett zu schaffen, statt es nur frisch beziehen zu dürfen. Immerhin fiel sie Kaiser Taizong auf, und er nannte sie nach einem beliebten Lied seine »schöne Schmeichlerin«. Manchen Quellen zufolge war Wu zu einer gewissen sexuellen Praktik bereit (welcher genau, ist leider nicht überliefert), die andere Frauen ablehnten, und damit konnte sie bei ihrem alten Kaiser zusätzlich punkten.

Nach Taizongs Tod 649 scheint Wu sich übergangslos seinem Sohn Gaozong zugewandt zu haben, der ebenfalls ein Auge auf die adelige Konkubine geworfen hatte. Inzwischen war Wu Mitte 20. Der offiziellen Geschichtsschreibung der kaiserlichen Familie zufolge soll Gaozong sie zum ersten Mal wirklich bemerkt haben, als sie seinen kranken Vater auf dessen Totenbett pflegte. Andere Chronisten behaupten, Wu hätte Gaozong eine Schüssel Wasser gereicht, damit er sich nach dem Besuch der Toilette die Hände waschen konnte. Als er ihr versehentlich Wasser ins Gesicht spritzte und ihre weiße Schminke verschmierte, sagte sie: »Ich freue mich über das himmlische Geschenk von Regen und Nebel«, anscheinend eine verhüllte Anspielung auf Sex mit äußerst interessantem Vorspiel. Wie die Begegnung auch stattgefunden haben mag, die beiden hatten eindeutig etwas miteinander, ehe der alte Kaiser tot war. (Wie es sich für die Tang-Dynastie gehörte, hatte Gaozong freie Bahn zum Thron, nachdem zufällig vier seiner Brüder verstorben oder hingerichtet worden waren.)

Nach konfuzianischem Gesetz galt ein Verhältnis zwischen einem Sohn und der Konkubine seines Vaters als Inzest. Deshalb hielten Wu und Gaozong ihre neue Beziehung geheim. Darüber hinaus verlangte der Brauch, dass Wu sich nach dem Tod des Kaisers die Haare abrasierte und ins Kloster ging. Dort verbrachte sie allerdings nur ein paar Monate (und die Haare schnitt sie sich auch nicht ab). Offenbar lag Gaozong so viel an ihr, dass er sie erst schwängerte und dann aus dem Kloster befreite, um sie zu seiner eigenen Konkubine zu machen.

Wu war bald die Favoritin des neuen Kaisers, dank ihrer besonders sexy gestylten Augenbrauen, ihrer Heuchelei und Durchtriebenheit und ihrer praktisch ununterbrochenen Schwangerschaften. Ein Zeitgenosse schrieb: »Die Fürstin Wu mit den bezaubernden Brauen, geschwungen wie die Fühler eines Schmetterlings, lässt sich von keiner Frau den Rang ablaufen. Kokett verbirgt sie ihr Gesicht hinter dem langen Ärmel, während sie andere verleumdet in der Gewissheit, dass sie mit ihren erregenden Reizen die Macht besitzt, den Kaiser zu verzaubern.« In ihren ersten fünf Jahren in Gaozongs Harem brachte Wu drei, möglicherweise auch vier Kinder zur Welt, und das Oberhaupt einer Dynastie findet nichts so attraktiv wie Fruchtbarkeit.

Etwa um diese Zeit soll Wu ihr eigenes Kind erstickt und sich auf bemerkenswert grausame Weise ihrer Rivalinnen entledigt haben. Der Kindsmord ist vermutlich eine Erfindung, wenn man bedenkt, dass sie sich später weigerte, ihre Kinder durch körperliche Züchtigung zu bestrafen (bei ungehorsamen Sprößlingen war die Verbannung ihr Mittel der Wahl). Gut möglich also, dass das Kind eines natürlichen Todes starb und Wu nur die Gelegenheit nutzte, ihrer Rivalin die Schuld daran zu geben. Allerdings führte dieser Vorfall nicht allein zum Sturz der Kaiserin Wang – sondern ihre Unfähigkeit, einen männlichen Erben zu gebären. Schließlich behauptete Gaozong (vermutlich angestiftet von Wu), dass seine Gemahlin sich mit seiner zweitliebsten Konkubine verschworen habe, um ihn zu vergiften. Die beiden ins Gefängnis zu stecken, war der beste Vorwand dafür, Platz für die gebärfreudige Wu zu schaffen.

Kaiser...in

Wu und Gaozong schienen »gemeinsam« zu regieren, doch behaupten einige Historiker, sie sei die Herrscherin gewesen. Spätestens ab dem Jahr 660 war sie stets im Thronsaal anwesend, verfolgte hinter einem Wandschirm sämtliche Audienzen ihres Mannes, erteilte Ratschläge und gab Erklärungen ab. Gaozong erlitt im Laufe der Zeit mehrere Schlaganfälle, überlebte sie halb erblindet und konnte weder gehen noch sprechen. Nun übernahm Wu seine Regierungspflichten, und der Wandschirm kam weg.

Mit Gaozongs Tod im Jahr 683 wurde Wu zur Kaiserinwitwe – üblicherweise das Stichwort für den Abgang. Doch Wus letzter Akt stand erst noch bevor. Offiziell bestieg ihr Sohn den Drachenthron (nach dem Tod seiner beiden älteren Brüder, von denen mindestens einer auf Wus Konto gegangen sein soll), und wieder war Wu die eigentliche Machthaberin. Als dieser Sohn sich als nicht so leicht lenkbar erwies, wie sie gehofft hatte, ließ sie ihn in eine ferne Provinz verbannen und ersetzte ihn durch den nächsten. (Nicht umsonst änderte sie offiziell das chinesische Wort für *Prinz*, dessen Schriftzeichen nun »mit friedlicher Zunge« bedeuteten.)

Vier Jahre nach Gaozongs Tod hatte Wu genug davon, durch ihre Söhne zu regieren. Nach einer sorgfältig orchestrierten PR-

Kampagne samt religiösen Prophezeiungen und Propaganda erklärte sie sich zur »Weisen Mutter und Heiligen Herrscherin« und verlieh sich selbst ungeheuerliche Macht. Doch das reichte ihr immer noch nicht. Drei Jahre später, 690, ließ sie das Deckmäntelchen der »Weisen Mutter« fallen und nannte sich fortan »Kaiser« von China.

Wus Regime bestand hauptsächlich darin, die öffentliche Meinung durch kluge PR zu manipulieren und Kritiker von ihrer Geheimpolizei terrorisieren zu lassen. Indem sie sich zum Kaiser ausrief, beendete sie faktisch die Herrschaft der Tang-Dynastie und begründete ihre eigene, die Dynastie der Zhao. Das ärgerte die übrigen Mitglieder der kaiserlichen Familie natürlich gewaltig. Um die Kritiker zum Schweigen zu bringen, ließ sie alle bis zum letzten Mann verbannen oder hinrichten. Sie hatte sich schon immer zahlreicher Spitzel bedient und damit eine Atmosphäre des Misstrauens und der Angst geschaffen. In vielen Städten ließ sie Bronzeurnen aufstellen, in die anonym Berichte und Beschwerden über unliebsame Mitbürger eingeworfen werden konnten. Außerdem durfte jeder, der nützliche Informationen für sie hatte, auf ihre Kosten zum Palast reisen. Die Früchte dieses Denunziantentums konnten tödlich sein: Von 684 bis 693 verschliss Wu 46 Ministerpräsidenten, von denen die Hälfte ermordet oder in den Selbstmord getrieben wurde. Ihr angeblicher Liebhaber, Anführer eines buddhistischen Kultes, dessen Geschichte durchaus an die von Rasputin erinnert, wurde auf ihren Befehl hin totgeschlagen, sobald er ihr nicht länger nützlich war. Selbst ihre eigenen Verwandten lebten in ständiger Angst davor, auf irgendeine Weise »unliebsam« zu werden.

Chinesischen Chronisten späterer Jahrhunderte zufolge war Wu mit ihrer erotischen Gunst hingegen sehr großzügig. Im reifen Alter von 66 Jahren soll sie sich einen Männerharem zugelegt haben. Außerdem hielt sie sich angeblich eine ganze Reihe eher unpassender Liebhaber, darunter einen besonders gut bestückten Hausierer, zwei blutjunge Sänger – Brüder noch dazu – und ihren eigenen Neffen. (Diese Angaben sollte man allerdings nicht für bare Münze nehmen, denn eine Frau als Schlampe zu bezeichnen, war schon immer die einfachste Möglichkeit, sie zu verleumden.)

Aber Wu regierte ihr 50-Millionen-Volk auch mit Effizienz, Güte und Weisheit. Ihre Untertanen betrachteten »Kaiser Wu« nicht als gefährliche Tyrannin – sie vereinte das Kaiserreich zu einer Zeit, als es zu zerfallen drohte. Es gelang ihr nicht nur, das Reich zusammenzuhalten und den Raubzügen der Tartaren an der Nordgrenze ein Ende zu machen, sie vergrößerte ihr Territorium sogar, und das durch erstaunlich wenig Kriege.

Unter Wu als Kaiserin und später als Kaiser sanken die Steuern, die Verschwendung von Staatsgeldern verringerte sich ebenso wie die Ausgaben fürs Militär. Rentner bekamen eine Pension und tüchtige Beamte mehr Gehalt. Sie führte Aufnahmeprüfungen für den gesamten Verwaltungsapparat ein – ein riesiger Schritt in Richtung leistungsbezogener Beurteilung, weg von der Vetternwirtschaft. Sie verabschiedete ein Gesetz, das es Kindern erlaubte, um *beide* Eltern zu trauern, nicht nur um den Vater, wie Brauch und Gesetz bis dato vorgeschrieben hatten. Unter ihrer Führung halfen chinesische Generäle Korea, sich von den japanischen Herrschern zu befreien und ein eigenes Königreich zu konsolidieren. Die Japaner waren davon so beeindruckt, dass sie künftig alles nachmachten, was die Tang-Kaiser taten – sogar ihre Hauptstadt bauten sie nach chinesischem Vorbild.

Wu regierte 15 Jahre lang als Kaiser, und niemand besaß den Mut und die Mittel, ihr den Drachenthron streitig zu machen. 705 wurde der Vorschlag, sie solle doch allmählich abdanken, zum ersten Mal laut geäußert, von einigen treuen Tang-Anhängern, angeführt von Wus verbanntem Sohn. Als Wu den Wink mit dem Zaunpfahl ignorierte, wurden ihre beiden Sängerknaben ermordet und die Leichen in ihren Gemächern deponiert. Das genügte immer noch nicht, also zwang man sie mit dem Dolch an der Kehle, sich »zur Ruhe zu setzen«.

Wu starb noch im selben Jahr – überraschenderweise eines natürlichen Todes –, nachdem sie fast 50 Jahre lang fähig und friedlich regiert hatte. Sie hatte sich derselben Mittel bedient wie Generationen von Kaisern vor ihr: Hinrichtungen, Verbannung und Terror. Doch bei einer Frau gilt solches Verhalten als unziemlich, und entsprechend stiefmütterlich wurde Wu meist behandelt.

Was spätere Herrscher von ihr hielten, wird daran deutlich, wie sie ihr Andenken ehrten – oder vielmehr *nicht* ehrten. Damals war es in China Tradition, dass Herrscher in prächtigen Grabmalen mit riesigen Gedenktafeln beigesetzt wurden. Diese Tafeln führten üblicherweise all die ruhmreichen Taten des Verstorbenen auf und beteuerten, dass man ihn schrecklich vermissen werde. Nicht so an Wus Grabmal. Ihre Tafel blieb vollkommen leer – ein stummes Zeugnis einer Frau, die viel erreicht hat und über die dennoch niemand ein gutes Wort verliert.

AUF WEIS WEISE

Kaiserin Wu Zetian war nicht die einzige clevere Frau im kaiserlichen China. 684 zerrte Wu ihren Sohn Li Xian vom Thron und verbannte ihn in den entferntesten Winkel des Reiches. Mit ihm ging seine Frau, Prinzessin Wei, und das war sein Glück: Ohne Weis ständigen Ansporn und ihre Ermahnungen hätte Li Xian sich vermutlich das Leben genommen.

Wei rückte ihrem Mann wahrscheinlich nicht aus Liebe den Kopf zurecht – sie wollte sich wohl eher die Chance, Kaiserin zu werden, kein zweites Mal entgehen lassen. Als sich 705 endlich eine günstige Gelegenheit ergab, packte sie sie beim Schopf. Treue Anhänger der Familie Tang erkoren Li Xian zu ihrem Anführer und setzten Kaiser Wu ab. Aus Li Xian wurde Kaiser Zhongzong, und er und seine Frau, nun Kaiserin Wei, zogen wieder im Palast ein.

Kaum saß Kaiserin Wei sicher auf dem Thron, begann sie eine Affäre mit Wus Neffen Sansi, der wiederum eine Affäre mit der ehemaligen Privatsekretärin der Kaiserin Wu hatte. Dieses verdorbene Trio verdiente ein Vermögen mit dem Verkauf von Verwaltungsposten, doch das reichte ihnen noch nicht. Wei und Sansi waren mittlerweile zu Ministern aufgestiegen und schoben die kaiserliche Prinzessin Anle als Thronfolgerin vor. Das ging dem legitimen Kronprinzen Li Chongjun dann doch zu weit – er startete einen Angriff auf den Palast, scheiterte jedoch daran, dass seine Soldaten sich gegen die eigenen Offiziere wandten.

Von diesem Rückschlag ließen Wei und Anle sich nicht entmutigen. Drei Jahre später zogen sie ihren eigenen Coup durch: Sie brachten Kaiser Zhongzong mit einem vergifteten Kuchen um die Ecke und setzten einen gehorsameren Sohn, Lo Chongmao, auf den Thron. Nach Wus Vorbild planten sie, durch ihn als Marionette zu herrschen, während sie darauf hinarbeiteten, dass Anle als zweiter weiblicher Kaiser den chinesischen Thron besteigen konnte. Zu ihrem Pech erfuhr Wu Zetians Tochter, Prinzessin Taiping, von diesem Plan und griff zugunsten ihres Bruders Ruizong ins Geschehen ein. Anle wurde der Kopf abgeschlagen, während sie sich gerade schminkte.

Doch wie üblich trog der Schein. Ruizong wusste sehr wohl, dass seine Schwester, Prinzessin Taiping, nur auf eine Gelegenheit wartete, selbst nach der Macht zu greifen. Also ließ er sich etwas einfallen. Als Erstes erklärte er seinen Sohn Xuanzong zu seinem Nachfolger und dankte ab. Dann ließ er Xuanzong gegen Taiping vorgehen, weil sie angeblich an dessen Thron sägte. Nachdem mehrere ihrer Gefolgsleute getötet worden waren, floh Taiping in ein buddhistisches Kloster, wo man ihr »gestattete«, sich das Leben zu nehmen.

Das Überraschende an dieser ganzen Geschichte ist, dass die Tang-Dynastie noch weitere 200 Jahre überdauerte – bei der Neigung, sich selbst oder andere Familienmitglieder umzubringen, wirklich eine reife Leistung.

Nzinga von Ndongo

DIE PRINZESSIN MIT DEM HAREM VOLLER MÄNNER

CA. 1581 BIS 17. DEZEMBER 1663
SÜDWESTAFRIKA (IM HEUTIGEN ANGOLA)

Man schrieb das Jahr 1621. Mbandi, der Herrscher des westafrikanischen Königreichs Ndongo, beauftragte seine Halbschwester Nzinga, mit portugiesischen Beamten zu verhandeln. Seit Jahrzehnten waren die beiden Mächte immer wieder in Kriege verwickelt, weil die Europäer versuchten, immer mehr Land und Ressourcen zu erobern. Jetzt schien ein Friedensvertrag möglich. Doch bei dem Treffen mit dem portugiesischen Gouverneur erwartete Nzinga ein unverhohlenes Machtspielchen, bei dem die Prinzessin gedemütigt werden sollte. Während der Gouverneur bequem wie ein König auf einem Sessel thronte, bot man Nzinga nicht einmal einen Stuhl an.

Das ließ Nzinga sich jedoch nicht bieten. Auf einen Wink hin sank eine ihrer Dienerinnen auf Hände und Knie, und Nzinga setzte sich auf den Rücken der Frau und sprach den Gouverneur auf Augenhöhe an. Die Verhandlung verlief erfolgreich, ein Friedensvertrag wurde unterzeichnet. Wenige Jahre darauf sollte Nzinga auf ihrem eigenen Thron sitzen – und der bestand nicht aus einer knienden Dienerin.

Der ganz normale politische Wahnsinn

Nzinga war die älteste Tochter des Königs von Ndongo, einem lockeren Zusammenschluss mehrerer Umbundu sprechender Volksstämme im heutigen Angola. Bei ihrer Geburt stand das Land seit etwa 100 Jahren in einem komplizierten Verhältnis zu den Portugiesen. Die Europäer gaben sich seit 1483 alle Mühe, die Bevölkerung zu versklaven oder zu bekehren.

Diese Situation passte dem Volk natürlich gar nicht, wenn auch nicht aus den Gründen, die einem zuerst in den Sinn kommen würden. Sklavenhandel gab es vorher schon, zwischen Ndongo und dem nördlichen Nachbarn Kongo. Hauptsächlich wurden Kriegsgefangene verkauft, und um 1500 kamen die beiden Königreiche auch mit den Portugiesen ins Geschäft. Doch die Europäer wollten immer mehr von dem Kuchen abhaben. Ndongo führte mehrmals Krieg gegen die Portugiesen um seine Unabhängigkeit, die Kontrolle über den Sklavenhandel und profitable Salz- und Silberminen. Das bedeutete natürlich nicht, dass Afrikaner und Europäer sich grundsätzlich spinnefeind waren. Wurde beispielsweise der König von Kongo ein wenig zu gierig auf Ndongo-Land, hatten bereits mehrere Könige von Ndongo durchaus die Portugiesen zu Hilfe gerufen.

Doch 1575 sorgten die Portugiesen für zusätzliche Spannung, indem sie einen Handelsposten bei Luanda zur Kolonie ausbauten, direkt zwischen den beiden Königreichen. Außerdem schürten sie den Unmut einiger unzufriedener Minderheiten, die nominell unter Ndongos Herrschaft standen. Nzingas Vater, der König Ngoli Bondi (*ngola* heißt so viel wie »König« – später leiteten die Portugiesen den Namen Angola davon ab), zog gegen sie in den Krieg und begann damit eine langjährige, blutige Auseinandersetzung.

In diese unruhige Zeit wechselnder Allianzen und nahezu ständiger Konflikte wurde Prinzessin Nzinga hineingeboren. Die Geschichten über ihre Kindheit sind teilweise sehr abenteuerlich. Sie war ein kleiner Wildfang, konnte einen Speer wie ein Krieger halten und kletterte lieber auf Bäume, als sich mit traditionellem Mädchenkram zu beschäftigen. Außerdem ließ sie sich nichts gefallen, von niemandem – einmal soll sie ihren Halbbruder Mbandi verprügelt haben, weil er ihre Perlenkette gestohlen hatte. Sie verpasste ihm eine blutige Nase und demütigte ihn somit vor dem gesamten Dorf.

Der Mythos über Nzinga präsentiert sie uns als starke, stolze, entschlossene Prinzessin, die geborene Herrscherin. Doch als ihr Vater 1617 starb, war sie als Frau von der Thronfolge ausgeschlossen. Mbandi wurde König, aber erst nachdem er einen weiteren Bruder sowie Nzingas kleinen Sohn ermordet hatte. Man kann sich denken, dass Mbandi kein gütiger und auch kein sonderlich vernünftiger Herrscher war. Einer Überlieferung zufolge soll Nzinga sich gegen seine Pläne ausgesprochen haben, die mit Speeren bewaffneten Krieger in einer offenen Schlacht den Portugiesen, die mit Kanonen ausgerüstet waren, gegenübertreten zu lassen. Daraufhin ließ er sie zwangssterilisieren. Die Portugiesen kannten seine Schwächen ebenfalls und nutzten ihren Vorteil. Ihre Missionare und Soldaten drangen weit auf das Territorium Ndongos vor.

So kam es also, dass ihr feiger, niederträchtiger Halbbruder Prinzessin Nzinga als Unterhändlerin zum Gouverneur der Portugiesen schickte. Nzinga zwang den Gouverneur, ihr auf Augenhöhe zu begegnen, im übertragenen wie im wörtlichen Sinne. Der Friedensvertrag kam zustande, die Portugiesen erkannten die Souveränität der Umbundu-Völker an, und das kostete Ndongo nicht mehr als die Auslieferung einiger europäischer Gefangener.

Drei Jahre später war Mbandi tot, und Nzinga bestieg mit der Unterstützung der dankbaren Bevölkerung den Thron. Nachdem die Portugiesen den Friedensvertrag gebrochen hatten (Überraschung!), nahm sie den Kampf wieder auf und siedelte ihre Untertanen in ein Gebiet im Hochland um, das leichter zu verteidigen war. Von dort aus führte Nzinga einen Guerilla-Krieg, der die Invasoren so demoralisierte und schwächte, dass sie sich die Portugiesen vier Jahrzehnte lang vom Leib halten konnte. Nach ihrem Tod zerfiel das Königreich. Doch auch als Ndongo zur portugiesischen Kolonie Angola wurde, vergaß ihr Volk sie nicht. Die Aufzeichnungen eines schottischen Missionars von 1860 schildern eine Unterhaltung mit einem Einheimischen, der erklärte: »In Angola gedenkt alles, was lebt und atmet, bis hin zum kleinsten Grashalm unter deinen Füßen, noch immer unserer großen Königin.«

Soweit also die offizielle Geschichte. Die historische Realität war allerdings verworrener … und blutiger. Nzinga war keineswegs die gehorsame Halbschwester des Herrschers, die erst die Macht ergriff, als ihr Land sie brauchte. Tatsächlich hatte sie schon seit dem Tod ihres Vaters einen Weg gesucht, sich den Thron zu sichern. Weil weibliche Herrscherinnen in der Tradition Ndongos nicht vorgesehen waren, unterstützte sie nach außen hin Mbandi, während sie insgeheim Verbündete und Argumente für ihren Anspruch auf den Thron sammelte.

Als Nzinga 1621 mit dem Gouverneur verhandelte, benutzte sie tatsächlich ihre Dienerin als Sitzgelegenheit. Doch bei diesem mutigen Auftritt ging es ihr womöglich weniger darum, ihr Volk würdig zu vertreten, als um ihre eigenen politischen Ambitionen: Nzinga wollte, dass die Portugiesen ihren Anspruch auf den Thron unterstützten. Ein wichtiger Schritt in diese Richtung war eine gemeinsame Religion als Basis für die weitere Zusammenarbeit. Also ließ Nzinga sich 1622 taufen. Sie nahm den neuen christlichen Namen Anna de Sousa an – so hieß die Frau des Gouverneurs.

Mbandis Tod war die Gelegenheit, auf die Nzinga gewartet hatte. Man ist sich einig, dass sie diese Gelegenheit selbst herbeiführte, indem sie ihn vergiftete. Ihre Fürsprecher behaupteten später, das hätte sie nur deshalb getan, weil er ein schrecklicher Herrscher war und sie ihr Volk schützen wollte. Doch auch nach Mbandis Tod und trotz ihrer Ambitionen war Nzinga nicht gerade erste Wahl für die Thronfolge. Einerseits wegen ihres Geschlechts, andererseits aufgrund des weit verbreiteten Verdachts, dass sie Mbandi um die Ecke gebracht hatte. Also kam sie zunächst als Regentin für Mbandis achtjährigen Sohn an die Macht. Keine zwei Jahre später ließ sie ihren Neffen ermorden und riss die Macht ganz an sich.

Damit löste sie einen Bürgerkrieg aus und rief schließlich die Portugiesen zu Hilfe. Unglücklicherweise schlugen die sich auf die Seite ihrer Gegner, deren männlicher Wunschkandidat für die Thronfolge leichter zu beeinflussen war. Nzinga fiel vom christlichen Glauben ab und widmete sich eine Zeitlang ganz ihrer Mission, ein portugiesisches Monopol auf den Sklavenhandel zu verhindern. Sie bot sogar Sklaven Zuflucht, die von den portugiesischen Plantagen an der Küste geflohen waren, und stärkte so die eigenen Reihen.

Der Krieg um den Thron führte zu einem besonders hässlichen Kapitel in Nzingas Geschichte: ihre Allianz mit den Imbangala, marodierenden Söldnertrupps. Die Imbangala fielen wüst über Dörfer her, versklavten die Kinder und ermordeten alle anderen, ehe sie zum nächsten Ort weiterzogen. Bei ihnen finden sich die ersten historisch dokumentierten Kindersoldaten. Ab 1628 warb Nzinga Imbangala-Söldner nicht nur an, sie behauptete sogar, sie *sei* eine Imbangala, um sich die Loyalität der Soldaten zu sichern. (Es ist äußerst unwahrscheinlich, dass sie je offiziell in den Stamm aufgenommen wurde. Zu dem grausigen Initiationsritus gehörte unter anderem die Ermordung eines Kindes.) 20 Jahre später versuchte sie, sich symbolisch wieder von deren blutigen Ritualen zu distanzieren, indem sie erneut zum Christentum konvertierte. Was wiederum den zusätzlichen Vorteil hatte, dass nun die Portugiesen ihre Pläne unterstützten, die Thronfolge offiziell neu zu regeln.

Vor dem Hintergrund, dass Nzingas Thron keineswegs gefestigt war, werden einige ihrer seltsamen Ideen und Verhaltensweisen verständlicher – vor allem, was sie alles unternahm, um sich als *König* der Umbundu sprechenden Stämme darzustellen. So hielt sie sich mehrere Ehemänner zugleich, und zwar bis zu 50 oder 60, und bezeichnete sie als »Konkubinen«. Sie mussten Frauenkleidung tragen und im selben Raum wie Nzingas Hofdamen schlafen – doch wenn sie eine von ihnen auch nur anfassten, wurden sie auf der Stelle hingerichtet. Dieser ungewöhnliche Zustand steckte vermutlich hinter der Behauptung des Marquis de Sade, Nzinga hätte ihre Liebhaber nach einer einzigen Nacht mit ihnen geopfert, was schon eine außerordentliche Verschwendung gewesen wäre.

Auch wenn sie ihre Liebhaber wahrscheinlich nicht nach nur einer Nacht bei lebendigem Leib verbrennen ließ, unterstrich doch ihr Bruch mit den Geschlechterrollen ihre Identität als König ebenso wie ihre militärischen Erfolge. Sie war eine fähige Feldherrin und ließ ihre Hofdamen zu Kriegerinnen ausbilden und ausrüsten – ihre persönliche Leibwache. Angeblich soll sie sogar bei einem rituellen Menschenopfer einem Mann den Kopf abgeschlagen und sein Blut direkt aus dem Hals getrunken haben. Sie herrschte erstaunlich lange, also waren ihre Bemühungen, sich als König darzustellen, offenbar erfolgreich.

Doch schließlich taten die Portugiesen sich mit aufständischen Gruppen innerhalb Ndongos zusammen und zwangen Nzinga, sich ins Hochland zurückzuziehen. Ndongo bekam einen neuen König, der eine Marionette der Kolonialmächte war. Doch Nzingas Rückzug erwies sich sogar als strategisch günstig, denn von ihrem Territorium im zentralafrikanischen

Hochland aus konnte sie die Portugiesen in einen Guerilla-Krieg verwickeln – die Art Kampf, bei der ihre Krieger eine reelle Chance gegen die besser ausgerüsteten Invasoren hatten.

Ihr neues Territorium reichte bis zu 750 Kilometer ins Landesinnere, und binnen weniger Jahre eroberte sie das Königreich Matamba und machte es zu ihrem neuen Stützpunkt und zu einem der bedeutendsten und reichsten Länder Zentralafrikas. 1640 galt sie als mächtigster afrikanischer Herrscher der Region. Ihre Macht erstreckte sich auch auf einen Großteil des Landes, das zuvor dem Marionettenkönig von Ndongo gehört hatte. Und auch im Sklavenhandel konnte sie Erfolge verbuchen: jährlich wurden mehr als 13 000 Afrikaner verkauft.

Doch 1650, nach fast 25 Jahren Krieg, hielt Nzinga es erneut für politisch vorteilhaft, sich wieder mit den Portugiesen anzufreunden. Ihre holländischen Verbündeten, die sie lange im Guerillakampf gegen die Portugiesen unterstützt hatten, waren 1648 aus der Region abgezogen. Zudem wurde Nzinga nicht jünger und machte sich allmählich Sorgen um ihre Nachfolge. Ein Bündnis mit dem alten Freund und Feind versprach zumindest ein gewisses Maß an Sicherheit. Also trat sie ein weiteres Mal zum katholischen Glauben über, holte portugiesische Missionare und Gesandte an ihren Hof, kleidete sich wie eine Europäerin und nahm das Geschäft mit den portugiesischen Sklavenhändlern wieder auf. Das Ganze wurde 1656 durch einen Friedensvertrag offiziell gemacht.

Nzinga starb 1663 im Alter von 82 Jahren. Es folgte ein Kampf um ihre Nachfolge, der schließlich zum Zerfall des Königreiches Ndongo und Matamba führte. Sie hatte das Reich durch schiere Willenskraft zusammengehalten, und niemand sonst war dazu in der Lage. In den 350 Jahren seit ihrem Tod wurde Nzinga als Heldin des Widerstands gegen die Kolonialherrschaft rehabilitiert. Besondere symbolische Bedeutung erreichte sie während des angolanischen Freiheitskampfes im 20. Jahrhundert, der dem Land erst 1975 die Unabhängigkeit brachte. Diverse Einzelheiten des Mythos um ihre Person sind alles andere als historisch exakt, aber in einem Punkt hat die Legende zweifellos recht: Nzinga war eine Kriegerin, die die Kolonialmacht Portugal zwang, sich auf Augenhöhe mit ihr auseinanderzusetzen.

Intrigantinnen

Prinzessinnen,
die Ränke und Komplotte
schmiedeten

Justa Grata Honoria

DIE PRINZESSIN, DIE BEINAHE DAS RÖMISCHE REICH ZERSTÖRT HÄTTE

CA. 417–452
RÖMISCHES REICH

Als die römische Prinzessin Justa Grata Honoria erfuhr, dass sie ihr Leben zukünftig in der tiefsten Provinz verbringen sollte, als brave Ehefrau eines unbedeutenden, aber treuen Anhängers ihres Bruders, Kaiser Valentinian III., setzte sie sich hin und schrieb einen Brief. An Attila, den Hunnenkönig. Dass sie den schlimmsten Feind des Römischen Reiches um Hilfe bat, machte sie bei ihrem Bruder nicht unbedingt beliebter. Und ihr Problem löste sie damit eigentlich auch nicht. Aber falls der Kaiser geglaubt hatte, seine

Schwester würde sich brav in ihr Schicksal fügen und in die Verbannung schicken lassen – denn nichts anderes war ihre bevorstehende Vermählung –, war ihm offensichtlich entfallen, mit wem er es zu tun hatte.

Geduld, Geduld

Honoria war die Tochter der für ihre Willensstärke bekannten Galla Placidia Augusta (und damit die Enkelin des römischen Kaisers Theodosius I.) und deren zweiten Ehemannes Constantinius III., Kaiser des Weströmischen Reiches. Constantinius starb um 424 und hinterließ seiner Witwe Galla zwei kleine Kinder, die siebenjährige Honoria und den sechsjährigen Valentinian, und eine akute Nachfolgerkrise. Zu dieser Zeit steckte das Römische Reich sowieso in gewaltigen Schwierigkeiten. Raubzüge der Barbaren an den Grenzen schürten interne politische Brände, das Reich war bereits zweigeteilt und wurde von zwei Kaisern regiert. Honoria wuchs in einer Atmosphäre von Intrigen und Ungewissheit auf und erlebte mit, wie ihre Mutter alle um sie herum manipulierte und tyrannisierte.

Schließlich setzten sich Galla und ihre Anhänger durch, und Valentinian III. wurde zum Kaiser des Weströmischen Reiches gekrönt. Honoria hingegen verbrachte ihre Tage im öden, aber strategisch bedeutsamen Ravenna. Auf kaiserlichen Befehl ihres Bruders hin zwang man sie zum Zölibat – eher eine politische als eine religiöse Entscheidung, denn sollte sie heiraten, hätte ihr Mann Anspruch auf den Thron gehabt. Zu allem Überfluss muss Valentinian III. einem Geschichtsschreiber zufolge ein »unnützer Lebemann« und seiner Schwester intellektuell unterlegen gewesen sein. Honoria, verbannt in stille Untätigkeit, kam sich wahrscheinlich vor, als sollte sie sich in diesem unbedeutenden Kaff zu Tode langweilen. Ihre Situation wurde noch unerträglicher, als Valentinian heiratete und zwei Töchter bekam, die Honoria weiter an den Rand der Bedeutungslosigkeit drängten.

449 siegte Honorias Frustration über ihr Pflichtbewusstsein. Sie war inzwischen 31 Jahre alt – etwa so alt wie ihre Mutter beim Tod ihres zweiten Ehemannes – und verliebt in einen Mann namens Eugenius, ihren Gutsverwalter. Gewissen boshaften und vermutlich nicht ganz wahrheitsgetreuen Berichten zufolge soll Honoria sich mit Eugenius verschworen haben, ihren Bruder zu ermorden und den Thron an sich zu reißen. Diese Anschuldigung war höchstwahrscheinlich der Versuch einiger christlicher Historiker, Honoria als skrupellos und machtgierig hinzustellen, denn wie ein solcher Plan hätte gelingen können, ist völlig unklar. Allerdings galt es als Hochverrat, sich trotz kaiserlichen Verbots mit einer jungfräulichen Prinzessin einzulassen, und als die Beziehung ans Licht kam, wurde Eugenius hingerichtet.

Hallöchen, Hunne!

Honorias Strafe glich gewissermaßen dem Urteil »lebenslänglich«: Ihr Liebster war tot, und sie selbst wurde nach Konstantinopel verbannt, Hauptstadt des Oströmischen Reiches, und mit einem langweiligen Senator verlobt, der ihrem Bruder treu ergeben war. Es dürfte niemanden überraschen, dass sie davon nicht begeistert war. Und in ebendieser Lage griff sie zu Schreibrohr und Tinte und verfasste einen Brief, um einen Mann vor ihren Karren zu spannen, der bereits große Erfolge vorzuweisen hatte.

Nachdem er 445 seinen Bruder ermordet hatte, war Attila

seither Anführer der Hunnen und galt als der gefährlichste aller Barbaren, die an den Grenzen des Römischen Reiches knabberten. Während Westrom unter Honorias Bruder bereit war, gegen Attila zu kämpfen, verhielt sich Ostrom – wo Honoria nun residierte – eher unterwürfig. Die Regierung hatte bereits erfolglos versucht, Schutzgeld zu bezahlen, um eine Invasion zu verhindern. Honoria tat es also den Oströmern gleich, als sie Attila anflehte, »ihre Ehe zu rächen«, wie der Historiker Johannes von Antiochia im 6. Jahrhundert schrieb. Ihr getreuer Eunuch Hyacinthus überbrachte den Brief mit Geld und einem Ring.

Attila ging begierig darauf ein. Dies war seine Chance, sich ohne große Scherereien ein schönes Stück vom römischen Kuchen zu holen. Was Honoria ihm tatsächlich versprach, ist nicht bekannt, doch Attila behauptete, sie hätte ihm angeboten, seine Frau zu werden. Er legte den Ring als Beweis vor und forderte von Theodosius II., dem Kaiser des Oströmischen Reiches, die Hälfte des Weströmischen Reiches als Mitgift. Der entsetzte Theodosius schickte seinem kaiserlichen Kollegen Valentinian eine Botschaft, in der er ihn drängte, die Forderung des Hunnen zu erfüllen und ihm auch Honoria auszuliefern.

Valentinian jedoch wollte nichts davon hören. Wenn er dem Hunnen Honoria gäbe, hätte der damit Anspruch auf den römischen Thron. Er folterte Hyacinthus und erfuhr durch dessen Geständnis das ganze Ausmaß von Honorias geplantem Hochverrat. Erst ließ er dem Eunuchen den Kopf abschlagen, dann nahm er sich seine Schwester vor. Die behielt ihren Kopf nur deshalb, weil Galla, die heimliche Machthaberin hinter Valentinians Thron, sich in den Zank ihrer Kinder einmischte. Doch zur Strafe wurde Honoria der Titel »Augusta« aberkannt, sie wurde mit dem Senator zwangsverheiratet und hatte an beiden römischen Kaiserhöfen Hausverbot.

Attila ließ unterdessen durch einen Gesandten an Valentinians Hof verkünden, Honoria sei unschuldig (was den Hochverrat anging). Er bestehe darauf, dass ihr der kaiserliche Ehrentitel wieder verliehen werde, und, ach ja, die Familie solle endlich seine rechtmäßige Braut herausrücken. Er wurde abgewiesen – immerhin war Honoria inzwischen anderweitig verheiratet. Doch das hielt Attila nicht davon ab, 452 einen weiteren Anlauf zu unternehmen. Der Anspruch auf sie diente ihm als Vorwand, in Italien einzumarschieren. Es gelang ihm zwar nicht, Rom einzunehmen, aber bei dem Versuch legte er große Teile des Landes in Schutt und Asche.

Was nach dieser unseligen Episode aus Honoria wurde, ist nicht geklärt. 455, nur sechs Jahre nach ihrer tragischen Affäre mit Eugenius, verschwand sie von der historischen Bildfläche, höchstwahrscheinlich starb sie (ob eines natürlichen Todes oder auf Befehl des Kaisers, ist unbekannt). Fest steht, dass sie alle Macht und die kaiserliche Gunst verloren hatte und keineswegs glücklich bis ans Ende ihrer Tage lebte.

Dem Römischen Reich erging es auch nicht besser. Offenbar regte Honorias Vorbild weitere Prinzessinnen dazu an, sich aus miesen Ehen zu befreien, indem sie Barbaren auf eine Runde Met und Mitgefühl zu sich einluden. So folgte etwa 455 Licinia Eudoxia, die den Nachfolger ihres ermordeten Ehemanns Valentinian III. hatte heiraten müssen, Honorias Beispiel und lud den Vandalenkönig Geiserich ein, Rom zu verwüsten. Diesen Gefallen tat Geiserich ihr mit dem größten Vergnügen, und nachdem er die Stadt geplündert hatte, nahm er auch Licinia und ihre beiden Töchter als freiwillige »Geiseln« mit. Letztendlich führten Geiserichs Invasion, die Raubzüge anderer Barbaren und interne Zwistigkeiten dazu, dass das Römische Reich zerschlagen wurde. Nachdem der letzte weströmische Kaiser 476 von einem germanischen Offizier abgesetzt worden war, hatte sich die ehemalige Supermacht auf das wesentlich leichter kontrollierbare byzantinische Reich im Osten reduziert.

Und Honoria gilt bis heute als die Hochverräterin, die den Barbaren Tür und Tor geöffnet haben soll.

Isabelle von Frankreich

DIE PRINZESSIN, DIE ALS »WÖLFIN VON FRANKREICH« BEKANNT WURDE

1295–1358

DAS VOM BÜRGERKRIEG GEBEUTELTE ENGLAND

Die französische Prinzessin Isabelle war erst 12 Jahre alt, als sie 1308 als Braut von König Edward II. am englischen Hof eintraf. Und er, der 24-jährige, frisch gekrönte Monarch, war schwer verliebt … nur leider nicht in Isabelle.

Edward liebte einen jungen Ritter namens Piers Gaveston. Dass er einen männlichen Liebhaber hatte, schockierte an sich niemanden, das war kein großes Problem. Sehr wohl ein Problem, so jedenfalls die Ansicht des englischen Hofes, war die »unbändige« Liebe Edwards zu dem glamourösen, arroganten Gaveston – so unbändig, dass der junge König sein Reich und das Leben Tausender Soldaten aufs Spiel setzte. Denn wenn Gaveston in der Nähe weilte, war Edward zu nichts zu gebrauchen, konnte kaum einer Unterhaltung folgen, geschweige denn regieren. Und wenn Gaveston *nicht* in der Nähe weilte, war Edward ein nervliches Wrack …

Drei sind einer zu viel

Als Edward und Isabelle in Frankreich heirateten, war Gaveston noch mit seiner eigenen Kinderbraut, Edwards 15-jähriger Nichte, in England zurückgeblieben. Keinen Monat später sollte Isabelle mit eigenen Augen sehen, wie fest die Enterhaken dieses Mannes am Herzen ihres Gemahls hingen. Bei Isabelles Krönungszeremonie in Westminster Abbey war es Gaveston, der die Krone hielt. Bei der anschließenden Feier saß er neben dem König unter Bannern, die nicht Edwards und Isabelles Wappen zeigten, sondern die von Edward und Gaveston. Und um die Demütigung perfekt zu machen, überreichte Edward die Hochzeitsgeschenke von Isabelles Vater – Juwelen, Schlachtrösser, einfach alles – seiner einzig wahren Liebe.

Isabelles Onkel, die der Krönung beigewohnt hatten, kehrten schäumend vor Wut nach Frankreich zurück. Angesichts der Tatsache, dass Frankreich und England in ständigem Clinch miteinander lagen und der Waffenstillstand am seidenen Faden hing, war das gar nicht gut. England führte bereits Krieg gegen Schottland und konnte eine zweite Front nicht gebrauchen. Der mächtige englische Adel kam zu dem Schluss, dass Gaveston den König zu sehr von seinem Job ablenkte, und wollte ihn loswerden. Doch mehrere Versuche, den Geliebten des Königs ins Exil zu verbannen, schlugen fehl. Edward schickte Gaveston zwar weg, holte ihn jedoch ein paar Monate später immer wieder zurück.

1312 erreichte der Ärger über Edward seinen Höhepunkt – es drohte ein Bürgerkrieg. Edward und Gaveston bereisten gerade das ländliche England – und schafften es immer noch gerade rechtzeitig, vor den adeligen Lords zu fliehen, die sich aufgemacht hatten, um Gaveston zu verhaften. Doch sie konnten ihnen nicht ewig entwischen – England ist nun einmal nicht unendlich groß. Am 19. Mai ergab sich Gaveston in der Festung von Scarborough, wo Edward ihn mit einem Bataillon zurückgelassen hatte. Einen Monat später wurde Gaveston ohne Prozess und auf brutale Weise hingerichtet. Der König schwor Rache.

Isabelle wartete indessen auf eine passende Gelegenheit. Sie war erwachsen geworden, während sie mit Edward und Gaveston durchs Land gezogen war. Als Gaveston hingerichtet wurde, war sie schwanger, und am 12. November 1312 gebar die 17-jährige Königin einen gesunden kleinen Thronfolger. Damit hatte sie ihre Pflicht gegenüber Reich und Ehemann erfüllt und sich ihre Position gesichert. Außerdem hatte sie genug politisches Geschick erworben, um ihren nichtsnutzigen Mann an die Leine zu legen und das Land vor einem Bürgerkrieg zu bewahren. Edward und die verfeindeten Barone vertrugen sich immerhin lange genug, um einen Friedensvertrag zu unterzeichnen. Damit überstanden sie die ersten paar Monate des Jahres 1313, ohne einander die Köpfe einzuschlagen. Dank Isabelles Vermittlung schworen die Lords des Parlaments Edward erneut die Treue, doch der Frieden blieb wackelig. Im Norden rannten die Schotten gegen die englischen Mauern an, und der mächtigste Baron, der Earl of Lancaster (einer der Drahtzieher bei Gavestons Hinrichtung), weigerte sich, Edward zu Hilfe zu kommen. Schlimmer noch – Lancaster intrigierte gegen Edward, während England ohne durchsetzungsfähigen Herrscher kaum zu lenken war.

Isabelle blieb weiterhin Edwards Vertraute und Ratgeberin. Jedenfalls bis Edward sich um 1318 wieder in einen jungen Mann aus seinem Gefolge verknallte. Im Gegensatz zu dem geckenhaften Gaveston war Hugh le Despenser durchtrieben, grausam und paranoid. Er benutzte seine Beziehung zum König, um sich Ländereien und Reichtümer seiner Rivalen unter den Nagel zu reißen. Während le Despenser Gold und Land an sich raffte, schlugen sich immer mehr Adelige auf Lancasters Seite. Isabelle gab sich alle Mühe, Frieden zwischen ihrem Mann, dem Hochadel und dem erzürnten Frankreich zu wahren, doch von der Forderung, le Despenser ins Exil zu verbannen, wollten Letztere nicht abrücken. Im Juli 1321 gab Edward endlich nach, und le Despenser musste England verlassen. Der war jedoch gerissen genug, sich nicht weiter als bis zum Ärmelkanal zu entfernen, wo er zusammen mit seinem Vater ins Piratengeschäft einstieg und Handelsschiffe ausraubte, während er auf Nachricht von Edward wartete. Unterdessen spitzte sich der Konflikt zwischen dem König und Lancaster zu. Diesmal unterlag Lancaster – er wurde verhaftet und wegen Hochverrats hingerichtet. Edward hatte seine Rache.

Reingelegt

Edward mochte eine Schlacht gewonnen haben, doch er war im Begriff, den Krieg zu verlieren. Im Rausch des Triumphs nach Lancasters Tod holte er le Despenser nach England zurück und ernannte ihn zu seinem obersten Ratgeber. Der gewiefte Opportunist Hugh streckte prompt die Finger nach

Isabelles Besitztümern und denen ihrer Kinder aus. Das sollte sich als ganz schlechte Idee erweisen.

Denn die Hölle selbst kann nicht so wüten wie eine Frau, die das Geburtsrecht ihrer Kinder in Gefahr sieht. Isabelle, inzwischen sehr erfahren in politischen Manövern, wartete wieder einmal auf den richtigen Augenblick, und 1325 fiel ihr eine Gelegenheit in den Schoß. England und Frankreich stritten um Gebiete, die beide für sich beanspruchten. Man kam zu dem Schluss, dass Isabelle am besten geeignet sei, mit ihrer Verwandtschaft zu Hause zu verhandeln. Also reiste die Königin (die Edward und le Despenser diese Idee vermutlich selbst eingeflüstert hatte) nach Frankreich, wo sie mehrere angenehme Monate im Schoße ihrer Familie verbrachte. Sechs Monate, nachdem sie in Calais an Land gegangen war, holte sie ihren Sohn nach, den zwölfjährigen Prinz Edward. Sie behauptete, dass es den Beziehungen zwischen Frankreich und England gut täte, ihn zum Herzog von Aquitanien zu machen. Und schon hatte die 27-jährige Isabelle den Trumpf in der Hand: den englischen Thronerben.

Wenige Wochen später legte Isabelle die Karten auf den Tisch. »Ich empfinde die Ehe als eine Verbindung von Mann und Frau … und zwischen meinen Mann und mich hat sich jemand gedrängt, der dieses Band zu durchtrennen versucht«, erklärte sie. »Dagegen verwahre ich mich, und ich werde nicht zu ihm zurückkehren, ehe dieser Eindringling nicht entfernt wurde.« Edward war fassungslos. »Bei ihrer Abreise hatte niemand den Eindruck, dass sie beleidigt sei«, soll er bemerkt haben. Isabelles Plan war genial und sehr subtil. Ihr Gemahl war ein unfähiger König, doch das konnte sie nicht laut sagen, ohne als Verräterin dazustehen. Also schob sie die Schuld geschickt le Despenser in die Schuhe und gab die pflichtbewusste, schmählich betrogene Ehefrau. Isabelle wusste auch, dass Edward nicht auf wundersame Weise zum fähigen Herrscher mutieren würde, wenn le Despenser erst beiseitegeräumt wäre. Welch ein Glück, dass sie rein zufällig eine Alternative präsentieren konnte, die ganz und gar unter ihrer Kontrolle stand: ihren Sohn, den Prinzen.

Isabelle hatte ihren Coup ein halbes Jahr lang gründlich vorbereitet. Sie hatte nicht nur Frankreich im Rücken, sondern auch einen Teil der unzufriedenen englischen Landsmänner auf ihre Seite gebracht, um ihren Aufstand umso legitimer wirken zu lassen. Ihr Anführer war Roger Mortimer, ein Baron, der schon bei der letzten Revolte gegen Edward eine wichtige Rolle gespielt hatte. Zwei Jahre zuvor war Mortimer die waghalsige Flucht aus dem Tower gelungen, und bald darauf war er am französischen Hof aufgetaucht. Er traf sich in Paris mit Isabelle, und er wurde nicht nur ihr Kommandant, sondern auch ihr Liebhaber.

Um ihren Sohn auf den Thron zu bringen, brauchte Isabelle aber vor allem militärische Macht. Also arrangierten sie und Mortimer eine Hochzeit des jungen Edward mit der Tochter eines französischen Grafen. Ende September 1326 segelten Isabelle und Mortimer nach England, mit der Mitgift der Grafentochter – 700 Soldaten – und einem kleinen Söldnerheer, finanziert von Isabelles Bruder, dem König von Frankreich. Isabelle führte diese militärische Operation ohne Zweifel selbst an. Auf einem Bild aus dem 14. Jahrhundert ist sie in schimmernder Rüstung an der Spitze ihrer Truppen dargestellt. Seit sich die neuerliche Revolte gegen Edward herumgesprochen hatte, wurde sie als romantische Galionsfigur einer gerechten Sache immer beliebter. Auch ihre Reihen mehrten sich beträchtlich, sobald sie englischen Boden betreten hatte. Edward hingegen hatte es sich nicht nur mit seinen Adeligen und anderen Machthabern verscherzt, sondern auch mit seinem Volk.

Die Menschen hatten unter Hungersnöten und Krieg gelitten, während er nichts Besseres zu tun gehabt hatte, als den Tod seines Liebhabers zu rächen.

Zum Schluss ging alles ganz schnell. Am 16. November wurden der König und sein Begleiter auf der Flucht durch Wales gefasst. Hugh le Despenser wurde der Königin und ihren Verbündeten vorgeführt und zum Tode verurteilt. Man zog ihn nackt aus, schleifte ihn durch die Straßen und hängte ihn am Hals auf, fünfzehn Meter hoch, ohne ihn jedoch gleich umzubringen. Nein, er wurde wieder heruntergelassen, bei lebendigem Leib ausgeweidet und kastriert – angeblich die Strafe für seine intime Beziehung zu seinem König. Zu guter Letzt schlug man ihm noch den Kopf ab.

Der König wurde Henry of Lancaster übergeben, dem Bruder des rebellischen Grafen, den Edward vier Jahre zuvor hatte hinrichten lassen, und war fortan dessen Gefangener auf Monmouth Castle. Doch Isabelle und Mortimer hatten immer noch ein Problem: Ohne le Despenser hatte das dynamische Duo eigentlich keinen Grund mehr, Edward als nicht regierungsfähig abzusetzen. Also argumentierte die clevere Isabelle damit, dass Edward durch seine Flucht nach Wales England den Rücken gekehrt und damit auch das Recht verwirkt habe, es zu regieren. Prinz Edward sei folglich der rechtmäßige König. Die erleichterten Bischöfe und Adeligen gaben ihr recht. Jetzt brauchten sie nur noch Edward dazu zu bewegen, dass er zugunsten seines Sohnes abdankte. Die überwältigende Ablehnung, die Edward von allen Seiten entgegenschlug, brachte ihn schließlich soweit, und Prinz Edward wurde am 1. Februar 1327 mit gerade einmal 14 Jahren als Edward III. gekrönt. Isabelle als Mutter des minderjährigen Monarchen und Mortimer als Kommandant der siegreichen Armee herrschten nun über England.

Das war eine nie dagewesene Situation – zum ersten Mal hatte das Land einen noch lebenden Ex-König. Allerdings gab es da noch eine Kleinigkeit: Edward mochte Ex-König sein, doch er war nicht Isabelles Ex-Mann. Da le Despenser aus dem Weg war, hatte sie keinen legitimen Grund mehr, nicht zu Edward zurückzukehren. Zudem stellte Edwards bloße Existenz eine Gefahr für ihre Regentschaft dar, denn offenbar gab es doch noch ein paar Getreue, die zu ihm hielten. Bis zum September 1327 wurden drei Befreiungsversuche vereitelt. Also griffen die Königin und ihr Kommandant auf eine konventionellere Methode zurück, sich dieses lästigen Ex-Königs zu entledigen: Mord.

Die Geschichte ist recht zweifelhaft, doch spätere Chronisten behaupteten beharrlich, Edward II. sei an einer glühend heißen Eisenstange gestorben, die man ihm in den königlichen … nun ja. Jedenfalls verstarb der ehemalige, gesundheitlich ganz robuste König praktischerweise am 21. September 1327 im Alter von 43 Jahren. Er wurde mit allem Pomp begraben, der einem toten Monarchen zusteht, Frau und Sohn in Tränen aufgelöst vor dem vergoldeten Leichenwagen und so weiter.

Doch der junge Edward III. hatte offenbar viel von seiner Mutter gelernt. Isabelle und Mortimer hätten England wohl gern auf unbestimmte Zeit regiert. Edward jedoch hatte nicht vor, faul herumzusitzen und ihnen dabei zuzuschauen. Gegen Ende des Jahres 1330, nur drei Jahre nachdem Isabelle und Mortimer ihn auf den Thron gesetzt hatten, wurden sie von dem gerade volljährigen König ausmanövriert. Eine Gruppe königstreuer Adeliger nahm Mortimer fest, und am 29. November 1330 wurde er als Verräter gehängt. Isabelle blieb nichts anderes übrig, als den Tod ihres Geliebten hinzunehmen, sich erzwungenermaßen zur Ruhe zu setzen und ihre gewaltigen Besitztümer an ihren Sohn abzutreten. Realistisch wie immer, rang sie sich binnen einer Woche nach Mortimers Hinrichtung dazu durch. Sie verbrachte ihr restliches Leben in stiller Untergebenheit. Die »Wölfin von Frankreich«, wie sie genannt wurde, verstarb 1358 und wurde ihrem ausdrücklichen Wunsch entsprechend mit einer silbernen Urne beigesetzt, die das Herz ihres Mannes enthielt – ebenjenes Mannes, den sie vom Thron gestoßen und wahrscheinlich ermordet hatte.

Der englische Hof war generell ein gefährliches Pflaster für eine Frau, selbst wenn sie gerade nicht versuchte, ihren Mann vom Thron zu schubsen. Ein Fehler, und das märchenhafte höfische Leben konnte einem um die Ohren fliegen. Doch allein die *Anschuldigung*, einen Fehler begangen zu haben, konnte einem die Freiheit kosten … oder gleich den Kopf.

Beliebt war zum Beispiel der Vorwurf der Hexerei. Im mittelalterlichen England glaubten die meisten Leute genauso selbstverständlich an Hexen, Zauberei und den Teufel wie an Jesus, Gott und den Heiligen Geist. Für sie stand außer Frage, dass es verdorbene Menschen gab, die Pakte mit dem Teufel schlossen, Kleinkinder opferten, es bei schwarzen Messen mit Dämonen trieben und auf Besenstielen fliegen konnten. Der spitze Hut war nicht unbedingt ein Muss.

Zaubern galt als Ketzerei und damit als Verbrechen, das in den Augen der mächtigen Kirche für die sterbliche Hülle ebenso gefährlich war wie für die unsterbliche Seele der Beschuldigten. Deshalb wurde Hexerei häufig mit dem Tod bestraft. Das machte diese Anschuldigung, die gar nicht so leicht zu widerlegen war, zu einer praktischen Methode, Frauen loszuwerden, die einem lästig wurden oder allzu viel Einfluss gewannen. Während der 150 Jahre politischer Instabilität zwischen König Henry IV. und Henry VIII. wurde der Vorwurf, sie hätten sich mit dunklen Mächten eingelassen, auch vier Frauen von königlichem Geblüt zum Verhängnis. Hier sind ihre Geschichten.

Johanna von Navarra

Die zweite Ehefrau von König Henry IV. stammte aus Frankreich und war eine der ersten europäischen Prinzessinnen, die der Hexerei beschuldigt wurden. Johanna und Henry heirateten 1403, mehrere Jahre nachdem er Richard II. vom Thron gestoßen hatte. Sowohl Johanna als auch Henry hatten Kinder aus erster Ehe, und zunächst schien sich die mittelalterliche Patchwork-Familie recht gut zu verstehen.

Doch 1419, sechs Jahre nach dem Tod Henrys IV., wurde Johanna vorgeworfen, sie habe versucht, ihren Stiefsohn, den jungen Henry V., durch Hexerei zu vergiften. Zeitgenossen beschrieben Johannas Beziehung zu dem jungen Henry als sehr gut, und sie hatte kaum einen Grund, ihn umbringen zu wollen. Dennoch behauptete ihr Beichtvater, der scheinheilige Bruder Randolph, Johanna habe ihm verraten, dass sie sich »den Tod des Königs auf die denkbar grausigste Art und Weise« ausmalte. Angeblich benutzte sie ein Wachspüppchen, das den König darstellen sollte, um diesem den Tod an den Leib zu hexen. Sie wurde in Pevensey Castle unter Hausarrest gestellt, und man verwehrte ihr die Einkünfte aus ihrer Mitgift. 1422 wurde sie wieder freigelassen, im selben Jahr, in dem Henry V. verstarb – allerdings an der Ruhr, nicht an einem Fluch.

In Wahrheit wurde Johanna wohl eher dafür bestraft, dass sie ihrem französischen Sohn aus erster Ehe zur Flucht verhelfen wollte. Der saß seit der Gefangennahme durch Truppen ihrer Wahlheimat nach der Schlacht von Agincourt 1415 im Gefängnis. Das klingt verworren?

War es auch. England war damals hin- und hergerissen zwischen Unruhen, Revolten, Staatsstreichen, kirchlicher Macht und unausrottbarem Aberglauben. In einer derartigen Atmosphäre konnte der Vorwurf der Hexerei für politische Zwecke ausgesprochen dienlich sein.

Eleanor Cobham, Herzogin von Gloucester

20 Jahre später wurde eine weitere Engländerin von königlichem Geblüt als Hexe bezichtigt. Eleanor Cobham war die zweite Ehefrau des Herzogs von Gloucester – einem Bruder des verstorbenen Henry V. und somit Onkel des jungen Henry VI. Zwischen Eleanor und dem Thron stand nur dieser Waschlappen von einem König, den eigentlich niemand so richtig mochte. Ihr Mann war der rechtmäßige Thronfolger – wenn also Henry VI. aus dem Weg wäre, würde Eleanor Königin werden. 1441 verbreiteten sich Gerüchte, mehrere Personen aus dem Umfeld des jungen Königs praktizierten die »Schwarze Kunst« und hätten sich verschworen, ihn zu verhexen. Schlimmer noch, kurz zuvor soll in einer Kirche in Essex der Teufel persönlich erschienen sein. Es lag auf der Hand: Etwas Böses braute sich da zusammen.

Was tatsächlich vor sich ging, mag durchaus böse gewesen sein, doch es hatte viel mehr mit politischen Manövern zu tun als mit Zauberei. Roger Bolingbroke, einem Priester, Arzt und Astrologen aus Oxford, und Thomas Southwell, dem Chorherrn der St. Stephen's Chapel im alten Palast von Westminster, wurde unterstellt, dem König durch Zauberei nach dem Leben zu trachten. Bei Bolingbroke fand man eine Wachsfigur des Königs, und »Sachverständige« in Sachen Hexerei erklärten, diese werde langsam geschmolzen, um die königliche Gesundheit zu ruinieren. Die beiden Männer landeten im Juli 1441 im Tower of London. Im Zuge der Befragung (sprich: Folter) behauptete Bolingbroke, dass er auf Befehl der Herzogin von Gloucester gehandelt habe, die den König durch Zauberei ermorden wolle. Eleanor wurde der Hexerei angeklagt, auf die der Scheiterhaufen stand, sowie des Hochverrats, der üblicherweise mit Erhängen bestraft wurde. Sie versuchte zu fliehen, wurde jedoch erwischt und kam ausgerechnet vor ein kirchliches Gericht – dabei verstand sie sich mit den Kirchenobersten ohnehin schon nicht gut.

Im Prozess kam eine dritte angebliche Komplizin hinzu, Margery Jourdemayne, die ganz dramatisch »die Hexe von Eye« genannt wurde. Von ihr sollte Eleanor sich Liebestränke besorgt haben, um den Herzog von Gloucester damit zu betören. Angesichts der vielen Beweise für ihre Schuld gestand Eleanor ein, sich mit Zauberei beschäftigt zu haben. Sie gab zu, dass sie Tränke bei der Hexe von Eye gekauft hatte, die ihr helfen sollten, endlich schwanger zu werden. Das Mordkomplott gegen den König leugnete sie jedoch.

Alle vier wurden für schuldig befunden. Margery Jourdemayne wurde auf dem Marktplatz bei lebendigem Leib verbrannt, Bolingbroke am Hals aufgehängt, enthauptet und gevierteilt, und Southwell hatte geradezu Glück: Er starb noch im Gefängnis, vermutlich von eigener Hand. Eleanor jedoch blieb verschont, weil der König einschritt. Sie verlor ihren Adelstitel und musste

Buße leisten, indem sie barfuß eine schwere Kerze durch London trug, erst zum Altar der St. Paul's Cathedral und dann zu zwei weiteren Kirchen. Es war Winter, der schmutzige Boden schürfte ihr die Fußsohlen auf, und den ganzen Weg über wurde sie von den Massen verhöhnt. Anschließend brachte man die Gefangene auf eine Burg in Wales, die sie bis zu ihrem Tod 18 Jahre später nicht wieder verlassen würde. Ihr adeliger Gemahl überließ sie ihrem Schicksal, er hätte ohnehin nichts für sie tun können. Gloucesters politische Gegner hatten zweifellos die Finger im Spiel gehabt. Eleanor hatte sich bei ihrem Aufstieg in die höchsten Kreise nicht viele Freunde gemacht, und der Herzog hatte es sich durch die Ehe mit ihr und seine Raffgier mit vielen anderen verscherzt. Der spektakuläre, tiefe und öffentliche Fall seiner Frau brachte Gloucester zudem um seinen Einfluss auf den König. Diese Schande ruinierte seinen Ruf so vollständig, dass er in der englischen Politik nie wieder eine Rolle spielen sollte.

Eleanor selbst ging als berechnende, böse Hexe in die Geschichte ein. Im zweiten Teil von Shakespeares Historiendrama *Heinrich VI.* fleht Gloucester seine Frau an, »ehrgeiziger Gedanken Wurm« zu bannen, doch Eleanor ist zu hochmütig dazu. Als sie und ihre Komplizen einen Geist beschwören, der ihnen die Zukunft vorhersagen soll, werden sie von Gloucesters Rivalen ertappt und verhaftet. Gloucester erfährt durch die Ankläger von ihrem Verbrechen und stößt sie »von Bett und Umgang aus/Und sei sie dem Gesetz, der Schmach verpfändet/Die Glosters reinen Namen so geschändet«.

Jacquetta von Luxemburg und Elizabeth Woodville

20 Jahre nach Eleanors Büßermarsch wurde auf der anderen Seite des Stammbaums erneut eine Frau der Hexerei beschuldigt. 1432 heiratete die damals 17-jährige Jacquetta von Luxemburg den Herzog von Bedford. Der 43-jährige Witwer namens John war ein jüngerer Bruder von Henry V. und dem Herzog von Gloucester. Nach drei Jahren Ehe verstarb Bedford und machte Jacquetta damit zur jungen, wohlhabenden Witwe. Keine zwei Jahre später heiratete sie Sir Richard Woodville, einen unbedeutenden Ritter.

Dennoch blieb sie die Herzoginwitwe von Bedford und damit zumindest am Rande in die höfischen Intrigen verwickelt. Den Ruin der einzigen anderen lebenden Herzogin – Eleanor – muss sie miterlebt haben. Also machte Jacquetta gewiss einen argwöhnischen Bogen um alles, was nach Hexerei aussah, denn sie wusste ja, wie plötzlich sich das Blatt bei Hofe wenden konnte. Und das tat es dann auch.

1461 entthronte Edward IV. den geisteskranken Henry VI. mit Hilfe des Grafen von Warwick. Drei Jahre später wurde Jacquettas Tochter, die schöne Elizabeth Woodville, heimlich mit Edward IV. vermählt, und die Position der Woodvilles schien gesichert. Doch 1469 brach ein Bürgerkrieg aus, der alles ins Chaos zu stürzen drohte.

Warwick, der frühere Verbündete Edwards, erhob sich gegen seinen König. Da er den wachsenden Einfluss der Woodvilles fürchtete, ließ Warwick Jacquettas Mann und Sohn hinrichten und beschuldigte sie selbst der Hexerei. Es fanden sich Zeugen, die behaupteten, Jacquetta habe kleine Bleifiguren des Königs und der Königin angefertigt. Die Gerüchteküche brodelte, und es hieß, sie und ihre Verwandten hätten es nur durch Zauberei soweit bringen können, und Jacquetta habe die kleinen Statuen für ihre schwarze Magie benutzt, um die Ehe zwischen ihrer Tochter und dem König einzufädeln.

Letzten Endes wurde sie zwar von allen Vorwürfen freigesprochen, doch der Makel der Hexerei blieb an ihr, ihrer Tochter und ihren Enkeln haften. Nach Edwards Tod 1483 verkündete sein jüngster Bruder, Richard III., Edwards Nachkommen mit Elizabeth hätten kein Anrecht auf den Thron. Das rechtfertigte er damit, dass Edward anderen Frauen vor Elizabeth die Ehe versprochen hatte, womit er Edward zum Bigamisten und Elizabeths Kinder zu Bastarden erklärte. Außerdem sei die Verbindung der beiden durch Zauberei zustande gekommen. Elizabeths Söhne, der zwölfjährige Thronfolger und sein neunjähriger Bruder, wurden im Tower of London eingekerkert und nie wieder gesehen.

Anne Boleyn

Johanna, Eleanor und Jacquetta verloren viel durch den Vorwurf der Hexerei, doch zumindest verlor keine von ihnen den Kopf. Anne Boleyn hatte weniger Glück.

Anne wuchs in Frankreich auf und kam 1522 im Alter von 21 Jahren an den englischen Hof. Trotz ihrer englischen Abstammung war sie durch und durch Französin – hübsch, geistreich, klug, eine Expertin im Flirten und *très chic.* Henry VIII. hatte bereits ihre Schwester zu seiner Mätresse gemacht, aber Anne war anders als andere Frauen. Sie spielte mit ihm, widersprach ihm und weigerte sich, mit ihm ins Bett zu gehen (zumindest eine Zeitlang). Die beiden wurden ein Liebespaar, das alles miteinander teilte, nur nicht das Bett. Denn Henry hatte das klassische dynastische Problem: eine Ehefrau, Katharina von Aragón, die noch keinen männlichen Nachkommen geboren hatte. Henry glaubte, dass Anne ihm einen Thronfolger schenken würde, wenn sie ihm denn endlich gestatten wollte, sie zu schwängern.

Sechs Jahre lang war ihre Beziehung bei Hofe ein offenes Geheimnis. Jedermann wusste, dass Henry nach einer Möglichkeit suchte, seine Ehe zu beenden, während die Boleyns einen kometenhaften gesellschaftlichen Aufstieg hinlegten und Anne diejenige war, die über Henrys Herz und seinen Hof gebot. Doch erst 1533 kamen Henrys Ratgeber auf eine schlaue, aber riskante Idee, ihm zu der ersehnten Scheidung zu verhelfen. Wenn der katholische Papst nicht bereit war, ihm diese Trennung zu ermöglichen, warum sollte Henry sich dann nicht vom Papst trennen? Henrys Entscheidung, die katholische Kirche in seinem Reich zu entmachten, trug ihm die Exkommunikation ein und bescherte dem Land eine neue Staatsreligion, die Anglikanische Kirche. Ach, und eine neue Königin. Denn sobald Henry Katharina abgeschoben hatte, heiratete er hastig Anne, die im sechsten Monat schwanger war, als sie zur Königin gekrönt wurde.

Im selben Jahr brachte Anne ein gesundes kleines Mädchen zur Welt – Elizabeth (die zukünftige Elizabeth I.). Doch alle ihre späteren Schwangerschaften endeten tragisch. Sie erlitt eine Fehlgeburt, und der Legende nach soll das Kind ein missgebildetes »Ungeheuer« gewesen sein. Dann verlor sie einen weiteren ungeborenen Sohn. Auch Anne konnte Henry nicht geben, was er so dringend brauchte, und die beiden stritten sich ständig. Anne war eifersüchtig, sie machte ihm Szenen, und Henry fasste bereits andere Damen ins Auge (wobei er wohl hauptsächlich auf ein gebärfreudiges Becken achtete). Seine Wahl fiel auf Jane Seymour, eine von Annes Hofdamen – eine wenig glamouröse Frau, die aus einer kinderreichen Familie stammte. Daher durfte man also auf reichlich Nachwuchs hoffen.

Henry hatte seine nächste Königin gefunden, doch eine zweite Scheidung kam nicht in Frage, weshalb seine Ratgeber eine andere Lösung austüftelten. 1536 bezeugte ein möglicherweise homosexueller und zweifelsfrei zuvor gefolterter Hofsänger, er habe mit Anne geschlafen. Anne wurde wegen Ehebruchs mit insgesamt fünf Männern angeklagt, darunter ihr eigener Bruder. Außerdem warf man ihr Hochverrat vor – sie habe ein Komplott geschmiedet, den König ermorden zu lassen. Zeugen wollten gehört haben, wie sie davon sprach, welchen ihrer Liebhaber sie heiraten würde, wenn Henry erst tot war.

Bis heute heißt es oft fälschlicherweise, Anne sei als Hexe angeklagt worden. Das stimmt nicht, doch die öffentlichen Anschuldigungen machten es umso leichter, sie insgesamt zu verurteilen. Hexerei lieferte zudem eine Erklärung für Fehlgeburten, denn zu dieser Zeit glaubte man noch, Missbildungen seien Teufelswerk und die Mutter habe sich schuldig gemacht. Praktischerweise war Henry damit auch von jeder Schuld befreit, denn nun konnte er behaupten, Anne hätte ihn behext, damit er sich von Katharina trennte. Gerüchte, Anne habe an einer Hand einen sechsten Finger und ein mysteriöses Muttermal am Hals, dienten als weitere Beweise ihrer Teufelsbuhlschaft.

Der oberste Richter, ihr eigener Onkel, befand Anne für schuldig, und am 19. Mai 1536 wurde sie im Tower of London enthauptet. Bis zuletzt wies sie sämtliche Anschuldigungen von sich und beteuerte ihre Liebe zu dem König, der sie fallengelassen hatte. Es scheint jedoch, als habe sie sich mit ihrem Schicksal abgefunden. Denn als sie aufs Schafott stieg, scherzte sie sogar mit dem Henker. »Sie werden wenig Mühe haben, mein Hals ist sehr dünn«, bemerkte sie lachend.

Roxelane

DIE PRINZESSIN, DIE ES VON DER SEXSKLAVIN ZUR HAUPTFRAU DES SULTANS BRACHTE

CA. 1502 – APRIL 1558
OSMANISCHES REICH

Sultan Süleyman I. konnte 1536 nur zwei Menschen wirklich vertrauen: Der eine war Ibrahim Pascha, sein Großwesir und langjähriger Freund. Der andere war seine Gemahlin Roxelane. Die ehemalige Haremsdame, sprich Sexsklavin, hatte die Schlangengrube Harem überlebt und das Herz des Sultans erobert. Nachdem der Großwesir eines Tages erdrosselt aufgefunden worden war, blieb Roxelane Süleymans Beraterin und einzige Vertraute. Und nun raten Sie mal, wer hinter dem Mord an Ibrahim Pascha steckte …

Der Schrecken des Serails

Als Roxelane um 1520 an den Hof des Sultans kam, war die *Haseki*, die Hauptfrau des Sultans, eine wunderschöne Tscherkessin namens Gülbahar, die ihm bereits einen Sohn geschenkt hatte. Roxelane, damals etwa 17 Jahre alt, brachte es schnell von der einfachen Sklavin zu einer von Süleymans Favoritinnen. Seine Hauptfrau wurde sie allerdings, indem sie einen Kampf verlor.

Gülbahar und Roxelane konnten sich von Anfang an nicht ausstehen, und nachdem Roxelane einen Sohn geboren hatte, wurde die Rivalität zwischen den beiden noch schärfer. Eines Tages kam es zum Eklat, als Gülbahar Roxelane als »Verräterin« und »gekauftes Fleisch« beschimpfte (eine wirklich üble Beleidigung). Roxelane war so wütend, dass sie ihre Kontrahentin zum Kampf forderte. Aus dieser Prügelei ging Roxelane als Verliererin hervor, mit ausgerissenem Haar und zerkratztem Gesicht – so konnte sie sich vor dem Sultan nicht blicken lassen.

Und genau das könnte ihr gewitzter Plan gewesen sein. Als ein Diener kam, um Roxelane in die Gemächer ihres Herrn zu führen, weigerte sie sich. Sie ließ dem Sultan ausrichten, sie wolle dem erhabenen Süleyman in all seiner Pracht ihre zerfledderte Erscheinung nicht zumuten, so gern sie ihn auch besucht hätte. Erschrocken befahl der Sultan ihr, sofort zu ihm zu kommen. Als er sah, wie Roxelane zugerichtet worden war, verbannte er Gülbahar in den hintersten Winkel des Osmanischen Reiches – und schon war Roxelane die First Lady seines Harems.

Der Sultan war so vernarrt in sie, dass er beinahe monogam wurde (viel mehr kann man von einem Herrscher kaum erwarten). Einmal bekam er eine Gruppe wunderschöner Frauen geschenkt, und Roxelane machte einen solchen Aufstand, dass er gezwungen war, das Geschenk zurückzuschicken. Sie soll ihn sogar dazu gebracht haben, die attraktivsten Frauen aus seinem Harem zu verheiraten, weil ihre Schönheit ansonsten vergeudet wäre. Roxelane genoss viele Zeichen seiner Gunst. Beispielsweise schenkte sie Süleyman in rascher Folge eine Tochter und vier Söhne – ein eklatanter Verstoß gegen die uralte Regel »nur ein Sohn pro Konkubine«, die den Einfluss einzelner Frauen sowie Streitigkeiten um die Thronfolge begrenzen sollte.

Ihr kometenhafter Aufstieg war vor allem deshalb so bemerkenswert, weil sie aus bescheidenen Verhältnissen stammte. Der Name Roxelane (oder Roxolana) bedeutet schlichtweg »die Russin« und wurde ihr vermutlich erst im Harem verpasst. Er ist auch nicht ganz zutreffend, denn Roxelane kam aus der westlichen Ukraine, die damals unter polnischer Herrschaft stand. Da ihr richtiger Name unbekannt ist, kann man ihre Herkunft nur schwer zurückverfolgen. Im Allgemeinen ist man sich einig, dass Roxelane zwischen 1502 und 1505 geboren wurde, möglicherweise als Tochter eines Priesters. Lange hielt sich das Gerücht, sie sei eine uneheliche Tochter des polnischen Königs Sigismund I., doch das war vermutlich nur ein Versuch, ihre persönliche Geschichte ein bisschen aufzupeppen. Jedenfalls wurde sie mit 15 Jahren bei einem Raubzug der Krimtataren entführt und nach Caffa (das heutige Feodossija) verschleppt, zum größten Sklavenmarkt im Gebiet des Schwarzen Meeres. Der Legende nach soll der zukünftige Großwesir Ibrahim Pascha sie dort als Geschenk für den Prinzen Süleyman ausgesucht haben (eine Ironie des Schicksals, wenn man Ibrahim Paschas Ende bedenkt).

Doch was hatte diese junge Sklavin nun an sich, das den Sultan so verrückt nach ihr machte? Sie kam als Rangniedrigste in den Harem und wetteiferte mit 300 anderen Frauen um seine Gunst – und alle diese Konkurrentinnen waren attraktiv, interessant oder besonders begabt. Ein Gesandter beschrieb Roxelane nicht gerade als große Schönheit – sie war klein und etwas pummelig, aber elegant und sittsam, mit heller Haut und rotem Haar. Süleyman fühlte sich anfangs wahrscheinlich ihrer Persönlichkeit wegen zu ihr hingezogen. Sie war charmant und geistreich, spielte Laute, und er fühlte sich wohl bei ihr. Auf Türkisch wurde sie auch als Hürrem bekannt – »die Freudvolle«, die Lachende. Ihre Gegner behaupteten natürlich, sie habe sich die Zuneigung des Sultans durch Liebestränke und Hexerei erworben, und beschimpften sie als *Ziadi*, als Hexe. Schlau war sie auf jeden Fall. Als beispielsweise das Alte Serail, wo sie mit den anderen Haremsdamen hauste, durch einen Brand zerstört wurde, bestand sie darauf, zum Sultan in den neuen Palast zu ziehen, was ihr einen großen Vorteil gegenüber ihren Rivalinnen verschaffte.

Und einmal eingezogen, sollte Roxelane nie wieder ausziehen. 1533 oder 1534 heiratete der Sultan seine rothaarige Konkubine, und das pompöse Fest bot alles, was zu einer ordentlichen kaiserlichen Hochzeit so dazugehört: Musik, Tanz, Festessen, Schaukeln und Giraffen. Diese Hochzeit war eine sehr wichtige Angelegenheit. Ein Zeitgenosse berichtete: »Es wird viel über diese Hochzeit geredet, doch kann niemand so recht sagen, was sie bedeutet.« Süleyman war nämlich der erste Sultan seit 300 Jahren, der eine Konkubine heiratete, und Roxelane die erste Sklavin in der Geschichte des Osmanischen Reiches, die freigelassen und zur rechtmäßigen Ehefrau gemacht wurde.

Als Gemahlin des Sultans genoss Roxelane viel mehr Freiheiten als andere hochrangige Frauen vor ihr. Oft übernahm sie in Abwesenheit des Sultans die Regierungsgeschäfte. Um der verbreiteten Überzeugung, sie sei eine Hexe, etwas entgegenzusetzen, gab sie sich alle Mühe, sich einen Ruf als Wohltäterin zu machen. Sie gründete Stiftungen und setzte sich vor allem für den Bau von karitativen öffentlichen Einrichtungen ein.

Ein Mord kommt höchst gelegen

Roxelane hätten all ihre Privilegien jedoch leicht wieder abhandenkommen können, wenn sie nicht energisch an ihrer Macht festgehalten hätte. Immerhin hatte sie sich nicht aus den anonymen Haremsmassen ganz an die Spitze hochgearbeitet, um dann nur das schicke Vorzeigeweibchen des Sultans zu geben. Also nahm sie sich als Nächstes den Großwesir vor. Ibrahim Pascha war neben ihr der einzige Mensch, dem der Sultan wirklich vertraute – der Einzige, der ebenso viel Macht besaß wie sie. Außerdem mochte sie ihn einfach nicht. Ibrahim Pascha war auch nicht gerade ein umgänglicher Mensch. Wir sprechen hier von einem Mann, der einen Dichter für ein harmloses Spottlied über den Großwesir auf einem Esel durch die Stadt führen und dann erdrosseln ließ.

Roxelane sorgte dafür, dass dem Sultan sämtlicher Tratsch über den Großwesir zu Ohren kam, und ließ ihn wissen, dass sie Ibrahim Pascha nicht leiden konnte. Der tat sich selbst auch keinen Gefallen, indem er immer arroganter auftrat und offenbar ohne Erlaubnis des Sultans Entscheidungen traf. Die geflüsterten Gerüchte, er schmiede ein Komplott gegen Süleyman, wurden immer lauter – vielleicht brüllte Roxelane sie ihrem Mann auch ins Ohr. Am 15. März 1536 fand man Ibrahim Paschas übel zugerichtete Leiche in seinem Schlafgemach. Er war von den finsteren taubstummen Meuchlern ermordet worden, die der Sultan sich genau zu solchen Zwecken hielt.

Roxelanes Einfluss wuchs, und in den 1550er Jahren besaß sie beträchtliche Macht. Doch auch sie brauchte Verbündete. Einer davon war Rüstem Pascha, ihr Schwiegersohn und der neue Großwesir. Auf der Seite ihrer Gegner trat der 37-jährige Prinz Mustafa, Süleymans Thronfolger und Sohn der in Ungnade gefallenen Konkubine Gülbahar, ins Feld. Noch verwaltete er als Statthalter eine ferne Provinz für seinen Vater, doch Mustafa war ebenso intelligent, durchsetzungsfähig und ehrgeizig wie Süleyman. Außerdem war er allgemein beliebt – was man von Roxelanes Söhnen eher nicht behaupten kann.

Wenn Mustafa den Thron bestieg, drohte Roxelane entweder der Tod oder die Abschiebung in das Serail, in dem die zweitrangigen Sultansfrauen und gebrauchten Konkubinen abgestellt wurden. Das war ihr klar. Und damit Mustafa freie Fahrt auf den Thron hatte, würde er früher oder später ihre Söhne ermorden lassen. Ihr blieb nur eine Möglichkeit: Sie durfte es gar nicht erst so weit kommen lassen.

Der Legende nach versuchte Roxelane, Mustafa zunächst selbst umzubringen, indem sie ihm vergiftete Kleidung als Geschenk sandte. Als das fehlschlug, nutzte sie ihren Einfluss auf den Sultan und ließ ihn die Drecksarbeit erledigen. 1553 wurde Mustafa auf Befehl seines Vaters hingerichtet, weil er angeblich einen Mordanschlag auf den Sultan geplant hatte, um den Thron an sich zu reißen. In den Augen des Volkes wie auch vieler Höflinge und hochrangiger Funktionäre waren Roxelane und Rüstem Pascha dafür verantwortlich, weil sie die Vorwürfe über alle Maßen aufgebläht und den Sultan gegen seinen Sohn aufgehetzt hatten. Manche behaupteten sogar, Roxelane habe ihren Mann behext. Rüstem Pascha bezahlte dafür – am Tage von Mustafas Hinrichtung wurde er seines Amtes enthoben. Aber nur vorübergehend, denn auf Roxelanes beharrliches Drängen hin wurde er zwei Jahre später wieder eingesetzt.

Tausende Konkubinen lebten, gebaren Kinder und starben im Osmanischen Reich, ohne dass irgendwer auch nur ihre Namen kannte. Roxelanes Charme muss also wahrhaft gewaltig gewesen sein, dass sie den Sultan dazu bewegen konnte, sie zu heiraten.

Doch den Erfolg verdankte sie nicht allein ihrer Schlauheit und ihren Intrigen. Denn im Kern dieser Geschichte steckt etwas Wunderbares – die Liebe. Süleyman liebte Roxelane von ganzem Herzen, fast vier Jahrzehnte lang (und war ihr sogar meistens treu). Wie sehr er sie verehrte, wird nicht nur daran deutlich, dass er sie bevorzugt behandelte, sondern auch in dem, was er an sie und über sie schrieb. Eines seiner Gedichte enthüllt seine tiefen Gefühle: »Meine vertraute Gefährtin, mein Ein und Alles/Königin der Schönen, meine Sultana/Mein Leben, mein größtes Geschenk/mein Elixier des Himmels, mein Garten Eden.«

Roxelane scheint ihren Mann ebenso geliebt zu haben. Während seiner häufigen Reisen schrieb sie ihm sehr oft und sehr detailliert – sie berichtete ihm, wie sie den Tag verbrachte, alles über die Gesundheit der Kinder und das höfische Leben. Einmal schrieb sie: »Mein Gebieter, deine Abwesenheit hat ein Feuer in mir entfacht, das nicht erlöschen will.«

Roxelanes Tod im Jahr 1558 (Todesursache unbekannt) brach Süleyman das Herz. Er ließ ein wunderschönes Mausoleum für sie errichten. Sie war die erste Haremsdame, die in solcher Pracht beerdigt wurde. Der Sultan starb acht Jahre später, geplagt von Gicht, Arthritis, einem Geschwür am Bein und seinen beiden letzten überlebenden Söhnen, die sich einen blutigen Kampf um den Thron lieferten.

Catherine Radziwill

DIE STALKER-PRINZESSIN

30. MÄRZ 1858 – 12. MAI 1941
DEUTSCHLAND UND SÜDAFRIKA

Man schrieb das Jahr 1884, als die skandalösen Briefe eines gewissen Grafen Paul Vasili, die in einer französischen Zeitschrift veröffentlicht wurden, wochenlang die mondäne High Society in Europa schockierten und amüsierten. Dass der »Graf« ein Pseudonym war, wusste jeder, und angeblich war der Verfasser Diplomat am Hof Kaiser Wilhelms I. in Berlin.

Der Unbekannte schien in Kontakt mit den bedeutendsten Persönlichkeiten zu stehen, die er gnadenlos gehässig aufs Korn nahm und deren sämtliche Fehler und Schwächen er enthüllte. Über Kaiserin Augusta schrieb er etwa: »Sie ist intrigant, falsch und affektiert. Von Würde, Taktgefühl oder Anstand fehlt ihr jede Spur ... Sie umgibt sich mit Höflingen und Favoriten, die als Allererste schlecht von ihrer kaiserlichen Herrin sprechen.« Über den Hof: »Ehebruch gedeiht hier wie eine Pflanze in der besten Erde ... Tugend gehört zu den Dingen, die man für völlig überflüssig hält. Und was die Liebe angeht – die ist sehr selten anzutreffen. In der Berliner Gesellschaft nimmt und verlässt man einander, wie es gerade beliebt.« Über die Damen der besseren Berliner Gesellschaft: »Die vornehme Berliner Dame liest nicht, arbeitet nicht und hat auch sonst nichts zu tun. Sie verbringt ihre Zeit mit Geschwätz, mit Anziehen und Ausziehen und der Suche nach jemandem, der ihr dabei hilft. In ihrem Kopf findet sich kein ernsthafter Gedanke, und keine würdige Absicht in ihrem Herzen ... Es fehlt ihr an Anmut, Bildung und Taktgefühl.« Kurz – Berlin war eine Jauchegrube der Intoleranz, geprägt von provinziellen Manieren, erotischen Intrigen, eitlem Geschwätz und moralischem Verfall. Die Briefe wurden mit einer derartigen Begeisterung gelesen, dass sie gesammelt als Buch mit dem fantasievollen Titel *La Société Berlinoise* erschienen.

Es versteht sich, dass die Berliner Gesellschaft nicht gerade erfreut war. Der Hof, Zentrum des Kaiserreichs, bestand erst seit etwa 15 Jahren, und die Stadt selbst war noch vor nicht allzu langer Zeit ein primitives, rückständiges Nest gewesen. Ihre Bewohner waren in dieser Hinsicht also etwas empfindlich, und von jemandem verhöhnt zu werden, der offensichtlich in die höchsten Kreise aufgenommen worden war – unerträglich. In Wahrheit stammten die Briefe jedoch nicht aus der Feder eines Diplomaten, sondern aus ihren eigenen Reihen: von der 26-jährigen Prinzessin Catherine Radziwill.

Wer beißt die Hand, die ihn füttert?

Gräfin Ekaterina Adamevna Rzewuska kam als Tochter eines polnischen Adeligen im Exil zur Welt. Sie wuchs in einem Schloss in der heutigen Ukraine auf, das als Spukschloss verrufen war, seit ein junger Edelmann seine Mutter lebendig im Turm eingemauert hatte, um an sein Erbe zu kommen. Im Alter von 15 Jahren wurde Ekaterina mit dem 28 Jahre alten polnischen Prinzen Adam Karl Wilhelm Radziwill verheiratet, der in Berlin ebenfalls im Exil lebte. Die Hochzeit ging schnell und eher trübselig vonstatten. 1873 trat Ekaterina, die einige Zeit in Paris und Sankt Petersburg verbracht hatte, auf das Berliner Parkett. Und sie war alles andere als beeindruckt.

Catherine, wie sie sich jetzt nannte, hatte einen bissigen Humor, den sie nun dazu nutzte, ihrer Verachtung für den neu geschaffenen kaiserlichen Hof Ausdruck zu verleihen. Ein britischer Botschafter berichtete, sie sei bei Hofe wegen ihrer »tödlich spitzen Zunge« gefürchtet. Ihre Tante, die Witwe des französischen Schriftstellers Honoré de Balzac, ermunterte sie, ihre scharfsichtigen Beobachtungen niederzuschreiben. Das tat Catherine denn auch, zunächst in privaten Briefen, später in der gehässigen, anonymen Kolumne *La Société Berlinoise*.

Klatsch und Tratsch waren ja ganz nett, aber Catherines wahre Leidenschaft galt der Politik – einer Sphäre, zu der sie als Frau keinen Zugang hatte. Wenn sie nicht gerade schwanger war (mit 22 Jahren hatte sie schon fünf Kinder), verbrachte sie ihre Tage im deutschen Parlament und hörte sich die Debatten an. Ihre Faszination für die Politik brachte sie zum Journalismus, und tatsächlich hatte man die junge Adelige mit der »tödlich spitzen Zunge« bald als »Graf Vasili« in Verdacht. 1885 mussten sie und ihr Mann sich nach Sankt Petersburg verabschieden, doch das machte Catherine nichts aus. Im Gegenteil, sie verabscheute Berlin und fühlte sich Russland, der Heimat ihrer Mutter, viel mehr verbunden. Dass sie praktisch vom deutschen Kaiserhof verstoßen worden war, gab sie nie zu. Erst viel später behauptete sie, Kaiserin Augusta habe etwas gegen sie wegen »des unverzeihlichen Verbrechens, ein Buch geschrieben zu haben, ein gänzlich harmloses Buch übrigens«. Und das war keineswegs das letzte Buch aus Catherines Feder, und auch nicht das letzte Mal, dass ihre Texte sie in Schwierigkeiten brachten.

Rhodes-Stipendiatin

In den nächsten Jahren meinte das Leben es nicht gut mit der scharfzüngigen Prinzessin. Ihre Bemühungen, in Sankt Petersburg die politischen Strippen zu ziehen, waren nicht gerade von Erfolg gekrönt. Dann bestieg Zar Nikolaus II., der sie einfach nicht beachten wollte, den Thron, und Catherine konnte sich noch weniger nützlich machen. Ihre Ehe ging allmählich in die Brüche, ihre Kinder verließen das elterliche Nest, und Catherine widmete sich ganz dem politischen Journalismus. Doch ohne die Unterstützung des Zarenhauses fehlte ihr der entscheidende Vorteil, der sie von anderen geistreichen Kolumnisten abgehoben hatte: Kontakte. Catherine brauchte dringend ein anderes politisches Umfeld, in das sie sich hineinschlängeln konnte.

Auf einer Dinnerparty in London im Februar 1896 fand sie genau das Richtige. An jenem Abend saß sie neben Cecil Rhodes, einem in England geborenen Staatsmann aus Südafrika (Namensgeber von Rhodesien und Gründer des prestigeträchtigen Rhodes-Stipendiums). Der ehemalige Premierminister der britischen Kolonie steckte in einem Karrieretief.

Einen Monat zuvor hatte der katastrophale Jameson Raid – der gescheiterte Versuch, einen Putsch in der südafrikanischen Republik Transvaal zu unterstützen und die Burenregierung zu stürzen – ihn zum Rücktritt gezwungen. Sein Vertrauter Dr. Leander Jameson hatte die Invasion angeführt, mit Rhodes' Zustimmung.

Rhodes hatte Catherine wohl rasch wieder vergessen, doch sie brachte sich ihm nachdrücklich in Erinnerung. 1897, etwa anderthalb Jahre nach dieser Begegnung, erklärte sie ihm in einem Brief, sie sei zunächst misstrauisch ihm gegenüber gewesen, hätte inzwischen aber seine wahre Größe erkannt. Zudem sei sie mit »dem Segen oder Fluch des Zweiten Gesichts« begabt und habe in Visionen gesehen, dass er binnen sechs Monaten in große Gefahr geraten werde. Sie legte dem Brief ein goldenes Amulett bei und bat ihn eindringlich, es stets zu tragen. Rhodes war offenbar im besten Sinne beeindruckt – er behielt sowohl den Brief als auch das Amulett. Wiederum anderthalb Jahre später schrieb sie ihm erneut und bat um seine Empfehlung für eine Investition. Er antwortete und riet ihr, in die Mashonaland Railway zu investieren.

Catherine lebte inzwischen allein in Paris, deprimiert und verarmt. In dieser Situation wurde sie zur Stalkerin, wenn man Rhodes' damaligem Sekretär Philip Jourdan glauben darf. In seinen Memoiren beschreibt Jourdan, dass Rhodes eine Schiffspassage nach Afrika buchen wollte, aber gezwungen war, mehrmals zu stornieren und umzubuchen. Auch Catherine erschien regelmäßig in der Reiseagentur, um Rhodes' Pläne in Erfahrung zu bringen und ihre eigenen darauf abzustimmen. Daher war niemand sonderlich überrascht, als Rhodes im Juli 1899 endlich nach Südafrika aufbrach und Catherine im Speisesaal der ersten Klasse erschien.

Mit 41 war Catherine immer noch hübsch. Sie hatte außerdem gute Beziehungen, war intelligent und kannte sich hervorragend in der Politik aus. Die Gesellschaft an ihrem Tisch war allerdings peinlich berührt von ihrer unverblümten Erklärung für ihre Reise nach Südafrika: Sie soll laut verkündet haben, sie wolle sich von ihrem Mann scheiden lassen, der ein furchtbar brutaler Mann sei, und müsse Europa deshalb verlassen. Jourdan berichtet, einmal sei sie aus lauter Verzweiflung über ihre schreckliche Lage gar ohnmächtig in Rhodes' Arme gesunken (allerdings wurde sonst niemand Zeuge dieses etwas absurden Verhaltens). Rhodes war zumindest betroffen genug, um ihr eine Einladung in sein Haus in Südafrika auszusprechen.

Falls Catherine Rhodes' romantisches Interesse zu wecken versuchte, wie Jourdan behauptete, war das vergebene Liebesmüh. Rhodes war entweder ein eingefleischter Junggeselle oder homosexuell. Zumindest anfangs hatte sie wohl ein anderes Ziel vor Augen: politischen Einfluss und Zugang zu seinen Kreisen. Durch Rhodes lernte sie mehrere südafrikanische Politiker kennen. Als Prinzessin war sie eine kleine Sensation in Kapstadt, die bei keinem gesellschaftlichen Ereignis fehlen durfte und regelmäßig das Parlament besuchte. Rhodes' Leute nannten sie »Prinzessin Razzledazzle«, »Prinzessin Durcheinander«, wegen ihrer vielen Intrigen und politischen Manöver. Doch binnen weniger Monate hatte sie Rhodes' Gastfreundschaft arg strapaziert, vor allem nachdem ihm zu Ohren kam, dass sie behauptete, eine Affäre mit ihm zu haben oder sogar heimlich mit ihm verlobt zu sein. Catherine verbreitete tatsächlich absurde Lügengeschichten, man kann nur vermuten, dass sie sich dadurch den Anstrich politischer Bedeutung geben wollte. Diese Masche ging allerdings nach hinten los.

Mit Beginn des Zweiten Burenkrieges wurde die instabile politische Lage wirklich gefährlich. Während Rhodes vier Monate lang in Kimberley belagert wurde, nahm Catherine Kontakt zu den Anführern des Afrikander Bond auf. Sie wollte eine breite Anglo-Afrikanische Partei aufstellen und die politische Elite mit Rhodes versöhnen. Sie gründete sogar eine Zeitung namens *Greater Britain*, in der Rhodes an allen Fronten verteidigt wurde. Catherines Verhalten wurde immer seltsamer – sie wollte unbedingt diejenige sein, die Rhodes als Premierminister an die Spitze einer vereinten südafrikanischen Republik brachte. Rhodes jedoch wollte »die alte Prinzessin« gar nicht auf seiner Seite haben, nicht einmal in seiner Nähe, Punkt. Aber er konnte fliehen, wohin er wollte, sie verfolgte ihn mit besessenem Eifer.

Catherine blieb wohl bei dieser Strategie, weil sie inzwischen pleite war. Im März 1900 schrieb sie an Rhodes und bat ihn, für sie zu bürgen. Er antwortete nicht, behauptete jedoch später, er habe ihr über seinen Anwalt ausrichten lassen, dass er ihre offene Hotelrechnung übernehmen würde, wenn sie dafür endlich das Land verließ. Im April reiste Catherine tatsächlich ab, doch er hatte nicht lange Ruhe. Sie hielt sich nur kurz in London auf und verfasste auch dort Zeitungsartikel, die Rhodes' politische Wiederauferstehung einleiten sollten. Schon im Juni bestieg sie das nächste Schiff in Richtung Kapstadt. Daraufhin spitzte sich das Verhältnis der beiden zu. Ja, es kam regelrecht zum Krieg. Einige Historiker sind der Ansicht, dass Catherine begonnen hatte, das Objekt ihrer ungewöhnlichen Begierde zu erpressen.

Was hatte sie gegen Rhodes in der Hand? Möglicherweise die zufällig verschwundenen Telegramme, die angeblich bewiesen, dass Rhodes an der Planung des fehlgeschlagenen Jameson Raid beteiligt gewesen war. Wie Catherine an diese Telegramme gekommen sein soll, ist ein wenig rätselhaft. Aber es wäre durchaus plausibel, dass sie sie bei einem ihrer Besuche in Rhodes' Büro gestohlen hatte. Ob es bei ihrem Erpressungsversuch um diese oder andere Dokumente ging, sei dahingestellt. Fest steht: Sie hatte etwas, und er wollte es haben. Angeblich kam es zu einem

»heftigen Streit« zwischen den beiden, und die Polizei durchsuchte anschließend ihr Zimmer, fand jedoch nichts.

1901 wurde sie dann endgültig kriminell. In ihrer finanziellen Not fälschte sie Rhodes' Unterschrift auf Schuldscheinen – im Wert von 24 000 Pfund. Als sie bei einer Bank abgewiesen wurde, wandte sie sich an einen Kredithai. Eine Lüge folgte der nächsten, und kurz darauf versank Catherine so tief in diesem Sumpf, dass sie kaum mehr zu retten war. Als ein Mr Tom Louw sowohl sie als auch Rhodes wegen eines geplatzten Kredits verklagte, kamen Catherines Verbrechen ans Licht. Weder Catherine noch Rhodes erschienen zum Gerichtstermin, der daraufhin verschoben werden musste. Catherine wurde verhaftet, aufgrund des Verdachts auf Betrug und Urkundenfälschung in 24 Fällen. Eine Woche später wurde sie aus der Haft entlassen, da sie auf wundersame Weise das Geld für ihre Kaution aufgebracht hatte. Der Prozess sollte im Februar 1902 beginnen.

Prinzessin auf der Anklagebank

Nun war es Catherine, die erpresst wurde. Rhodes' Leute boten ihr an, die Kreditschulden zu begleichen, wenn sie dafür die Telegramme herausgab. Catherine weigerte sich. Also versuchte Rhodes es mit einer anderen Taktik: öffentliche Demütigung. Er reiste selbst nach Südafrika, um vor Gericht zu erscheinen und gegen »diese Frau« auszusagen. Catherine erschien mehrmals nicht zu den Verhandlungsterminen, weil sie angeblich krank war. In ihrer Abwesenheit wurde entschieden, dass es sich bei den Schuldscheinen um Fälschungen handelte, und Rhodes' Ehre war wiederhergestellt. Doch da die ganze Angelegenheit bisher in einem Zivilprozess verhandelt worden war, drohte Catherine noch keine Strafe.

Sie wäre wohl ungeschoren davongekommen, wenn sie nicht etwas völlig Verrücktes getan hätte: Sie verklagte Rhodes wegen einer angeblich unbezahlten Rechnung über 2000 Pfund. Daraufhin übergab Rhodes die Angelegenheit dem Staatsanwalt. Wenn es Catherine jetzt nicht gelang, zu beweisen, dass Rhodes die Schuldscheine doch unterschrieben hatte, war ihr eine Haftstrafe sicher. Sie begann einen bizarren Nervenkrieg gegen ihn. Sie lief vor Rhodes' Haus auf und ab und belagerte den Mann, der zu diesem Zeitpunkt bereits schwer an seiner Herzerkrankung litt. Falls sie vorgehabt hatte, ihn auf diese Weise umzubringen, war sie erfolgreich: Rhodes starb am 26. März 1902 im Alter von nur 49 Jahren.

Einen Monat später kam Catherine vor Gericht. Der ganze Prozess war eine Farce – sie nannte keine Zeugen, brachte nichts zu ihrer Verteidigung vor und wollte offenbar nicht einmal ihrem Anwalt helfen, sich dazu etwas einfallen zu lassen. Bei den Befragungen wirkte sie verwirrt, und ihre Antworten brachten die Zuhörer immer wieder zum Lachen. Die öffentliche Meinung hatte ihr Urteil längst gefällt, und zwei Tage später wurde Catherine auch vom Gericht des Betrugs und der Urkundenfälschung für schuldig befunden und zu zwei Jahren Gefängnis verurteilt. »Wenn das Gerechtigkeit sein soll«, sagte sie, »tun mir all jene leid, die von Leuten mit einer so seltsamen Vorstellung davon regiert werden.«

Catherine verbrachte 16 Monate in einem südafrikanischen Gefängnis. Ihr Anwalt hatte sich inzwischen auch gegen sie gewandt – er erklärte, sie sei vorzeitig entlassen worden, weil sie dem Gefängnispersonal das Leben so schwer gemacht habe (tatsächlich waren es gesundheitliche Gründe). Dokumente, die etwas mit dem Jameson Raid zu tun hatten, wurden nie bei ihr gefunden.

Als Catherines Tochter erfuhr, dass ihre Mutter im Gefängnis saß, verkündete sie, es sei »bedauerlich, dass die Strafe nicht härter ausgefallen ist«. Nur Catherines Halbbruder hielt sie für unschuldig. Der Rest der Familie wandte sich von ihr ab. Bei ihrer Freilassung war Catherine bettelarm. 1911 heiratete sie wieder, diesmal einen Geschäftsmann namens Charles Emile-Kolb – eine kurze Ehe, über die kaum etwas bekannt ist.

Etwa um diese Zeit kehrte Catherine nach Sankt Petersburg zurück, in den Schoß ihres alten höfischen Lebens. Sie konnte sogar von ihrer Schriftstellerei leben und veröffentlichte Bücher, die angeblich Geheimnisse des europäischen Hochadels enthüllten, skandalöse Hintergrundgeschichten über entthronte Monarchen, den europäischen Heiratsmarkt, »Geständnisse einer Zarin« oder absurde Anekdoten aus dem kaiserlichen Wien.

Doch mit ihren öffentlichen Skandalen war es noch nicht vorbei. 1913 nahm sie wieder das Pseudonym Graf Paul Vasili an und enthüllte in einem Buch über den russischen Hof das eine Geheimnis, das die Zarenfamilie unter allen Umständen zu wahren versucht hatte: dass der junge Zarewitsch an Hämophilie litt. Man kam ihr sofort auf die Spur, und Catherine wurde ausgewiesen (was vielleicht ihr Glück war, denn die kommunistische Revolution sollte bald eine mächtige Schneise der Zerstörung durch die Aristokratie schlagen). Sie zog nach Stockholm, schrieb weiterhin sehr viel und ging sogar auf Vortragstour. Im April 1917 reiste sie nach Amerika, um einen Vortrag über den russischen Hochadel und die Revolution zu halten. Doch auf Ellis Island ließ man sie nicht passieren, ehe sie genaue Auskünfte über ihre »Tätigkeit in Südafrika« gegeben hatte. Sie schaffte es schließlich nach Manhattan und versuchte auch hier, vom Schreiben zu leben. Noch häufiger allerdings wurde in den Zeitungen *über* sie berichtet, wie etwa, als sie einen Vortrag störte, um die *Protokolle der Weisen von Zion* – den angeblichen Beweis für die »jüdische Weltverschwörung« – als Fälschung zu bezeichnen. Ein andermal, als sie aus einem Hotel geworfen wurde, weil sie ihre Rechnung nicht bezahlen konnte.

Ihr Titel brachte sie oft in die Schlagzeilen, als Journalistin konnte sie allerdings nie richtig Fuß fassen. Während der folgenden zehn Jahre lebte Catherine von der Hand in den Mund, arbeitete hin und wieder als Telefonistin in der Vermittlung und versuchte weiterhin, ihre wortreich verfassten adeligen Ansichten über Politik und Weltgeschichte zu verkaufen. 1932 schrieb sie ihre zweite Autobiographie *It Really Happened*, in der sie ausführlich von ihrem Leben in Europa und Amerika erzählt. Ihre Zeit in Südafrika lässt sie gänzlich unter den Teppich fallen. Sie schildert ihr Dasein als mittellose Prinzessin in einer Mietskaserne in New York und ihre Freunde – eine gutherzige Prostituierte, ein sterbenskrankes kleines Mädchen, eine ausgemergelte alte Frau, die sich als so reich entpuppt, dass die Geldscheine aus der Matratze quellen, und einen Jungen, der von seinem stets betrunkenen Vater misshandelt wird und bei Catherine Zuflucht findet. In einer Biographie über sie heißt es: »Der Titel ihrer Memoiren erscheint recht unpassend, denn wahrscheinlich ist nicht viel von dem, was sie in dem Buch erzählt, je wirklich geschehen.«

Irgendwann im Lauf der nächsten abenteuerlichen Jahre trat Catherine zum Katholizismus über und nahm die amerikanische Staatsbürgerschaft an. Später erklärte sie: »Ich bin im Herzen eine echte Amerikanerin geworden. Ich kann mir nicht vorstellen, je wieder anderswo zu leben.« Und so kam es auch.

Sie starb im Alter von 84 Jahren am 12. Mai 1941 in New York. Ihre Familie hat ihr nie verziehen, weder im Leben noch posthum.

Stephanie von Hohenlohe

HITLERS PARTY-PRINZESSIN

16. SEPTEMBER 1891 – 13. JUNI 1972
DIE GEHOBENE GESELLSCHAFT IN EUROPA UND AMERIKA

1938 traf Prinzessin Stephanie von Hohenlohe mit einem Besuchervisum und 106 Gepäckstücken in Manhattan ein. Sie war *das* schillernde Society-Girl und wurde von der Presse begeistert empfangen – und vom FBI. Stephanies Klugheit und Charme bezauberten jeden, der ihr begegnete, mit Ausnahme der alliierten Geheimdienste. Die hielten Adolf Hitlers »liebe Prinzessin« für einen verschlagenen Vamp auf der Suche nach einem reichen Mann, für eine Erpresserin und Nazi-Spionin. Aber sie aus dem Land zu schaffen, war gar nicht so einfach.

Die 1891 in einer Mittelschichtsfamilie geborene Stephanie arbeitete sich hoch bis in aristokratische Kreise. Dabei stand ihr kaum mehr Rüstzeug zur Verfügung als ein hübsches Gesicht, eine Begabung fürs Flirten und eine manipulative Ader, die sich als sehr nützlich erweisen sollte. 1914 heiratete sie einen österreichisch-ungarischen Prinzen, obwohl sie von einem anderen Mann im zweiten Monat schwanger war. Die Ehe wurde 1920 zwar wieder geschieden, doch Stephanie behielt ihren Titel und, noch viel wichtiger, ihre guten Beziehungen zu zahlreichen Königshäusern Europas. Sie brauchte nicht lange, um den Wert dieser gesellschaftlichen Kontakte zu erkennen. Luxus hatte sie schon immer sehr geschätzt – wir reden hier von einer Frau, die ihre Dienstboten *und* eine Badewanne mitnahm, als sie im Ersten Weltkrieg als Krankenschwester an die Front ging. Als das Geld knapp wurde, begann sie also, das einzig Wertvolle zu verkaufen, was ihr geblieben war: ihre Beziehungen.

Möglicherweise auch mehr. Bereits 1928 hatten der britische und der französische Geheimdienst ein wachsames Auge auf Stephanie. Nachdem sie sich 1932 aus Paris abgesetzt hatte, fand man in ihrer Wohnung Dokumente, die bewiesen, dass die Deutschen sie für ihre Bekanntschaft zu Lord Rothermere bezahlten. Ihm gehörte die *Daily Mail*, die beliebteste Tageszeitung in Großbritannien. Stephanie sollte sich mit ihm anfreunden und ihn dazu bringen, in seiner Zeitung eine deutsche Kampagne zu unterstützen – es ging um die Rückgabe von Gebieten, die Deutschland nach dem Friedensvertrag von Versailles hatte abtreten müssen. Sie schaffte es tatsächlich, an Rothermere heranzukommen, und ihre Beziehung zu ihm erwies sich als äußerst lohnend für sie selbst wie für ihre Nazi-Auftraggeber. In demselben Jahr, in dem sie vor dem wachsenden Argwohn in Paris floh, unterschrieb sie bei Rothermere einen Vertrag als »Gesellschaftskolumnistin«. Honorar: 5000 Pfund pro Jahr (das wären heute etwa 300 000 Euro) und eine zusätzliche Prämie von 2000 Pfund für jeden Auftrag. Rothermere bat Stephanie, ihn dem neuen Reichskanzler Hitler vorzustellen – genau das, was der aufsteigende Führer wollte. (Er wusste, was gute Propaganda wert ist.) Dank Stephanies Coaching wurde Rothermere einer der größten Unterstützer der Nazis in Großbritannien. Ihre Beziehung endete 1938, nachdem Rothermere sich beklagt hatte, weil sie ständig Geld von ihm verlangte.

Doch der britische Großverleger war nicht Stephanies einziger Coup. Im Lauf der 1930er Jahre war sie für die Nazis immer wertvoller geworden, denn sie warf ihre Netze sogar bis an die Spitze der britischen Aristokratie aus: König Edward VIII. und Wallis Simpson, um deretwillen er schließlich abdankte. Beinahe hätte Stephanie es geschafft, den Nazi-freundlichen König auf dem Thron zu halten, wenn das Parlament die zweimal geschiedene bürgerliche Amerikanerin mit dem Männernamen nicht so verabscheut hätte.

In den 1930er Jahren nistete Stephanie sich ihrer Geheimdienst-Akte zufolge in den höchsten Londoner Kreisen ein. Sie sammelte Informationen über einflussreiche Personen, verbreitete Hitler-Propaganda und säte Sympathie für Nazi-Deutschland in der britischen Elite. Obwohl sie unter permanenter Beobachtung stand, war das Innenministerium nicht so einfach bereit, sie des Landes zu verweisen – wegen »des Milieus«, in dem die Prinzessin sich bewegte (sprich: Ihre einflussreichen Freunde hätten Stunk gemacht).

Auf und ab

Stephanie war ein aufsteigender Stern am Himmel der NSDAP. Sie war eine sehr beliebte Gastgeberin, die immer wieder Parteifunktionäre und hochrangige Politiker aus ganz Europa bei ein paar Cocktails miteinander ins Gespräch brachte. Hitler lud sie in sein Landhaus in den Bergen ein und überschüttete sie mit Geschenken: Blumensträuße, Porträts von sich selbst in kostbaren Rahmen, gewidmet seiner »lieben Prinzessin«, ein Schäferhundwelpe, den sie nach Hitlers eigenem Hund »Wolf« taufte, ja sogar ein Schloss. 1937 wurde sie mit dem Ehrenkreuz des Deutschen Roten Kreuzes ausgezeichnet, für ihre unermüdlichen Bemühungen für das Deutsche Reich. Von 1936 bis 1938 erhielt sie »VIP-Einladungen« zu Hitlers Kundgebungen und Massenaufmärschen, 1938 saß sie dabei sogar auf der Rednertribüne. Im selben Jahr machte Hitler sie zur »Ehrenarierin«, indem er ihr eine der höchsten Auszeichnungen der Nationalsozialisten verlieh – das »Goldene Ehrenabzeichen«.

Stephanie leistete ihren Beitrag und mehr für die NSDAP, doch das machte sie nicht bei allen in der Partei beliebt. Der launische, paranoide Führer hatte ein zunehmend offenes Ohr für diejenigen, die seine Prinzessin kritisierten – weil sie Jüdin sei (das stimmte – ihre Mutter war zum Katholizismus übergetreten), eine Erpresserin obendrein (ebenfalls eine unbestreitbare Tatsache), und weil sie zu viele Eisen im Feuer habe (auch eindeutig wahr). Anfang 1939 drehte die NSDAP ihr den Geldhahn zu, und Stephanie war auf sich gestellt.

Sie versuchte, ihren alten Vertrag mit Rothermere wiederzubeleben, doch er weigerte sich. Also spielte sie auf Risiko: Sie behauptete, er habe ihren Vertrag gebrochen, denn der sei unbefristet gewesen und Rothermere müsse sie demnach weiter bezahlen. Dieses Manöver roch nach Erpressung, vor allem, da

Stephanie deutlich machte, dass sie andernfalls ihre Memoiren veröffentlichen und Rothermere darin als Verräter und Nazi-Sympathisanten bloßstellen würde, der wesentlich jüngeren Frauen nachstellte.

Aber Rothermere war nicht so leicht ins Bockshorn zu jagen, er ließ es auf einen Prozess ankommen. Im November 1939 kam der Fall vors oberste britische Gericht. Stephanie verlor. Schlimmer noch, durch den Prozess kam ihr enges Verhältnis zu Hitler ans Licht, und das war gar nicht gut für sie, denn mittlerweile hatte Großbritannien Nazi-Deutschland den Krieg erklärt. Kurz nach dem Urteil kam es zu einem Vorfall im Hotel Ritz, wo ein paar Society-Ladies Stephanie anschrien: »Verschwinde, du dreckige Spionin!«

Das tat sie dann auch. Stephanie, inzwischen 48 Jahre alt, konnte in Europa nirgendwohin, also reiste sie in die USA. Als sie und ihre 106 Gepäckstücke im Dezember in New York ankamen, wartete die Presse schon auf Hitlers liebe Prinzessin, genau wie das FBI. Journalisten und Agenten verfolgten sie beharrlich (sogar im Bad ihres Hotelzimmers stieß sie auf einen Paparazzo). Die Überlebenskünstlerin Stephanie machte sich sofort wieder daran, in der High Society um Sympathie für die Nazis zu werben – vermutlich ein Versuch, die Gunst ihrer alten Freunde wiederzuerlangen. Die US-amerikanische Regierung fand das allerdings gar nicht witzig, und als ihr Besuchervisum im November 1940 auslief, verweigerte J. Edgar Hoover persönlich die Verlängerung.

Nun war Stephanie wirklich verzweifelt und griff zu dramatischen Mitteln. Sie wandte sich mit ihrer Bitte an Franklin D. Roosevelt, doch der Präsident zeigte sich wenig mitfühlend. Sie drohte mit Selbstmord und behauptete, sie sei zu krank, um zu der Anhörung zu erscheinen, bei der über ihre Deportation entschieden werden sollte. Schließlich ließ sie sich im Krankenwagen vorfahren und ins Gericht tragen. Doch das alles nützte nichts. Am 17. März 1941 erteilte Roosevelt den direkten Befehl, »diese Hohenlohe« aus dem Land zu schaffen. Am nächsten Tag wurde sie verhaftet.

Stephanies Sohn sagte später über sie, sie habe die besondere Gabe gehabt, ehemalige Feinde zu ergebenen Freunden zu machen. Wenn man ihren nächsten Coup bedenkt, ist das noch stark untertrieben. Binnen weniger Stunden gelang es der inhaftierten Prinzessin, den Chef der Einwanderungsbehörde kennenzulernen und zu verführen – Lemuel Scholfield war verheiratet und hatte vier Kinder. Am 19. Mai ließ er Stephanie gegen Kaution frei, unter der Bedingung, dass sie stets Kontakt zum regional zuständigen Leiter der Einwanderungsbehörde hielt. Praktisch, denn das war Scholfield selbst, mit dem sie nun regelmäßig die Nacht verbrachte.

Damit hatte sie sich eine Gnadenfrist verschafft, doch am 8. Dezember 1941, einen Tag nach dem japanischen Angriff auf Pearl Harbor und dem Eintritt der USA in den Zweiten Weltkrieg, wurde sie erneut verhaftet. Diesmal ging die US-amerikanische Regierung kein Risiko ein – sie kam in einem Auffanglager für Immigranten in New Jersey in Einzelhaft. Der völlig in sie vernarrte Scholfield versuchte seinen Einfluss bei Hoover geltend zu machen. Der wurde jedoch nur fürchterlich wütend, und Scholfield musste sein Amt niederlegen. Stephanie wurde in ein Internierungslager für feindliche Ausländer in Seagoville, Texas, verlegt. Dort verbrachte sie auf Befehl des Präsidenten die restlichen Kriegsjahre hinter Stacheldraht. Sie war die letzte Gefangene, die das Lager 1945 verlassen durfte, und Scholfield wartete schon auf sie. Stephanie lebte fortan mit ihm zusammen, bis er 1954 verstarb.

Erstaunlicherweise schaffte sie es ein weiteres Mal in die Gesellschaftskolumnen und die High Society. 1965, 20 Jahre nach ihrer Entlassung aus dem Internierungslager, war sie sogar zu Lyndon B. Johnsons Amtsantritt als Präsident geladen. Stephanie verstarb 1972 im Alter von 80 Jahren. Trotz ihres hohen Alters und ihrer schlechten Gesundheit war ihr Tod ein Schock für diejenigen, die sie kannten. Niemand hatte wohl so recht glauben können, dass die unverwüstliche Prinzessin mit den erstaunlichen Überlebenskünsten jemals vom Leben lassen würde.

Kämpferinnen

Prinzessinnen,
die umstrittene und fragwürdige
Entscheidungen trafen

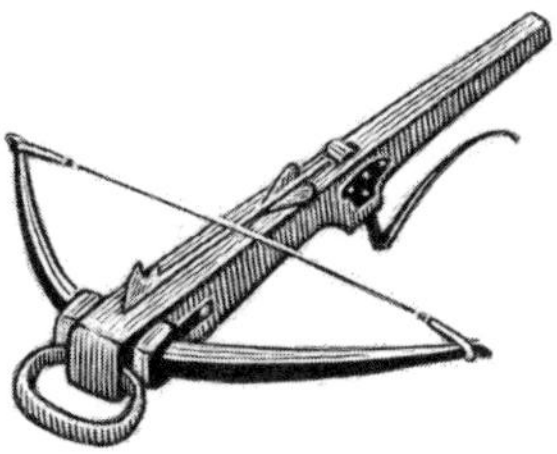

Lucrezia Borgia

DIE MAFIA-PRINZESSIN

18. APRIL 1480 – 24. JUNI 1519
ITALIEN

Die schöne Lucrezia Borgia soll einen Ring mit einem Hohlraum voller Gift getragen haben – praktisch, wenn man das Zeug mal unauffällig jemandem ins Glas kippen wollte. Man erzählte sich außerdem, sie bringe ihre Liebhaber um, wenn sie mit ihnen fertig war, und bade in Blut, um ihre makellose Haut zu erhalten. Und es hieß, sie und ihr Bruder, der fleißig mordende Cesare, seien ein Liebespaar. Dass sich die Leute so schreckliche, aufregende Dinge über sie zuflüsterten, war im Grunde keine Überraschung. Schließlich hallt der Ruf ihrer Familie als erster Mafia-Clan der Geschichte bis heute nach.

Doch die echte Lucrezia Borgia war keine Mörderin, und

höchstwahrscheinlich hat sie auch nie mit ihrem Bruder geschlafen. Obwohl sie es als Teenager wirklich nicht leicht hatte und mit 22 Jahren schon dreimal verheiratet worden war, wuchs sie schließlich sogar zu einer Frau heran, mit der man durchaus gern mal einen Kaffee trinken würde. Nur, vielleicht schenkt man sich den doch lieber selbst ein.

Die liebe Familie

Als Lucrezia 1480 zur Welt kam, war die Familie Borgia eines der mächtigsten Adelsgeschlechter in Italien und Spanien. Außerdem war die Sippe hochgradig kriminell: Die Borgias mordeten, erpressten, heirateten, logen und betrogen sich an die Macht, und wenn sie die einmal hatten, waren sie zu fast allem bereit, um sie zu erhalten. Man könnte sie als Mafia-Clan der Renaissance bezeichnen – allerdings gab es damals noch weniger Gesetze, die ihnen das Leben schwergemacht hätten.

Lucrezias Vater Rodrigo war ein Neffe des verstorbenen Papstes Kalixt III. Obwohl er offenkundig nicht für das Zölibat geschaffen war, machte man ihn schon mit 25 Jahren zum Kardinal, eine Position, die Macht und ein wahrhaft fürstliches Einkommen mit sich brachte. Die katholische Kirche war damals sowohl die politische als auch die geistliche zentrale Macht in Westeuropa. Unter ihrer direkten Herrschaft stand der Kirchenstaat, ein Gebiet, das einen Großteil des heutigen Mittelitaliens umfasste. Die Kirche und ihr Oberhaupt, der Papst, hatten aber auch großen Einfluss auf andere italienische Staaten, etwa das Königreich Neapel im Süden und das mächtige Florenz im Norden, sowie auf die katholischen Monarchien von Spanien und Frankreich. Die Kirche war außerdem so korrupt, wie eine Regierungsinstitution überhaupt nur sein kann – was erklärt, warum Rodrigo als hochrangiger Kleriker wilde Partys mit freizügigen jungen Damen, Wein, Tanz und höchst unpriesterlichem Sex veranstalten konnte. Er soll bis zu neun Kinder gezeugt haben, mindestens vier davon mit seiner langjährigen Geliebten, der verheirateten Adeligen Vanozza de' Cattanei (darunter auch Lucrezia und Cesare). Die Borgia-Kinder waren zwar unehelich, doch das ließ man sie nicht spüren. Die wunderschöne Lucrezia wurde behandelt wie die Prinzessin, die sie dann auch tatsächlich werden sollte.

Als Lucrezia zwölf Jahre alt war, wurde Kardinal Rodrigo zum Papst gewählt und nahm den Namen Alexander VI. an – ein Triumph, der die Vormachtstellung der Borgias praktisch in Stein meißelte und Lucrezias Vater zum mächtigsten Mann in ganz Europa machte. Sie selbst war mit ihrem langen, blonden Haar, den braunen Augen, die manchmal grau oder honigfarben schimmerten, und ihrer vielgerühmten Oberweite nun das wertvollste Gut der Borgias.

Papst Alexander war außerordentlich geschickt darin, Lucrezia so gewinnbringend wie möglich zu verheiraten. Jeder ihrer drei Ehemänner entstammte einer anderen, politisch noch bedeutenderen Familie als der vorhergehende. Ihre erste Hochzeit feierte sie mit gerade einmal 13 Jahren mit Giovanni Sforza, dem Grafen von Pesaro an der Adriaküste, der einem rivalisierenden Clan angehörte. Doch Sforza entpuppte sich als große Enttäuschung. Er ließ sich von seinen neuen Verwandten wunderbar einschüchtern, hatte aber ebenso große Angst vor seiner eigenen Familie. Lucrezias Vater kam zu dem Schluss, dass seine Tochter als Ehefrau eines anderen mehr wert wäre, und vier Jahre nach der Hochzeit wurde die Ehe annulliert. Schließlich war er der Papst. Allerdings musste er dazu behaupten, dass Sforza impotent sei und die Ehe nie vollzogen habe. Dass Sforzas erste Frau im Kindbett gestorben war, deutete darauf hin, dass er sehr wohl in der Lage war, seine ehelichen Pflichten zu erfüllen. Aber diese Tatsache unter den Tisch fallen zu lassen, war nun mal einfacher, als Sforzas Zustimmung zu der Annullierung zu bekommen. Man kann sich denken, dass der Graf nicht gerade begeistert davon war, sich öffentlich für impotent erklären zu lassen, doch letzten Endes kapitulierte er unter dem Druck der Borgias und seiner eigenen Familie.

Lucrezia unternahm derweil einen etwas unglückseligen Ausflug in die Unabhängigkeit. Während ihre Familie um ihre Scheidung rang, zog sie sich in ein Kloster außerhalb von Rom zurück. Doch wer jetzt glaubt, in einem Kloster könne man kaum in Schwierigkeiten geraten, täuscht sich, denn schon bald war sie nach einer leidenschaftlichen Affäre mit dem Spanier Pedro Calderon, einem Bediensteten ihres Vaters – schwanger. Wenige Wochen, nachdem ihre Familie von der Schwangerschaft erfahren hatte, war Calderon tot. Cesare soll ihn im Vatikan zu Füßen des Papstes erstochen haben, wenngleich ein päpstlicher Chronist festhielt, der Spanier sei »in den Tiber gefallen, nicht aus freiem Willen«. Lucrezias Zofe, die ihr dabei geholfen haben soll, den wachsenden Babybauch zu kaschieren, wurde gleich hinterhergestoßen. Was aus dem Kind wurde, das Lucrezia im März 1498 zur Welt gebracht haben könnte, weiß niemand.

Und wieder zum Altar

Eine andere Frau hätte unter solchen Umständen niemals wieder jemand heiraten wollen, auf den Straßen sprach man schließlich schon von der »größten Hure, die je in Rom gelebt hat«. Trotzdem drängelten sich die Bewerber um ihre Hand nur so, und im August 1498 stand sie erneut vor dem Traualtar. Diesmal heiratete sie den 17-jährigen Alfonso von Aragón, Herzog von Bisceglie und unehelicher Sohn des Königs von Neapel. Damit wurde Lucrezia zur Herzogin und erhielt zugleich den Titel der Prinzessin von Salerno. Sie gewöhnte sich gut an das Leben mit ihrem neuen Mann, den sie sämtlichen Berichten zufolge sehr geliebt haben muss. Binnen sechs Monaten war sie schwanger, und ihr Sohn kam am 1. November 1499 zur Welt. Leider zeigten Leute, die den Borgias irgendwie lästig waren, die Neigung, früh zu sterben, und der junge Herzog wurde bald schon zu einem ausgesprochenen Ärgernis.

Politik war in der Renaissance so kompliziert und verworren wie eine Schüssel Spaghetti – aber um es etwas kürzer zu machen: Cesare hatte kürzlich eine französische Adelige geheiratet und bat Frankreich um Hilfe bei einem Eroberungsfeldzug gegen die Stadtstaaten Süditaliens. Weil Frankreich Krieg gegen Neapel führte, kam Lucrezias Ehe mit einem Neapolitaner nun doch ungelegen. Eines Tages im Jahr 1500 attackierten »Unbekannte« Alfonso auf dem Petersplatz. Er wurde schwer verletzt, überlebte jedoch. Kaum hatte Lucrezia ihn wieder gesund gepflegt, wurde er von mehreren Angreifern erdrosselt. Ein Zeitgenosse formulierte treffend: »Da Don Alfonso sich weigerte, an seinen Wunden zu sterben, wurde er im eigenen Bett stranguliert.« Niemand zweifelte daran, dass Cesare den Mord in Auftrag gegeben hatte – alle Hinweise deuteten auf ihn. Cesare wusste natürlich, dass er der Hauptverdächtige war. Also behauptete er, sein Schwager habe versucht, ihn bei einem Spaziergang im Garten mit einer Armbrust zu erschießen, und dafür verdiente er den Tod. Diese Geschichte nahm ihm natürlich kein Mensch ab, und gerüchteweise hieß es, Alfonso sei nicht nur deshalb ermordet worden, weil er der Allianz mit den

Franzosen im Weg stand – Cesare soll außerdem eifersüchtig auf die neue Liebe seiner Schwester gewesen sein.

Der Tod ihres Mannes war ein schwerer Schlag für Lucrezia. Alfonsos ehemaliger Tutor, der bei beiden Angriffen zugegen war, berichtete, Lucrezias »Schreien, Klagen und Weinen« erfülle den Palast. Sie trauerte sehr und schimpfte dermaßen über ihren Vater und ihren Bruder, dass es den beiden schließlich zu viel wurde. Sie schickten Lucrezia und ihren kleinen Sohn nach Nepi, ein Dorf knapp 50 Kilometer nördlich vom Vatikan, damit sie wieder zur Vernunft kam. Und sosehr Lucrezia ihren Mann geliebt hatte, ihren Bruder Cesare liebte sie noch mehr (wie sehr ganz genau ist umstritten), und so verzieh sie ihm bald. Nächster Punkt auf der To-Do-Liste der Familie Borgia: einen weiteren Ehemann suchen, der sie auf der gesellschaftlichen Leiter möglichst weit nach oben bringen würde.

Lucrezia trat also ein drittes und letztes Mal vor den Altar, mit einem weiteren Alfonso, diesmal Alfonso d'Este, Herzog von Ferrara. Diese Verbindung war die kniffligste. Zunächst schien es, als wollte Lucrezia nicht wieder heiraten. Sie beklagte sich bei ihrem Vater, dass ihre bisherigen Männer sehr vom – *ähem* – »Pech verfolgt« gewesen seien. Schlimmer noch, Ercole d'Este, Alfonsos Vater, traute den Borgias nicht so weit, wie er spucken konnte. Er schaffte es jahrelang, die Hochzeit hinauszuzögern. Diverse Höflinge versuchten ihn immer wieder von Lucrezias frommer Bescheidenheit und Vernunft zu überzeugen. Lucrezia, die dem Rest ihrer Familie in Sachen Ehrgeiz in nichts nachstand, begann einen regen Briefwechsel mit Ercole in der Hoffnung, ihn zu beeindrucken. Letztendlich lag es wohl an der gewaltigen Mitgift und der Macht der Borgias ebenso wie an Lucrezias persönlichen Vorzügen, dass die Ehe zustande kam. Wieder einmal beugte Lucrezia sich dem Willen ihrer Familie und ließ ihren zweijährigen Sohn in Rom zurück, um den Herzog zu heiraten.

Ehe Nummer drei tat zumindest Lucrezias Ruf ausgesprochen gut. Sogar ein Spion, den ihre neue und sehr misstrauische Schwägerin angeheuert hatte, berichtete: »Mein Eindruck von ihr wird mit jedem Tag besser. Sie ist klug und scharfsinnig, nehmen Sie sich vor ihr in Acht.« Und obwohl ihr Mann anfangs nicht begeistert von dieser Ehe gewesen war, verstanden er und Lucrezia sich blendend. Gut, er streifte den lieben langen Tag auf der Suche nach Huren durch die Straßen und lungerte in Tavernen herum, doch die Nächte verbrachte er bei ihr. Lucrezias Verhältnis zu seiner Familie wurde auch immer besser, und das war wohl ihre Rettung, denn das Glück der Borgias würde sie bald auf spektakuläre Weise im Stich lassen.

Die Rehabilitierung der Lucrezia Borgia

Im Jahr 1502 führte Cesare unumstritten die stärkste Truppe Italiens und hatte schon mehrere wichtige Stadtstaaten angegriffen und annektiert. Mit ihm war nicht gut Kirschen essen. Einmal ließ er einen seiner engsten Vertrauten enthaupten und seinen Kopf auf einem Spieß am Marktplatz zur Schau stellen – wegen des bloßen Verdachts, der Mann hätte gegen ihn intrigiert. Jeder, der sich Cesare in den Weg stellte, musste mit einem ähnlichen Schicksal rechnen.

Doch schon 1503 wendete sich das Blatt. Vor allem Cesares Allianz mit dem französischen König wurde zum Problem. Louis VII. fand, dass Cesare zu viel Macht besaß, und hinderte ihn daran, seinen Landbesitz weiter zu vergrößern. Dann verschlechterte sich die Lage, als am 18. August desselben Jahres Papst Alexander VI. starb. Der Mann, der den Borgias die meiste Autorität verliehen hatte, war nun nicht mehr da, und Cesare hatte sich mit seiner Gier nach Macht mehr Feinde gemacht, als er sich leisten konnte. Der neue Papst unterstützte ihn zwar, aber nicht lange: der alte Herr starb nach nur 26 Tagen im Amt. Als Nächster wurde ein Erzfeind der Borgias zum Papst gewählt – die Familien waren einander verhasst –, und Cesare war fällig. 1504 wurde er von Soldaten des neuen Papstes verhaftet und in Spanien eingekerkert. Nach einer dramatischen Flucht drei Jahre später fiel Cesare, der sich der Armee seines Schwagers, des Königs von Navarra, angeschlossen hatte, im Kampf.

Lucrezia blieb ihrem Bruder bis zuletzt ergeben. Inzwischen war ihre eigene Lage äußerst heikel. Nicht nur, weil Macht und Einfluss ihrer Familie mit ihrem Vater starben – nein, zudem war ihr das Einzige, was sie unbedingt tun musste, noch nicht gelungen: einen Erben zu gebären. Bald nach ihrer Hochzeit war sie zwar schwanger geworden, hatte aber im siebten Monat eine Fehlgeburt erlitten und war beinahe am Fieber gestorben. Ihrem Mann hätte ein einfacher Ausweg aus der Ehe offengestanden – jeder wusste, dass die Ehe mit Sforza aufgrund einer Lüge annulliert worden war. Mit genügend Nachdruck hätte man das offenlegen können, und dann wäre ihre jetzige Ehe unrechtmäßig gewesen.

Doch Lucrezias neue Familie versuchte nicht, sie loszuwerden – aus dem einfachen Grund, weil sie Lucrezia mochten. Das ist ein Indiz dafür, dass sie nicht die bösartige, inzestuöse Mörderin war, als die zeitgenössische und historische Klatschmäuler sie so gern darstellten. Im Fall einer Annullierung der Ehe hätte ihr Mann die außerordentlich üppige Mitgift zurückzahlen müssen, das ist auch wahr. Allerdings deutet nichts darauf hin, dass sein Clan auch nur darüber nachdachte. Im Gegenteil, Lucrezias neue Familie schützte sie, respektierte sie und versuchte sogar, ihrem streitsüchtigen Bruder zu helfen.

In gewisser Hinsicht war der Sturz der Borgias Lucrezias Rettung. Gewöhnliche Intrigen waren so viel weniger tödlich als die auf Borgia-Niveau. Bis auf ein paar Affären – unter anderem mit dem Dichter Pietro Bembo und ihrem Schwager Franzesco Gonzaga – führte sie ein eher ruhiges Leben. Sie erfand sich sozusagen neu, und zwar gemäß dem Idealbild der Adelsdame in der Renaissance: als Mäzenin der Kunst, mildtätig, fromm, sittsam und praktisch ständig schwanger. Trotz mehrerer Fehlgeburten und Komplikationen überlebten schließlich vier Söhne und eine Tochter das Kleinkindalter. Lucrezias letzte Schwangerschaft mit fast 39 Jahren kostete sie das Leben. Sie starb fünf Tage nach der Geburt einer weiteren Tochter, die nicht lange überlebte, am Kindbettfieber.

Die Schlimmste aus dem ganzen Clan?

Gegen Ende ihres Lebens war Lucrezia zur beinahe exzessiven Büßerin geworden – ob ihre Sünden real oder eingebildet waren, weiß nur sie selbst. Welche Rolle sie bei den Verbrechen ihrer Familie spielte, ist unklar, aber auf jeden Fall profitierte sie davon. Die ständigen Intrigen und mörderische Machtgier brachten ihr Einfluss, Reichtum und glänzende Partien, die sie ansonsten nie gemacht hätte. Doch ihr Bruder ermordete ihren Liebhaber *und* ihren Ehemann *und* einen ihrer eigenen Brüder, und die Politik ihrer Familie entfremdete sie von ihrem erstgeborenen Sohn. Auch ihre kleinen Abstecher in die Unabhängigkeit gingen nicht immer gut aus, doch sie zeigen uns zumindest Lucrezias Absicht, sich von den Menschen zu lösen, die sie für ihre eigenen Zwecke benutzten.

Im Laufe der Geschichte sind nur wenige Frauen derart verteufelt worden wie Lucrezia Borgia. Historiker und Schriftsteller hielten die Erzählungen über ihre Sünden nur allzu gern für wahr, und einige von ihnen dichteten ihr im Lauf der Jahrhunderte noch weitere Vergehen an, die sie unmöglich begangen haben kann. 1833 beispielsweise verfasste der französische Schriftsteller Victor Hugo ein Drama, das angeblich auf Lucrezias wahrem Leben basierte und sie als lüsterne, gewissenlose Mörderin hinstellte, die sogar versehentlich ihren eigenen unehelichen Sohn vergiftete. Gaetano Donizetti schrieb seine gleichnamige Oper nach diesem Theaterstück. Im Vorwort zu seinem Drama wird Hugos Ansicht unmissverständlich deutlich: »*Nehmt die abscheulichste, zurückstoßendste, vollständigste moralische Verworfenheit, legt sie in das Herz einer Frau, wo sie am besten ihre Wirkung zeigt, gebt dieser Frau die höchste physische Schönheit, gebt ihr die königliche Würde, wodurch das Laster noch mehr gehoben wird, verschleiert dann diese moralische Hässlichkeit mit einem reinen Gefühle, mit dem reinsten, dessen eine Frau fähig ist, mit dem Muttergefühle, kurz macht aus euerm Ungeheuer eine Mutter, und das Ungeheuer wird eure Theilnahme in Anspruch nehmen, es wird euch zu Thränen rühren; diese Kreatur, die euern Abscheu erregte, wird euch zum Mitleid zwingen und diese hässliche Seele wird euch fast schön erscheinen.*«

Nur allzu gern glauben die Leute an diese liebestolle, mörderische Prinzessin, die ihnen die skandalösesten Geschichten bietet. Aber Lucrezia Borgia war nicht die Schlampe und Giftmörderin, die jeder in ihr sehen wollte. Sie war eine Frau, die in einer Schlangengrube überlebte, denn nichts anderem glich Italien zur Renaissancezeit – und das größte Natternnest darin war ihre eigene Familie. Ist diese Geschichte nicht eigentlich viel interessanter?

Malinche

DIE PRINZESSIN, DIE MIT DEN CONQUISTADORES KOLLABORIERTE

CA. 1502–1529
MEXIKO

Es war einmal eine Aztekenprinzessin. Ihr Vater herrschte als *cacique* über einen Stadtstaat am Golf von Mexiko, doch er starb, als die Prinzessin noch sehr klein war. Ihre böse Mutter heiratete bald darauf wieder und gebar einen kleinen Jungen.

Mutter und Stiefvater wollten, dass ihr Sohn der nächste Herrscher wurde, und so war die kleine Prinzessin im Weg. Sie konnten sie auch nicht verheiraten, weil dann ihr Mann Anspruch auf den Kaziken-Titel gehabt hätte. So kamen die

Rabeneltern auf eine geniale Idee: Sie verkauften das Mädchen an Maya-Sklavenhändler und erzählten allen, die Kleine sei gestorben. Die Maya wiederum verkauften sie an Menschenhändler aus Tabasco, wo die Prinzessin heranwuchs und schließlich von den tapferen spanischen Rittern befreit wurde. Sie erwies sich als sehr wertvoll, diente den Spaniern als Übersetzerin und Führerin und nahm den katholischen Glauben an – so inbrünstig, dass sie bei einem Wiedersehen mit ihrer Mutter dieser perfiden Frau auf der Stelle verzieh.

Das jedenfalls ist die märchenhafte Geschichte, die spanische Biografen später über die schöne, edle, bewundernswerte Prinzessin namens Malinche erzählen würden. In Mexiko allerdings hört man bis heute eine andere Version. Für viele Mexikaner gehört Malinche zu den meist geschmähten und umstrittensten Frauen ihrer postkolonialen Geschichte.

Doch die wahre Geschichte ist wie so oft viel komplizierter.

Zwischen den Welten

Wann genau die junge Prinzessin geboren wurde, ist unbekannt. Malinche ist nicht einmal ihr richtiger Name, sondern einfach nur die spanische »Verstümmelung« von Malintzin, und unter diesem Namen wurde sie von den Sklavenhändlern verkauft. Womöglich war sie die Tochter eines Adeligen, doch das ganze »Prinzessinnen«-Gedöns dichteten die Spanier später hinzu, um ihre Geschichte aufzuwerten. Zweifellos wahr ist, dass die kleine Malinche mit acht oder neun Jahren an Sklavenhändler verkauft wurde. Sklaverei war damals ein fester Bestandteil der mesoamerikanischen Kultur, und es war gar nicht so ungewöhnlich, dass Eltern ihre eigenen Kinder als Sklaven verkauften. Die Kinder verrichteten meist niedere Arbeiten oder dienten als Sexsklaven.

1519 landeten die Spanier in Tabasco, und die Welt der jungen Malinche änderte sich schlagartig. Die Konquistadoren des Hernán Cortés hatten schon ein paar Mal vorbeigeschaut, und die bisherigen Begegnungen mit dem Maya-Volk der Chontal waren nicht unbedingt freundschaftlich verlaufen. Auch diesmal leisteten die Chontal den Eindringlingen Widerstand, doch die hatten nun Rüstungen, Feuerwaffen und Pferde. Binnen weniger Stunden verloren die Chontal 220 Männer und mussten sich ergeben. Malinche wurde zusammen mit 19 anderen Frauen und großen Mengen Gold und Nahrungsmitteln als Tribut abgeliefert. Die Spanier tauften sie auf den Namen Marina – bei den Konquistadoren war es üblich, Dienerinnen und Sklavinnen erst zum Christentum zu »bekehren«, ehe man sie ins Bett zerrte –, und dann wurde sie einem von Cortés' Männern überlassen.

Bernal Díaz del Castillo, ein Fußsoldat in Cortés' Armee, beschrieb sie in seinen Aufzeichnungen von 1568 als ganz außergewöhnliche Frau, gutaussehend, intelligent und selbstsicher. Doch vor allem ihre Begabung für Sprachen machte sie rasch unentbehrlich. Malinches Muttersprache war Nahuatl, die Sprache der Azteken. Als Sklavin in Tabasco hatte sie zwei Maya-Dialekte erlernt, und nun ließ sie sich von einem Pater aus Cortéz' Gefolge Spanisch beibringen. Ihre Begabung soll so groß gewesen sein, dass sie auch diese Sprache angeblich nach vier Monaten fließend beherrschte. Cortéz erkannte ihren Wert und ließ sie fortan nicht mehr von seiner Seite weichen. Die beiden traten stets gemeinsam auf, und sie diente ihm so oft als Sprachrohr, dass die Eingeborenen ihn auch »El Malinche« (in etwa »Herr Malinche«) nannten.

Aber Malinche war nicht nur als Übersetzerin ein großer Gewinn. Sie war mit den Gebräuchen des Stammesadels vertraut, da sie selbst aus einer adeligen Familie stammte (behaupteten jedenfalls spanische Biographen) und als Sklavin bei mehreren Adelsfamilien gedient hatte. Sie wusste, wie die Eingeborenen dachten, woran sie glaubten und wie sie Entscheidungen fällten. Genau das brauchte Cortéz: einen Führer für dieses fremde, seltsame neue Land.

Es dauerte nicht lange, bis Malinche ihren Wert unter Beweis stellte. Sie sagte Cortéz, dass die Azteken vermuteten, er könnte die Reinkarnation ihres Schöpfergottes Quetzalcoatl sein. Außerdem erklärte sie ihm, dass er einige der Stämme, die unter der Herrschaft der Azteken gar nicht glücklich waren, gewiss dazu überreden könnte, mit ihm gemeinsam das Aztekenreich zu stürzen. Cortéz verließ sich bei den Verhandlungen mit seinen neuen Verbündeten ganz auf Malinche. Wenn die Spanier einen Stamm besiegt hatten, musste sie auch den Unterlegenen erklären, dass ihr Land hiermit für Spanien erobert sei. Malinche machte sich sogar als Spionin nützlich. Einmal horchte sie eine Einheimische aus, indem sie ihr vorspielte, sie sei nur widerwillig die Sklavin des Spaniers, und erfuhr so von einem geplanten Hinterhalt – die Indianer wollten die Spanier überfallen, wenn diese das Dorf Cholula wieder verließen. Malinche berichtete Cortéz davon, und der ließ sämtliche Anführer und Krieger des Ortes massakrieren.

Mit Malinches Hilfe arbeiteten die Spanier sich bis Tenochtitlan vor, der riesigen, prächtigen Stadt, die vom mächtigen Moctezuma II. regiert wurde. Ende 1519 war es Malinche, die die ersten Worte des Aztekenkönigs an die Fremdlinge übersetzte. Was auch immer Moctezuma II. tatsächlich gesagt und was Malinche übersetzt haben mag – Cortéz behauptete seinem eigenen König gegenüber, der Aztekenherrscher hätte augenblicklich zugestimmt, sein gesamtes Reich an Spanien abzutreten. Damit rechtfertigte Cortéz die gewaltsame Unterwerfung der Azteken, denn nach damaligem Recht konnte der spanische König ein fremdes Volk nicht zwingen, ihm zu dienen – aber rebellische Untertanen, die sich gegen ihn erhoben, durfte er natürlich bestrafen. Im Frühling 1520, nach ein paar Monaten angespannten Friedens, kam es zum gewaltsamen Konflikt. Cortéz gab den Azteken die Schuld daran, die sich angeblich zu einer Revolte gegen die Spanier verschworen haben sollten. Unter diesem Vorwand des Hochverrats ließ er Moctezuma verhaften. Von den darauffolgenden Ereignissen gibt es zwei stark voneinander abweichende Versionen. Chronisten der Ureinwohner behaupteten, die Spanier hätten als Erste zugeschlagen und die Azteken während einer religiösen Feier in einem Tempel niedergemetzelt. Cortéz' Soldaten erklärten später, die Feier sei nur Tarnung gewesen und in Wahrheit hätten die Krieger und Adeligen dort einen Angriff auf die Spanier vorbereitet.

Ein Krieg war unvermeidlich. Den Aufzeichnungen der Ureinwohner zufolge versuchte Malinche die Azteken vom Kampf gegen die Spanier abzubringen, weil diese mit ihren Feuerwaffen den Azteken weit überlegen waren. Doch zunächst konnten die Azteken Cortéz und seine Truppen sogar zum Rückzug zwingen. Langfristig allerdings war der Aufstand zum Scheitern verurteilt. Den Sieg verdankten die Spanier jedoch nicht ihrer überlegenen militärischen Macht, sondern einem lautlosen, schleichenden Verbündeten: den Pocken. Die Spanier hatten die tödliche Krankheit nach Mittelamerika eingeschleppt, und das Immunsystem der Ureinwohner hatte ihr nichts entgegenzusetzen. Binnen weniger Wochen nach ihrem ersten großen Sieg starben Tausende von Azteken. Ende April 1521 machte sich Cortéz mit Verstärkung aus dem spanisch besetzten Kuba erneut nach Tenochtitlan auf, und diesmal nahm er die Stadt ein.

Ohne Malinches Hilfe hätten die Spanier solch gewaltige

Eroberungen wohl kaum in zwei Jahren und mit weniger als 1000 Soldaten geschafft. Doch warum half sie dem Feind? Nun, zunächst einmal könnte man argumentieren, dass Malinche wenig am vorkolonialen Herrschafts- und Gesellschaftssystem gelegen war, das sie in die Sklaverei gezwungen hatte. Vielleicht hatte sie auch das Gefühl, dass ihr gar nichts anderes übrigblieb, aber es ist auch gut möglich, dass sie in Cortéz verliebt war. Was sie für ihn empfand, wissen wir nicht, doch 1522 gebar sie ihm einen Sohn, den sie Martín nannten, nach seinem Großvater.

Sobald die Spanier das Aztekenreich erobert hatten, war Malinche auf einmal nicht mehr so nützlich, und Cortéz war ganz sicher nicht in sie verliebt. Seine spanische Ehefrau war 1522 unter verdächtigen Umständen gestorben (womöglich hatte er sogar selbst die Finger im Spiel gehabt), und er ließ sich die Chance, durch eine weitere Ehe politische Allianzen zu schmieden, nicht entgehen, indem er eine Einheimische heiratete. Dennoch vergaß Cortéz die Frau, die ihm so sehr geholfen hatte, nicht vollkommen. Ihre Dienste scheinen Malinche zu einer reichen Frau gemacht zu haben – zeitgenössische Berichte erwähnen große Mengen an Gold, die ihr ins Haus geliefert wurden. Im Herbst 1524 wurde sie mit einem von Cortéz' Offizieren verheiratet, Juan Jaramillo, der als Mitgift die Ortschaften Olutla und Tetiquipaque erhielt. Malinche war nun die Ehefrau eines spanischen Offiziers aus gutem Hause und entging so dem Schicksal anderer eingeborener Frauen, die Kinder von europäischen Konquistadoren geboren hatten: in Armut und Schande verstoßen zu werden.

Malinche und ihr Mann blieben in Cortéz' Diensten, und im April 1526 bekamen sie eine kleine Tochter. 1529, zehn Jahre nach der Ankunft der Spanier, starb Malinche wahrscheinlich an einer der eingeschleppten Krankheiten aus Europa, die noch immer unter den Ureinwohnern wüteten.

Die vielen Gesichter der Malinche

Im heutigen Mexiko bezeichnet man den Verrat am eigenen Volk als *malinchismo* – nach der angeblichen Verräterin Malinche. Sie selbst wurde mit einigen unschmeichelhaften Namen bedacht, etwa *La Traidora* (»die Verräterin«) oder *La Vendida* (»die Verkäuferin«, da sie ihr Volk verkauft habe).

Leider ist es unmöglich, die wahre Malinche aus dem Mythos herauszufiltern, denn sie hat ihre Gefühle, Gedanken oder Beweggründe nicht niedergeschrieben. Keiner weiß, ob sie tatsächlich die Tochter eines Adeligen war, ob sie ihren Mann geliebt hat oder woran sie gestorben ist. Gerade dieser Mangel an gesicherten Einzelheiten macht es so leicht, eine Frau aus Fleisch und Blut in eine überlebensgroße Symbolfigur zu verwandeln. Und genau aufgrund dieser Ungewissheit blieb auch ihre symbolische Bedeutung stets wandelbar. Der Schriftsteller Haniel Long schrieb 1939: »Sie steht für mehr als nur eine Momentaufnahme in der Geschichte.«

Im mexikanischen Unabhängigkeitskampf wurde Malinche zum Sinnbild für den Verrat am eigenen Volk, der Frauen, die sich mit dem Feind einlassen, unterstellt wird. Das liegt natürlich mitunter auch daran, dass sie in der spanischen Version der Geschichte so verehrt wird. Díaz del Castillo bezeichnete sie als »wahrhaft edle Prinzessin«, die »zwar eine Eingeborene war, doch solch mannhafte Tapferkeit bewies … dass sie keinerlei Schwäche zeigte, sondern Mut, der weit über den Mut einer Frau hinausreichte«. 1945 schlug der mexikanische Nobelpreisträger Octavio Paz zurück und verdammte Malinche als die Wurzel der »Angst und Qual« des mexikanischen Volkes. Er nannte sie *La Chingada* (ein wirklich äußerst vulgärer Ausdruck, der darauf anspielt, dass Malinche sich von den Spaniern habe benutzen lassen) und behauptete, was Cortés dieser schwachen, passiven Frau angetan hatte, hätten die Spanier allen Völkern Mittelamerikas angetan. Dass Malinche sich von ihm verführen »ließ«, darin liegt dieser Version nach ihr Verrat, in ihrer eigenen Schwäche. Sie allein ist die Verräterin, und Cortés zwar ein Schurke, aber schuldlos. Diese Betrachtungsweise hielt sich jahrzehntelang. 1982 beispielsweise musste eine Statue von Malinche und ihrem Sohn, angeblich der erste Mestize (sprich Kind einer Ureinwohnerin und eines Eroberers) von Mexiko, entfernt werden, weil Studenten dagegen protestiert hatten – sie wollten kein Denkmal einer Volksverräterin sehen.

Auch Dramatiker, Schriftsteller und Filmemacher haben die Geschichte immer wieder neu interpretiert, mal mehr, mal weniger mitfühlend. Henry Rider Haggard stellt sie 1893 in *Montezuma's Daughter* als eine Art mexikanische Pocahontas dar, die verhindern will, dass ihr Volk die Konquistadoren ermordet. In Gary Jennings historischem Roman *Der Azteke* von 1980 ist sie eine Intrigantin und Verräterin. Manchmal wird Malinche auch als geistig umnachtete Dämonin gezeichnet, die sich zutiefst schuldig fühlt wegen der Grausamkeiten, die die Spanier mit ihrer Hilfe verübten. Man kann in ihr eine Frau sehen, die durch ihre Liebe zu Cortéz so geblendet ist, dass es sie nicht kümmert, ob er sie nur benutzt. Wieder andere halten sie für eine pragmatische Realistin, die klar erkennt, dass es besser ist, mit den Konquistadoren zu überleben, denn als Sklavin zu sterben. Mal ist sie ein Sündenbock, dem der Untergang des Aztekenreichs angelastet wird, dann wieder eine Wahnsinnige, die sich freudig an der blutigen Zerstörung ihrer eigenen Welt beteiligte.

In jüngerer Zeit haben Feministinnen Malinche für sich entdeckt, zunächst als Symbol für die Opferrolle von Frauen, die in den patriarchalen Strukturen sowohl der Azteken als auch der Spanier missbraucht wurden, später jedoch als Kämpferin, die überlebte, wo andere starben. In der modernen Wissenschaft gilt sie als eine Art kulturelle und linguistische Brücke zwischen der mesoamerikanischen Vergangenheit und der postkolonialen Gegenwart Mittelamerikas.

Fest steht nur eines: Keine andere Aztekenprinzessin hat so deutliche Spuren in der mexikanischen Geschichte hinterlassen, keine andere Frau eine so zentrale Rolle in der Eroberung Mexikos durch die Spanier gespielt. Und vielleicht ist ihr Andenken nur deshalb bis heute lebendig geblieben, weil sie selbst keine Stimme besitzt. Historiker, Schriftsteller, Feministinnen und Gelehrte haben ihr Worte in den Mund gelegt, sie zum Sprachrohr gemacht, heute ebenso wie zu ihren Lebzeiten.

Die Geschichte ist immer geprägt von blutigen Kämpfen, undurchschaubaren Motiven und unerklärlichen Entscheidungen, die wir nie mit hundertprozentiger Gewissheit nachvollziehen können. Deshalb ist sie so leicht zu manipulieren, vor allem dann, wenn die Fakten so spärlich sind wie im Fall dieser Frau, deren wahren Namen – von ihren Beweggründen ganz zu schweigen – wir bis heute nicht kennen. Letztendlich ist genau das die wahre Geschichte von Malinche.

PRINZESSINNEN ALS KRIEGSBEUTE

Im Lauf der Geschichte war für die meisten Frauen aus königlichen Familien ein Adelstitel nicht gleichbedeutend mit Macht. Über ihr Schicksal entschieden fast immer Väter, Brüder oder Ehemänner, und in Kriegszeiten wurden sie oft unfreiwillig zur begehrten Siegesbeute. Ein Beispiel dafür ist der Fall der schönen Nest, auch bekannt als »Helen of Wales«.

Nach dem Tod ihres Vaters, König Rhys ap Tewdwr, wurde die junge Nest im Jahr 1093 von den normannischen Eroberern als Geisel genommen. Sie landete am Hof der Unterdrücker und fiel dort dem Sohn von William II. ins Auge – Henry. Sie gebar einen seiner vielen unehelichen Söhne. Nachdem Henry die Nachfolge seines Bruders angetreten hatte, verheiratete er Nest mit einem seiner Vertrauten, dem Ritter Gerald of Windsor. Das Paar ließ sich auf Geralds ergaunerter Burg in Wales nieder, wo sie ihm fünf Kinder schenkte.

Bei einem Fest im Jahr 1109 begegnete Nest einem Prinzen namens Owain, der sich in sie verliebte. Wie so viele Prinzen der kleinen walisischen Fürstentümer wollte Owain das Joch der normannischen Herrschaft abschütteln. Also beschloss er, Geralds Burg zu überfallen, vorgeblich, um Nest zu entführen. Gerald konnte entkommen (man munkelt, er wäre durch den Abtritt geflohen), doch Nest wurde verschleppt, mitsamt ihren Kindern, die jedoch bald darauf zu ihrem Vater zurückgebracht wurden.

Vermutlich handelte Owain aber nicht aus Liebe, sondern entführte Nest, um einen Konflikt anzustacheln.

Dazu bediente er sich eben des altbekannten Musters, Frauen aus königlichen Familien als Kriegsbeute zu verschleppen. Die Entführung löste einen Krieg aus, der die lokalen Gemüter erhitzte und Nest den Spitznamen »Helen von Wales« eintrug. Henry I., ihr ehemaliger Liebhaber, setzte sich für sie ein und versprach Owains Rivalen Ländereien in Wales, wenn sie mithalfen, Nest zurückzuholen. Kein Jahr später ließ Owain Nest sitzen und floh nach Irland. Nest kehrte zu ihrem Mann und ihren Kindern zurück, doch das Land sollte noch lange nicht zur Ruhe kommen – die Rebellion, die Owain angestoßen hatte, wurde erst im Jahr 1116 niedergeschlagen.

Sophie Dorothea von Braunschweig-Lüneburg

DIE KERKERPRINZESSIN

15. SEPTEMBER 1666 BIS 13. NOVEMBER 1726
SCHLOSS AHLDEN, DEUTSCHLAND

Es hätte eine Märchenhochzeit werden können – wenn die Gebrüder Grimm oder, noch besser, Stephen King diese Geschichte geschrieben hätten. Denn als Prinzessin Sophie Dorothea erfuhr, dass sie den Kurprinzen Georg Ludwig von Hannover heiraten sollte, fiel sie in Ohnmacht. Sie brach erneut zusammen, als sie ihren Verlobten empfangen sollte, und als sie ein mit Diamanten besetztes Porträt ihres Zukünftigen geschenkt bekam, schleuderte sie die Miniatur an die Wand und schrie: »Niemals heirate ich diese Schweineschnauze!« Doch genau das tat sie am 21. November 1682 und beging damit den wohl größten Fehler ihres Lebens.

Schattenseiten einer Ehe

Sophie Dorothea, geboren 1666 im norddeutschen Celle, war das einzige Kind des Herzogs von Braunschweig und Lüneburg, Georg Wilhelm Fürst zu Lüneburg. Sie war ein romantisches und kapriziöses Mädchen, von dem man hauptsächlich erwartete, eine gute Partie zu machen. Im Alter von 16 Jahren wurde sie mit ihrem 22-jährigen Cousin Georg Ludwig verlobt, Sohn und Erbe des Kurfürsten von Hannover und damit des bedeutendsten Fürstentums in Deutschland. Außerdem stand Georg Ludwig in der britischen Thronfolge und sollte später als George I. England regieren. Die beiden zukünftigen Eheleute kannten sich schon länger und konnten einander nicht ausstehen. Sophie Dorothea wurde allgemein als hübsch, geistreich und lebhaft geschätzt, doch für Georg war sie nicht ebenbürtig, sondern ein »Bastard«, weil ihre Eltern erst geheiratet hatten, als sie fast zehn Jahre alt gewesen war. Sophie Dorothea wiederum fand Georg kalt, grob und übertrieben förmlich. In Hannover war er als »die Schweineschnauze« bekannt, was sich sowohl auf sein Aussehen als auch auf seinen Charakter bezog.

Die etwas traurige Wahrheit ist wohl, dass selbst die eigene Mutter Georg nicht sonderlich mochte. In einem Brief an eine Nichte beschrieb sie ihn als »den störrischsten Sturkopf, der je gelebt hat. Sein Gehirn ist von einer so dicken Kruste umhüllt, dass wohl kein Mann und keine Frau je entdecken wird, was darinsteckt.« Und sosehr er Sophie Dorothea für ihre uneheliche Geburt verachtete – Georg selbst legte mit der Zeugung unehelicher Kinder reichlich früh los. Mit gerade einmal 16 Jahren schwängerte er die Erzieherin seiner Geschwister. Seine Mutter warnte ihn, dass die Spatzen es bald von allen Dächern pfeifen würden, wenn er noch mehr Bastarde zeugte.

Wie so oft bei königlichen Eheschließungen spielte es aber auch in diesem Fall keine Rolle, ob das Brautpaar sich mochte oder nicht. Georg und Sophie Dorothea schienen sich zunächst mit ihrem Schicksal abzufinden. Elf Monate nach der Hochzeit kam ihr erstes Kind zur Welt, der Sohn und Erbe, den sie auf den Namen Georg Augustus tauften. Doch das Hofzeremoniell in Hannover war erstickend steif und förmlich, und Sophie Dorotheas Schwiegereltern beklagten ihren Mangel an Etikette und ihren »schlechten Einfluss«. Die Ehe der beiden ging zusehends den Bach herunter. Georg ignorierte seine feurige Frau, und wenn er doch einmal Notiz von ihr nahm, zeigte er sich angewidert. Schlimmer noch, als Sophie Dorothea mit ihrem zweiten Kind schwanger war, wurde ihr Mann plötzlich gewalttätig.

Georg hatte eine Affäre mit der jugendlichen Melusine Gräfin von der Schulenburg begonnen, einer Hofdame seiner Mutter. Sie war spindeldürr und einen Kopf größer als er, und die beiden gaben ein recht auffälliges Paar ab, wenn sie zusammen in der Öffentlichkeit erschienen. Und das taten sie oft – Georg gab sich keine Mühe, die Affäre geheim zu halten. Eines Tages folgte ihm seine schwangere Ehefrau in sein Studierzimmer und drängte ihn unter Tränen, ihr zu sagen, was sie tun könne, um ihn zurückzugewinnen. Georg bekam einen Wutanfall, schüttelte Sophie Dorothea brutal und erwürgte sie beinahe. Er verletzte sie so schwer, dass sie ihr Bett nicht mehr verlassen konnte, und der ganze Hof befürchtete eine Fehlgeburt. Georg besuchte seine kranke Frau erst, als seine Mutter ihn dazu zwang. Er setzte sich griesgrämig an ihr Bett und hielt ihre Hand wie ein gelangweiltes Kind. Sophie Dorothea erholte sich wieder – die Ehe jedoch nicht.

Im März 1687 brachte Sophie Dorothea eine Tochter zur Welt, und Georg setzte die Beziehung mit seiner Mätresse Melusine fort. Binnen zwei Jahren kam es zu offenen Feindseligkeiten mit seiner Gemahlin. Georg verbrachte seine Zeit entweder auf Feldzügen oder in Melusines Armen. 1692 gebar sie ihm die erste ihrer drei gemeinsamen Töchter. Als Sophie Dorothea sich bei ihren Eltern über die Untreue ihres Ehemannes beklagte, rieten die ihr dazu, über sein Verhalten hinwegzusehen und es mit Fassung zu tragen. Als sie ihren Schwiegereltern ihr Leid klagte – also ihrer Tante und ihrem Onkel –, rieten die ihr ebenfalls, hübsch den Mund zu halten. Ihre Schwiegermutter hielt ihr vor Augen, dass Georg eines Tages König von England werden könnte, und Sophie Dorothea damit Königin. (Dass ein deutscher Prinz überhaupt König von England werden konnte, lag daran, dass er die »richtige« Religion hatte. Georg war evangelisch, und das britische Parlament sollte bald ein Gesetz verabschieden, nach dem kein Katholik auf dem englischen Thron sitzen durfte. Damit schieden über 50 Anwärter aus, die in der Thronfolge vor Georg rangiert hatten, aber der falschen Kirche angehörten.)

Es war also nur eine Frage der Zeit, bis die hübsche junge und frustrierte Prinzessin ebenfalls das Vergnügen außerhalb der Ehe suchte. Sie fand es in Gestalt von Philipp Christoph von Königsmarck, einem schneidigen jungen Grafen und Oberst der herzöglichen Leibgarde. Königsmarck entstammte einem märkischen Adelsgeschlecht mit starker militärischer Tradition und hatte eine poetische Ader, die ihn neben Sophie Dorotheas recht abscheulichem Ehemann umso attraktiver erscheinen ließ.

1689 begann er ihr kitschige Liebesbriefe voll romantischer Verse zu schreiben. Sie versuchte wohl anfangs, diesem gefährlichen Flirt zu widerstehen, doch ehe das Jahr um war, erwiderte sie seine Briefe, und die beiden waren bis über beide Ohren ineinander verliebt. Sie nähte seine heimlichen Liebesbotschaften in Vorhangsäume ein oder versteckte sie in Schatullen voller Spielkarten in ihren Gemächern. Er fand ihre Briefe wiederum in seinem Hut oder seinen Handschuhen, wo ihre vertrauenswürdigste Hofdame sie versteckte. Die höfische Galanterie dieser Briefe wich bald tieferen Gefühlen – wie tief, wird etwa in einem Brief vom April 1691 deutlich, in dem Königsmarck zum Abschied schrieb, er umarme ihre Knie. Im März des darauffolgenden Jahres enthielt ihre Korrespondenz Andeutungen an den Akt des *monter à cheval* (»ein Pferd besteigen«, zwinker-zwinker), an leidenschaftliche Begegnungen und Königsmarcks Sehnsucht danach, »den schönsten Leib auf Erden zu umarmen« und »diese gewisse Stelle zu küssen, die mir solchen Genuss verschafft hat«.

Wer wusste davon? (Oder besser: Wer nicht?)

Diese Affäre sollte ein Geheimnis bleiben, also wusste natürlich bald jeder bei Hofe darüber Bescheid. Die Liebenden verließen sich auf zu viele Leute, um einander ihre Botschaften zu überbringen, und diese waren noch dazu in einem leicht zu entziffernden Code verfasst. Zwar trafen sie sich nur im Zimmer von Sophie Dorotheas Hofdamen oder nachts im Garten. Dennoch verrieten sie sich in der Öffentlichkeit durch sehnsüchtige Blicke und »geheime« Zeichen. Trotz alledem glaubten sie sich unentdeckt: Königsmarck schrieb an Sophie Dorothea, welch ein Vergnügen es sei, dass sie sich in Gegenwart Tausender Menschen unbemerkt austauschen könnten.

Obwohl die Affäre also jedem bekannt war, wusste niemand so recht, was man dagegen unternehmen sollte. Sophie Dorotheas Schwiegereltern und Eltern versuchten zwar, die Liebenden voneinander fernzuhalten – unter anderem, indem sie Königsmarck an die Front schickten (im Europa der 1690er Jahre wurde praktischerweise immer irgendwo Krieg geführt). Trotzdem schafften es die beiden, sich heimlich zu schreiben. Königsmarck unterschrieb ein paar dieser Briefe sogar mit seinem eigenen Blut, als Beweis seiner inbrünstigen Liebe. Während die beiden sich immer mehr ineinander vernarrten, brach Sophie Dorotheas angeschlagene Ehe endgültig zusammen. Ein Vorfall von 1693 macht deutlich, wie schlimm es tatsächlich stand. Sophie Dorothea stieß bei einem abendlichen Spaziergang durch den Schloßpark auf ein etwas abgelegenes kleines Gebäude. Sie öffnete die Tür und fand ihren Mann, der die Hand seiner Mätresse hielt und liebevoll auf seine neugeborene Tochter hinabschaute – sein zweites Kind von Melusine. Empört über diese Szene verstohlenen Familienglücks schrie die Prinzessin ihren untreuen Gemahl an. Georg Ludwig versuchte daraufhin ein weiteres Mal, sie zu erwürgen, und Sophie Dorotheas Hofdamen mussten sich dazwischenwerfen.

Es dürfte niemanden überraschen, dass Sophie Dorothea spätestens jetzt an eine Flucht mit Königsmarck dachte. Im Lauf der Vorbereitungen befasste sie sich mit ihrem Ehevertrag und musste zu ihrem Entsetzen feststellen, dass sie über keinerlei eigene Mittel verfügte – ihr Vater hatte ihre gesamte Mitgift ihrem Mann überschrieben. Sie weigerte sich trotzdem, weiterhin mit Georg unter einem Dach zu leben, floh zu ihren Eltern und bat sie, bei ihnen wohnen oder einen eigenen kleinen Haushalt unterhalten zu dürfen. Doch wieder ließ ihr Vater sie im Stich und erlaubte ihr nicht, länger als ein paar Monate zu bleiben.

Im Juni 1694 musste die verzweifelte Sophie Dorothea an den Hof zurückkehren und arbeitete mit ihrem Liebsten einen Plan aus: Sie wollten ins Fürstentum Braunschweig-Wolfenbüttel flüchten und Schutz bei dem verständnisvollen Herzog Anton Ulrich suchen. Am 1. Juli fand Königsmarck eine Botschaft von Sophie Dorothea, die ihn bat, um zehn Uhr am selben Abend in ihr privates Schlafgemach zu kommen. Königsmarck verkleidete sich, schlich sich ins Schloss und zu ihrem Zimmer und pfiff vor der Tür leise ihre alte Erkennungsmelodie. Sie ließ ihn ein und freute sich über diese Überraschung – denn sie hatte ihm keine Nachricht geschickt. Trotz dieses verdächtigen Umstandes beschlossen die beiden, am nächsten Morgen zusammen durchzubrennen. Sophie Dorothea wollte sich noch von ihren Kindern verabschieden. Erleichtert und aufgeregt gingen die beiden auseinander, und Sophie Dorothea sah Königsmarck nie wieder.

Das Stelldichein war eine Falle, arrangiert von der Gräfin Clara Elisabeth von Platen, einer Mätresse von Sophie Dorotheas Schwiegervater und angeblich ehemalige Geliebte Königsmarcks, die Sophie Dorothea loswerden wollte. Sobald Königsmarck das Gemach der Prinzessin betreten hatte, eilte die Gräfin zum Kurfürsten, Sophie Dorotheas Schwiegervater, und behauptete, das schamlose Pärchen vergnüge sich just zusammen im Bett. Man könne die beiden auf frischer Tat ertappen und festnehmen. Der Kurfürst stimmte zu.

Als Königsmarck Sophie Dorotheas Gemächer verließ, wartete die Gräfin mit vier Komplizen auf ihn. Die Männer griffen ihn an, und Königsmarck gelang es noch, drei von ihnen zu verwunden, ehe sein Degen brach und die Gegner ihn überwältigten. In seinem Blute liegend, soll er seine letzten Worte geröchelt haben: »Verschont die Prinzessin – rettet die unschuldige Prinzessin!« Angeblich trat die Gräfin ihm daraufhin mit ihrem diamantbesetzten Schnallenschuh ins Gesicht.

Erst dann begriff sie wohl, was sie angerichtet hatte. Der Kurfürst hatte ihr erlaubt, Königsmarck verhaften zu lassen, nicht aber, ihn umzubringen. Der junge Adelige war überall bekannt, und man würde ihn zweifellos bald vermissen. In ihrer Panik wandte die Gräfin sich erneut an den Kurfürsten, der sie anwies, alles zu tun, was nötig war, um das Problem aus der Welt zu schaffen. Also ließ die Gräfin Königsmarcks Leichnam in einen mit Steinen beschwerten Sack packen und im Fluss versenken. Jetzt mussten nur noch alle, die von dem Mord wussten, das Ganze vertuschen.

Weggesperrt

Am nächsten Morgen wartete Sophie Dorothea mit gepackten Reisetruhen auf ihre Kinder, die sie jeden Morgen besuchten. Stattdessen erschien ein Offizier, der ihr mitteilte, dass sie bis auf Weiteres ihre Gemächer nicht verlassen dürfe. Ihre Zimmer wurden durchsucht und die verfänglichen Briefe gefunden. Drei Tage später erfuhr Sophie Dorothea von ihrer Hofdame, dass Königsmarck nicht mehr lebte.

Sie stand also unter Hausarrest, während ihr Vater und Schwiegervater sich über das weitere Vorgehen stritten. Eine Scheidung war unumgänglich, doch der Vorwurf der Untreue würde unangenehme Fragen aufwerfen. Bereits jetzt wunderten sich die Leute, wo der schneidige junge Graf wohl abgeblieben sein mochte. Da blieb nur die Behauptung, Sophie Dorothea hätte ihren Mann böswillig verlassen. Am 28. Dezember 1694 wurde Sophie Dorothea schuldig geschieden, was bedeutete, dass sie nicht wieder heiraten durfte. Aber zumindest war sie jetzt frei.

Weit gefehlt. Wieder fiel ihr Vater ihr in den Rücken: Die Vereinbarung, die er mit ihrem Schwiegervater getroffen hatte, sah vor, dass Sophie Dorothea als Gefangene auf Schloss Ahlden festgehalten wurde. Das entlegene Anwesen war durch einen Fluss auf der einen und einen Burggraben auf der anderen Seite geschützt. Angeblich war der Grund für ihre Haft die Sorge, dass Sophie Dorothea für Georg Ludwigs politische Gegner eine willkommene Geisel gewesen wäre – vor allem für die Franzosen und jene Briten, die über einen Deutschen auf dem englischen Thron alles andere als begeistert waren. Man konnte die 28-jährige Prinzessin also nicht einfach frei herumlaufen lassen …

Erst auf Schloss Ahlden begriff Sophie Dorothea das volle Ausmaß ihrer schrecklichen Lage. Sie durfte keinerlei Kontakt zu ihren beiden kleinen Kindern mehr haben. Ihr Vater weigerte sich, sie je wiederzusehen, und erlaubte auch ihrer Mutter nicht, sie zu besuchen. Alle ihre Dienstboten mussten dem Kurfürsten Treue schwören und waren angewiesen, jegliche verdächtigen Vorkommnisse zu melden. Sophie Dorothea durfte das Gebäude erst wieder verlassen, nachdem ihre Ärzte gewarnt hatten, sie brauche dringend frische Luft. Doch auch dann erlaubte man ihr nur kurze Spaziergänge im Schlossgarten, unter strenger Bewachung. Andere Bereiche des Schlosses durfte sie gar nicht betreten. Einmal brach in der Nähe ihres Flügels ein Brand aus, doch der einzige Fluchtweg führte durch einen Gang, der ihr verboten war. Sie saß in der Falle und musste am Durchgang warten, bis jemand kam und sie in Sicherheit brachte.

Sowohl die deutsche Öffentlichkeit als auch der Adel waren bestürzt über Sophie Dorotheas Gefangenschaft, die durch kein Gesetz gerechtfertigt war. Mehrere Befreiungsversuche scheiterten. Als Prinzessin von Ahlden verbrachte sie die letzten 33 Jahre ihres Lebens hinter den Schlossmauern. Am 13. November 1726 starb sie im Alter von 60 Jahren.

Als Georg, inzwischen König von England, die Nachricht von ihrem Tod erhielt, ging er mit seinen zwei Mätressen ins Theater, um sich eine Komödie anzusehen. Er verbot seinem Sohn, dem zukünftigen König Georg II., jegliche Trauerbezeugung. Sophie Dorotheas Tochter, mittlerweile Königin von Preußen, trauerte dennoch öffentlich um ihre Mutter. Georg ließ Sophie Dorothea in der Fürstengruft in Celle bestatten, bei Nacht und ohne irgendwelche Feierlichkeiten. Die Grabinschrift beschränkte sich auf ihren Namen und Geburts- und Todestag.

Der Legende nach könnte das Schicksal Sophie Dorothea dennoch gerächt haben. Einige Jahre vor ihrem Tod hatte eine französische Wahrsagerin dem abergläubischen Georg I. prophezeit: Sollte er in irgendeiner Weise für Sophie Dorotheas Tod verantwortlich sein, werde auch er binnen Jahresfrist sterben. (*Psst* – Sophie Dorotheas Mutter hatte die Frau dafür bezahlt, ihm das zu sagen.) Diese Weissagung war ihm unheimlich, aber nicht so unheimlich, dass er seine arme Exfrau deswegen freigelassen hätte. Und das war noch nicht alles – Sophie Dorothea soll ihn auf dem Totenbett verflucht und ihm in einem letzten Brief seine Grausamkeiten vorgeworfen haben. Der Brief erreichte ihn am 21. Juni 1727. Als Georg ihre letzten Worte las, die ihn aufforderten, vor Gott zu treten und sich für seine Verbrechen zu verantworten, soll er einen Schlaganfall erlitten haben und tot umgefallen sein.

Leopold II., König von Belgien, war ein grausamer Herrscher und ein noch schlimmerer Vater. Seine Frau war nicht viel besser, denn sie schien ihre Pferde ihren Kindern vorzuziehen. Da war es wohl kein Wunder, dass ihre älteste Tochter, Prinzessin Louise Marie Amélie, aus Wut und Frust die Schneider, Juweliere und andere Ladeninhaber in halb Europa reich machte.

Prinzessin Louise, 1858 geboren, war sich des Umstands schmerzlich bewusst, dass sie nicht der männliche Erbe war, den ihr Vater sich so dringend wünschte. Ihre Kindheit war von Kälte, Gleichgültigkeit und grausamer Strenge geprägt. Mit 15 Jahren heiratete sie ihren Cousin 2. Grades, Prinz Philipp von Sachsen-Coburg-Gotha, einen 14 Jahre älteren Mann mit einem mächtigen Bart. Sie hatte nicht die geringste Ahnung, was sie in der Hochzeitsnacht erwartete – niemand hatte sie aufgeklärt. Entsetzt lief sie davon und wurde später im Nachthemd in einem Gewächshaus aufgefunden.

Die Jungvermählten zogen nach Wien, und der kosmopolitische Lebensstil am österreichischen Hof befreite Louise von ihren Ängsten. Sie stürzte sich in Flirts, skandalöse Liaisons und kaufte bergeweise Kleider und andere schöne Dinge. Auch zwei Kinder später war sie kein bisschen ruhiger geworden. 1895, nach 20 Jahren Ehe, verliebte sie sich in Geza Mattachich. Der schneidige junge Offizier, ein kroatischer Graf, war zehn Jahre jünger als sie. Später sagte sie, seine Anziehungskraft habe sie wie ein Blitzschlag getroffen. Nach zwei Jahren Techtelmechtel sorgte sie für einen neuerlichen

Skandal, indem sie mit ihm davonlief. »Du setzt für ein paar flüchtige Augenblicke des Triumphs mit schönen Kleidern, Komplimenten und Liebesbekundungen viel aufs Spiel«, mahnte ihre Mutter in einem Brief. »Sie sind so wenig dauerhaft wie Seifenblasen! Setze den kursierenden Geschichten ein Ende und trockne die Tränen Deiner Mutter.« Ihr Vater wollte ihr nicht erlauben, sich scheiden zu lassen, doch Louise ließ sich nicht von ihrem Liebsten abbringen. Sie zog nach Frankreich und ließ sich in Nizza nieder, wo sie fernab des Hofes ungehindert mit ihm zusammenleben konnte.

Doch ihre Verschwendungssucht holte sie bald ein. Nachdem sie all ihr Geld für Hotels, Kleider und Schmuck ausgegeben hatte, war die Prinzessin gezwungen, alles wieder zu verkaufen, bis hin zu ihrer Unterwäsche. Der Erlös reichte trotzdem nicht für ihre Schulden in Millionenhöhe. Sowohl König Leopold als auch ihr verlassener Ehemann weigerten sich, ihre Schulden zu bezahlen, sodass einige ihrer Gläubiger ihr buchstäblich die Tür einrannten und alles mitnahmen, was nicht niet- und nagelfest war.

Aus diesem Grund wurden Louise und Mattachich dann auch angeblich zu Verbrechern – sie fälschten Wechsel auf den Namen ihrer Schwester. (Manche waren allerdings der Ansicht, dass ihr Vater und ihr Mann diese Anschuldigungen erfunden hätten.) Die beiden ergriffen die Flucht, wurden jedoch bald gefasst, und Mattachich kam wegen Betrugs ins Gefängnis. Louise hingegen wurde von ihrem Vater vor die Wahl gestellt: Entweder kehrst du zu deinem Mann zurück, oder wir lassen dich in die Irrenanstalt einweisen. Sie entschied sich für Letzteres und kam in die private »Heilanstalt« eines österreichischen Hofrats. 1902 berichtete sogar die *New York Times* von der Prinzessin, die seit zwei Jahren in dieser Heilanstalt »praktisch gefangen gehalten« werde, und nun habe man bei ihr eine »krankhafte Geistesschwäche« diagnostiziert.

Louise verbrachte sechs Jahre in der geschlossenen Anstalt, bis Mattachich sie befreien konnte. Die beiden flohen nach Paris, wo sie in bitterer Armut lebten. Auch nachdem Louise 1907 endlich geschieden wurde, verbesserte sich ihre Situation nicht. Louises Vater enterbte sie, und sie zog ihr restliches Leben lang mit Mattachich kreuz und quer durch Europa, immer auf der Flucht vor ihren Gläubigern. 1921 verfasste Louise ihre Memoiren – ein Versuch, sowohl ihren völlig ruinierten Ruf zu verbessern, als auch etwas dringend benötigtes Geld zu verdienen. Obwohl sie das Buch ihrem Vater widmete, »dem großen Mann« und »großen König«, schrieb sie: »Meiner königlichen Abstammung verdanke ich nichts als Unglück. Seit meiner Geburt habe ich Kummer und Täuschung gelitten.«

Der treue Mattachich starb im Oktober 1923 in Paris. Louise folgte ihm kein Jahr später, im März 1924, sein Porträt an die Brust gedrückt.

Sarah Winnemucca

DIE PRINZESSIN, DIE DER KOLLABORATION BESCHULDIGT WURDE

CA. 1844 BIS 17. OKTOBER 1891
DER WILDE WESTEN ODER, GENAUER GESAGT, DAS SIEDLUNGSGEBIET DER NÖRDLICHEN PAIUTE

Als die Schlagzeile der *National Tribune* aus Washington, D.C., vom 29. Januar verkündete: »Prinzessin Winnemucca – vom wilden Indianermädchen zur feinen Lady aus Boston«, schrieb man das Jahr 1885, und Sarah Winnemucca Hopkins, allgemein bekannt als Prinzessin Winnemucca oder Prinzessin Sally von den Nördlichen Paiute, befand sich auf Vortragsreise durch den amerikanischen Nordosten.

Sarah, deren Name eigentlich Thocmentony (»Schildblume«) war, sprach landesweit über die erbärmlichen Bedingungen, unter denen ihr Volk in Indianerreservaten leben musste. Doch das hätte man dem Artikel nicht entnehmen können. In dem spöttischen Tonfall, der typisch für Texte über die amerikanischen Ureinwohner aus jener Zeit ist, erklärte der Journalist, dass Sarah von ihrem eigenen Volk mit Misstrauen betrachtet würde, seit sie ihre heidnische Lebensweise abgelegt habe. »Sie wissen, dass sie sich kleidet wie die weißen Schwestern, und manche hegen gar den Verdacht, dass sie hin und wieder Kamm und Seife benutzt. Für einen echten Paiute sind diese Dinge mit der Stammestradition unvereinbar.« Und er zieht den Schluss: »Jeder fand sie ein wenig seltsam.«

Zumindest in diesem Punkt lag er richtig: Tatsächlich fand so ziemlich jeder Sarah ein wenig seltsam. Selbst jene weißen Amerikaner, die ihr Anliegen unterstützten, betrachteten die »Indianerprinzessin« nicht als ihresgleichen, und bei ihrem Volk, den Paiute, galt sie teilweise als Kollaborateurin, die von der US-Regierung bezahlt wurde. Und diese Regierung schien darauf zu hoffen, dass Hunger und Krankheiten das »Indianerproblem« für sie lösen würden. Egal, was sie tat, Sarah konnte nur verlieren.

Sarah wurde vor allem durch ihre Autobiographie bekannt. Mit *Life Among The Piutes: Their Wrongs and Their Claims* (Leben mit den Paiute. Ihre Schwächen und ihre Forderungen) erschien 1883 die erste selbst verfasste Biographie einer amerikanischen Ureinwohnerin. Ihre Geschichte beginnt sie so: »Ich kam irgendwann um 1844 zur Welt, doch das genaue Datum kenne ich nicht. Ich war noch sehr klein, als die ersten Weißen in unser Land kamen. Sie kamen wie ein Löwe, ja, wie ein brüllender Löwe, und so kommen immer mehr von ihnen. Ihre erste Ankunft habe ich nie vergessen.«

Als die weißen Siedler in den 1840er Jahren in den Westen vordrangen, waren die Nördlichen Paiute ein Stamm von Jägern und Sammlern, die in kleinen Gruppierungen im kargen Gebiet des heutigen Nevadas, Kaliforniens und Oregons umherzogen. Die Weißen hatten nur die Expansion gen Westen im Kopf, und die Goldsuche in der nächsten vielversprechenden Hügelkette – und dabei waren ihnen die amerikanischen Ureinwohner im Weg.

Sarah berichtet, dass ihr Großvater, der Häuptling, die allerersten Siedler freundlich willkommen hieß und sie als Führer unterstützte. Sarahs Volk half den Neuankömmlingen über den harten Winter und folgte seinem Wunsch, sie als »Brüder« zu behandeln. Sarahs Vater, Häuptling Winnemucca, war später umsichtiger und hielt lieber etwas Abstand zu den Weißen. Das war nicht überraschend, denn anderswo hatten Siedler schon die Freundlichkeit der Indianer damit vergolten, dass sie ihnen die Wintervorräte verbrannt, sie über den Haufen geschossen oder ihr Trinkwasser vergiftet hatten. Es gab auch gute weiße Menschen, merkte Sarah an, die den Indianern manchmal Kleidung schenkten, die Sarah etwas von ihrer Medizin abgaben, als sie am ganzen Körper Ausschlag vom Giftefeu hatte, und die es für richtig hielten, den Indianern respektvoll zu begegnen. Doch von dieser Sorte Weißer existierten nicht allzu viele, und jeden Monat drängten neue Siedler nach.

Anscheinend erkannte Sarah recht früh etwas, das anderen nicht klar war: Um mit dem brüllenden Löwen zu überleben, musste man mit ihm sprechen können. Glücklicherweise hatte sie ein großes Talent für Sprachen – Spanisch hatte sie schon als Kind gelernt, weil Verwandte von ihr spanische Siedler in Kalifornien geheiratet hatten. Englisch lernte sie von einer weißen Familie, bei der sie in Nevada als Hausangestellte arbeitete. Diese Leute waren wahrscheinlich auch die ersten, die sie

Sarah nannten. 1859 war sie also schon die Übersetzerin für ihre Familie, als sie erkannte, dass die weißen Siedler mit jemandem verhandeln wollten, den sie als Autorität betrachteten. Also deutete sie mehreren Regierungsvertretern gegenüber an, dass ihr Vater der »Große Häuptling« der ganzen Nördlichen Paiute war (nicht nur der Anführer seiner Gruppe von knapp 150 Leuten). Diese kleine »fromme Lüge« ermöglichte es Häuptling Winnemucca, als Vertreter seines Volkes zu sprechen, und Sarah konnte sich fortan Prinzessin nennen.

Eine Indianerin, die an der Grenze zwischen der »zivilisierten« Welt und der Welt der »Wilden« ihren Platz zu finden versuchte, lebte gefährlich. Ein Beispiel dafür findet sich in Sarahs Biographie: Unter dem Vorwand, ihr Stamm hätte Vieh gestohlen, metzelte ein Trupp weißer Soldaten ein ganzes Dorf nieder, bis hin zum kleinsten Kind. »Es sind stets die Weißen, die Kriege beginnen, um ihrer selbstsüchtigen Ziele willen«, schrieb sie.

1872 »schenkte« man den Nördlichen Paiute dann das Malheur-Reservat in Oregon, und auch Sarahs Familie zog dorthin um. Anfangs stand das Reservat unter der Aufsicht des Beamten Samuel Parrish, der Sarah zufolge fair mit den Indianern umging. Nach vier Jahren jedoch übernahm den Posten William Rinehart, ein übler Kerl, der die Indianer bestahl, sich weigerte, sie für ihre Arbeit zu bezahlen, und sie bei jeder Gelegenheit betrog. Unter seiner »Verantwortung« verhungerten zahlreiche indianische Familien. Paiute, die eines Verbrechens verdächtigt wurden, ließ er ohne Gerichtsverfahren hinrichten. Ein Großteil des Gebietes, das den Indianern vorbehalten sein sollte, wurde illegal von weißen Siedlern besetzt, sodass den Indianern noch weniger Land zum Jagen und Sammeln blieb. Er schloss sogar die Schule im Reservat. Sarahs Bemühungen, die Nahrungsversorgung ihres Volkes zu sichern und die Behörden auf die Missstände im Malheur-Reservat aufmerksam zu machen, wurden ignoriert, obwohl sie ihre Briefe mit »Prinzessin Winnemucca« unterschrieb.

1878 kam es unter den Indianern des Reservats zu einer Revolte, angeführt vom Stamm der Bannock. Sarah und ihre Familie stellten sich auf die Seite der US-Regierung. Als ihr Vater und seine Gruppe von den Bannock gefangen genommen wurden, ritt Sarah über 350 Kilometer in 48 Stunden, um sie zu befreien und sie in einem Fort der U.S. Army halbwegs in Sicherheit zu bringen. Später arbeitete sie für das amerikanische Militär als Übersetzerin, Führerin und Kundschafterin. Nach dem Bannock-Krieg jedoch gab sich die amerikanische Regierung keine Mühe mehr, die Loyalität Einzelner zu berücksichtigen. Sämtliche Paiute, ob sie nun auf Seiten der Rebellen gestanden hatten oder nicht, galten nun als Feinde und wurden über Nacht zu Kriegsgefangenen. Im Januar zwang man sie, 560 Kilometer weit zu Fuß durch hüfttiefen Schnee zum Yakima-Reservat in Washington zu marschieren. Jeder Fünfte starb auf diesem Marsch, hauptsächlich kleine Kinder und ältere Menschen. Im Reservat würden noch mehr Indianer sterben, darunter auch Sarahs Schwester. Denn es gab nicht annähernd genug Essen, warme Kleidung und Feuerholz oder Kohle zum Überleben.

Die Prinzessin und der Präsident

Um ihr Volk vor dem sicheren, schleichenden Tod in Yakima zu retten, unternahm die verzweifelte Sarah eine Reise nach Westen, wo sie auf die Not der Paiute aufmerksam machen und mit Behördenvertretern in Washington, D.C., sprechen wollte. Sie trat als Indianerprinzessin auf, eine Rolle, die ihr bestens vertraut war. Bereits 1864 war Sarah mit ihrem Vater und ihrer Schwester als »königliche Familie« auf Tournee gegangen, um in lebenden Bildern beliebte Mythen und Geschichten der Ureinwohner darzustellen. In prächtigen Federhauben betrat die Familie die Bühne in einer Art königlicher Prozession, umgeben von geschmückten Kriegern. Dann stellten sie in stereotypen Szenen das Ideal des »Edlen Wilden« à la Pocahontas dar, ergänzt durch ein paar weitere Klischees wie etwa den »Skalptanz« oder den »Kriegstanz«.

Dass Sarah Rollen spielte, die den Indianern von der Kultur der Weißen zugeschrieben wurden, ist eine komplizierte und unangenehme Tatsache. Doch diese Bühnenauftritte nutzten ihr jetzt, denn dadurch hatte sie gelernt, die Aufmerksamkeit der Leute zu gewinnen. Bei ihren Vorträgen und Auftritten trug sie Kleidung, von der sie behauptete – und das Publikum annahm –, dass dies die traditionelle Kleidung einer Indianerprinzessin sei: Fantastisch geschmückte Ensembles mit reichlich Fransen, mal aus Wildleder, mal aus Stoff, dekoriert mit Verzierungen, wie man sie sonst an Lampenschirmen oder Vorhängen sah. Sie trug das lange, schwarze Haar offen, gekrönt von einem mit Perlen oder Federn geschmückten Diadem. Als Accessoires kamen vor allem Armreifen und ein bestickter Beutel zum Einsatz. Ein Bild von »Prinzessin Sarah« in ihrem »Indianerkostüm« ziert den Titel ihrer 1883 erschienenen Autobiographie. Bei ihren Vorträgen und öffentlichen Auftritten konnten die Zuschauer Bilder der Prinzessin in vollem Ornat kaufen – mit den Einnahmen finanzierte sie ihre Reise und unterstützte ihren Stamm.

Sarah wusste genau, was sie tat. Ihre Auftritte vermittelten ein romantisches Bild der Indianerprinzessin, den Weißen freundlich gesonnen und dennoch zum Untergang verurteilt. Das traf vor allem bei jenen einen Nerv, die sich mit der

»Manifest Destiny«-Doktrin (dem »göttlichen Auftrag« zur Expansion der USA über den gesamten Kontinent) nicht ganz wohl fühlten. Auf dem Höhepunkt ihrer Beliebtheit füllten Storys über Sarahs Familie und ihr Leben Zeitungen und Magazine. Bis zu 1500 Menschen besuchten ihre Vorträge – über 400 in fünf Jahren. Außerdem konnte sie auch Sozialreformer wie Mary Peabody Mann auf sich aufmerksam machen, die Witwe des Bildungsreformers Horace Mann. Mary und ihre Schwester Elizabeth Peabody wurden Sarahs wichtigste Förderinnen.

Doch Sarah benutzte das Bild der »zivilisierten Indianerprinzessin« nur als Aufhänger. Hatte sie erst die Aufmerksamkeit des Publikums, hielt sie sich nicht zurück. Zwischen unterhaltsamen Geschichten und historischen Episoden der amerikanischen Ureinwohner prangerte sie die Ungerechtigkeiten und Grausamkeiten an, die die Paiute und andere Stämme erleiden mussten. In ihrer Autobiographie schrieb sie: »Oh, ihr lieben, guten Christen, wie lange werdet ihr noch tatenlos zusehen, welches Leid uns von eurer Hand geschieht?«

In ihrer Biographie fallen häufig Worte wie *wild, zivilisiert* und *christlich,* und Sarah spielte geschickt mit ihrer Bedeutung. Über die Unterstützung, die ihr Volk den weißen Siedlern leistete, schrieb sie: »Sie gaben ihnen zu essen, so viel sie hatten. Sie streckten nicht die Hand hin und sagten: ›Ihr bekommt nichts zu essen, wenn ihr nicht dafür bezahlt.‹ Nein, so etwas sagten wir Wilden damals nicht.« Die Weißen mögen sich für zivilisiert halten, werden von ihr jedoch als scheinheilig entlarvt: »Ihr wagt es, die Freiheit zu rühmen, haltet uns aber gegen unseren Willen auf Reservaten fest und treibt uns von einem Ort zum anderen wie Tiere.«

Gegen Ende 1878 zeigten Sarahs unablässige Bemühungen, bei der Regierung Gehör zu finden, endlich Erfolg: Sie durfte ihr Anliegen Präsident Rutherford Hayes und dem Innenminister Carl Schurz vortragen. Nicht, dass es viel genützt hätte. Man versprach ihr zwar schriftlich, die Paiute nach Malheur zurückzubringen, doch auch diese Zusicherungen erwiesen sich als wertlos.

Schmutzkampagne

Dass die Regierung ihre Verpflichtungen nicht einhielt, machte Sarahs Verhältnis zu ihrem Volk umso problematischer. Obwohl sie sich seit Jahren für die Paiute einsetzte, sahen nicht wenige ihrer Stammesleute sie auf Seiten der US-Regierung – bestenfalls als Kollaborateurin, schlimmstenfalls als Verräterin. Einige ihrer leidenschaftlichsten Bemühungen scheiterten kläglich. Nach dem Bannock-Krieg beispielsweise war sie es, die ihren Stamm überredete, sich bei Fort Harney zu versammeln, weil man sie nach Malheur zurückbringen wolle. Doch die Regierung hatte gelogen, und statt nach Hause führte man die Paiute auf den bereits beschriebenen Todesmarsch zum Yakima-Reservat. Als eine Gruppe von fünf Frauen zu fliehen versuchte, wurden Sarah und ihre Schwester gezwungen, sie aufzuspüren und zurückzubringen. Dass Sarah auf der Gehaltsliste der Regierung stand und für ihre Dienste im Bannock-Krieg angeblich 600 Dollar im Jahr und ein Haus in Oregon erhalten hatte, machte es nicht besser.

Tatsächlich setzte Sarah sich zwar engagiert für die Paiute ein, wollte aber nicht unbedingt selbst leben wie sie. 1870 sagte sie einem Zeitungsreporter: »Die Lebensart der Indianer mag ich an und für sich … Ich wäre gern bei meinem Volk, aber ich könnte nicht so leben, wie sie leben. Ich bin ganz anders aufgewachsen … Am glücklichsten war ich in Santa Clara, als ich zur Schule gegangen bin und unter den Weißen gelebt habe.« Das bestätigt sich dadurch, dass sie gleich drei weiße Männer nacheinander heiratete, darunter einen Beamten ebenjener Behörde, die ihr Volk so schlecht behandelte. Außerdem sprach sie sich für etwas aus, das man als Assimilation bezeichnen könnte, was die Leute damals ebenso aufbrachte wie jetzt. Doch Sarah stellte das Überleben der Menschen über das Überleben der Stammeskultur. Deshalb zog sie die Assimilation dem schleichenden Hungertod in einem Reservat vor.

Bei den Weißen war Sarahs Image nicht weniger kompliziert. Dass sie sich so offen und entschieden zu Wort meldete, machte sie zur Zielscheibe für die amerikanische Presse, die sie unter anderem als schmutzige Diebin beschrieb, einer Prügelei nicht abgeneigt. Dem Bureau of Indian Affairs war ebenfalls daran gelegen, sie zu diffamieren, und man bezeichnete sie als »Hure«, Säuferin und Spielerin. So jemanden musste man auch nicht ernst nehmen, wenn er es wagte, seine Meinung zu äußern. Dass die Öffentlichkeit die üblen Behauptungen über sie gern glaubte und über den Rest nur lachte, machte es den Behörden umso leichter, Sarahs Forderungen für ihr Volk unter den Teppich zu kehren. Trotzdem ließ Sarah sich den Mund nicht verbieten.

Die Macht eines Titels

Der Titel »Prinzessin« kann alles Mögliche bedeuten – entscheidend ist, *wie* man ihn benutzt. Dass die Nördlichen Paiute so etwas wie Adelstitel gar nicht kannten, hinderte Sarah nicht daran, sich als Paiute-Prinzessin zu bezeichnen, um sich bei den weißen Amerikanern Gehör zu verschaffen. Obwohl ihr der Titel einerseits also nützlich war, wurde er andererseits auch benutzt, um sie zu verunglimpfen.

Gegen Ende ihres Lebens sagte Sarah einmal, sie glaube nicht, viel erreicht zu haben. Jahrelang hatte sie bittere Enttäuschungen ertragen und mit angesehen, wie ihr Volk verhungerte und erfror, war vom Präsidenten der U.S.A. belogen und von der Presse persönlich angegriffen worden. 1884 kehrte sie nach Nevada zurück und eröffnete eine Schule für Indianer-Kinder, die jedoch nach vier Jahren wieder schließen musste. Einen Teil der Mittel, die von Sponsoren und aus dem Verkauf von Sarahs Buch kamen, hatte ihr Mann verspielt.

Sarah Winnemucca starb am 17. Oktober 1891. Erst im Nachhinein wurde sie angemessen gewürdigt. 2005 schenkte der Staat Nevada der National Statuary Hall Collection eine Bronzestatue von Sarah Winnemucca Hopkins. Sie ist so dargestellt, wie das Publikum ihrer Vorträge sie damals gesehen haben muss: etwa 35 Jahre alt, in einem selbst genähten Gewand mit Fransen und Holzperlen, die bestickte Tasche in der Hand. Auf der Gedenktafel darunter steht:

Kämpferin für die Menschenrechte

Aufklärerin

Autorin des ersten von einer amerikanischen Ureinwohnerin veröffentlichten Buches

Das ist schon richtig, doch diese Beschreibung sagt nicht viel darüber aus, wer sie wirklich war: eine komplizierte und kontroverse Heldin, die eine Rolle schuf, um eine neue Geschichte zu erzählen. Sie gehörte zu den wenigen amerikanischen Ureinwohnern, die damals im Diskurs über den Umgang der Vereinigten Staaten mit den Indianern überhaupt Gehör fanden. Doch wie sie selbst schrieb: »Heldentaten werden nicht immer in dieser Welt belohnt.«

Sofja Dolgoruki

DIE KOMMUNISTEN-PRINZESSIN

23. OKTOBER 1907 BIS 26. FEBRUAR 1994
RUSSLAND, ENGLAND UND EIN INTERNIERUNGS-LAGER IN FRANKREICH

Im Jahr 1940 verließ Sofka Skipwith, geborene Prinzessin Sofja Dolgoruki, das relativ sichere England und reiste nach Paris. Da die Nazis gerade ihren imperialen Größenwahn auf den halben Kontinent ausdehnten, war das kein besonders günstiger Zeitpunkt. Sie wollte ursprünglich etwa ein halbes Jahr lang in Frankreich bleiben, um Geld für ihre Mutter und ihren Stiefvater zu verdienen, die aus Russland geflohen waren. Ihre drei Söhne ließ sie zurück: Patrick, der jüngste, wurde in die Obhut entfernter Bekannter gegeben, die beiden älteren zu ihren Großeltern väterlicherseits geschickt – Sofkas Mann war Pilot bei der Air Force. Sie konnte nicht wissen, dass sie erst vier Jahre später wieder mit ihren Kindern vereint sein würde. Und dass sie ihren Mann nie wiedersehen sollte.

Regimewechsel

Sofkas Geschichte erzählt uns eine fesselnde Biographie, die eine nach ihr benannte Enkelin verfasste, und ihre eigene Autobiographie von 1968. Wenn sich jemand Prinzessin nennen durfte, dann sie – ihr adeliger Stammbaum ist allererster Güte (wenn auch in manchen Teilen ein wenig… unehelich) und reicht sogar bis in die Zeiten der Kiewer Rus zurück. Sie entstammte damit dem russischen Hochadel und war eine waschechte Nachfahrin von Katharina der Großen. Sofka wuchs in Sankt Petersburg auf wie viele andere adelige Sprösslinge damals: mit einer strengen britischen Gouvernante, Bergen von Spielzeug, dem an Hämophilie leidenden Zarewitsch als gelegentlichem Spielgefährten und keinerlei Kontakt zu gewöhnlichen Kindern. Ihre Mutter, Gräfin Sofja Bobrinskaja, war allerdings nicht die typische Aristokratengattin. Die kleine Sofka bekam ihre gefühlsarme Mutter zwar nur selten zu sehen, doch dafür war Gräfin Sofja so energisch und durchsetzungsfähig wie kaum eine andere Frau in jener Zeit. Sie war eine außerordentlich tüchtige Ärztin, eine der ersten weiblichen Pilotinnen in Russland, die einzige Fahrerin bei einer Autorallye im Jahre 1912 und Verfasserin satirischer Gedichte, die unter einem Pseudonym veröffentlicht wurden. Am meisten schockierte sie aber wohl, indem sie sich von Sofkas Vater, dem charmanten, wenngleich verkommenen Prinzen Peter Dolgoruki, scheiden ließ. Nach nur fünf Jahren unbefriedigender Ehe, die zudem alles andere als monogam gewesen sein sollen.

Andere Ereignisse sorgten dafür, dass Sofkas Jugend nicht mehr viel mit der ihrer Eltern gemein hatte. Das alte Regime und mit ihm Sofkas Familie wurden in die Wirren der Revolution gestürzt. Der Erste Weltkrieg holte ihre Eltern an die Front – Sofkas Vater zur Kavallerie, ihre Mutter als Ärztin zum Roten Kreuz. Die Entbehrungen und Verluste des Ersten Weltkriegs fachten die schwelende Revolution in der russischen Bevölkerung weiter an. Als dieser Krieg sein unvermeidliches Ende fand, sah Russland sich schon mit dem nächsten Konflikt konfrontiert, einem Bürgerkrieg. Die roten Banner der Bolschewisten, die plötzlich überall auftauchten, und Schießereien auf den Straßen beunruhigten Sofkas Großmutter so, dass sie die kleine Prinzessin auf die Krim ans Schwarze Meer brachte. Dort hielten sich die beiden noch auf, als die Revolutionäre die Zarenfamilie ermordeten, Sofkas Vater zum Volksfeind erklärten und einen Preis auf seinen Kopf aussetzten.

Sofkas Lage blieb also prekär. Ihr bolschewistisch angehauchter Stallbursche führte sie heimlich in die Grundlagen der Revolution ein und erklärte ihr die grundsätzliche Ungerechtigkeit der Aristokratie. Im April 1919 wurde das Pflaster für Adelige immer heißer, und die fast zwölfjährige Sofka und ihre Großmutter verließen Russland auf einem Flüchtlingsschiff gen Großbritannien. In England wurde Sofka wie viele andere russische Emigranten aufgenommen – die adeligen Flüchtlinge galten zunächst einmal als romantisch und bemitleidenswert. Sogar die Zeitschrift *Eve* brachte einen Bericht über sie samt Foto, auf dem sie mit ihrem Hund posiert. Der Artikel schlachtete ihren glamourösen Titel und das Drama der Russischen Revolution so richtig aus. Als Teenager pendelte sie zwischen Verwandten in Ungarn, Italien und Paris hin und her. Sie war jung und stürmisch, las russische Poesie und streifte mit ihren Freunden durch die Straßen. Nachdem sie ihren Schulabschluss vermasselt hatte, nahm sie Gelegenheitsjobs an, bis eine schottische Herzogin, eine alte Freundin der Familie, sie als ihre persönliche Sekretärin einstellte.

Doch in Russland war die Saat der Revolution in Sofkas Kopf ausgebracht worden. Nun lebte sie unter den Reichen und Privilegierten, die so blind für das Leid und die Armut ihrer eigenen Landsleute waren – und die Saat begann zu keimen.

Angehende Kommunistin

Als Teenager war Sofkas Interesse an Jungs harmlos und unschuldig gewesen, doch jenseits der 20 blieb es nicht bei keuschen Freundschaften. Um es ohne Umschweife zu sagen: Sie trieb es praktisch mit jedem. »Wenn ich promiskuitiv sage, dann meine ich, mit dem Fensterputzer und dem Briefträger schlafen – die Art von promiskuitiv«, erklärte ein ehemaliger Schwager zehn Jahre nach ihrem Tod. Sofka selbst brüstete sich mit über 100 Affären. Sie sagte ihrer Enkelin: »Es spielt keine Rolle, wie viele Liebhaber du hast, nimm dir nur nicht mehr als einen zugleich.«

Bedauerlicherweise hatte ihr wohl niemand rechtzeitig diesen Rat gegeben. 1931 heiratete Sofka Leo Zinovieff. Der Architekt war ebenfalls russischer Aristokrat im Exil, und so verschieden die beiden auch waren, scheinen sie sich eine Zeitlang wirklich sehr geliebt zu haben. Bald zeigten sich allerdings die ersten Risse: Sie hatte eine kurze Affäre, die sie in ihrer Autobiographie als eines der »schlimmsten Dinge« bezeichnet, die sie je getan habe. Leo mochte die linksgerichteten Freunde seiner Frau nicht sonderlich und hatte sie, wie sie im Nachhinein erfuhr, ebenfalls betrogen. Das war der Stand der Dinge, als Sofka Ende 1934 Grey Skipwith kennenlernte – den Mann, der ihre große Liebe wurde. Sie war damals 27 und erteilte dem vier Jahre jüngeren, einigermaßen gut gestellten Sohn eines Barons Russisch-Unterricht. Binnen sechs Monaten wurde aus ihrem Flirt echte Leidenschaft. Obwohl Sofka mit ihrem zweiten Kind schwanger war (das sogar von Leo sein sollte), beschloss sie, ihren Mann zu verlassen. 1936 trennte sie sich von ihm. Als die Scheidung gerade einmal zwei Tage rechtsgültig war, wurde Sofka Mrs Skipwith. Nach einer knappen Zeremonie auf dem Standesamt verbrachte das Paar sehr kurze Flitterwochen in Nizza und ließ sich dann in ländlicher Idylle in Maidenhead nieder. Ein halbes Jahr später war Sofka wieder schwanger.

Während der persönlichen Veränderungen dieser Jahre reiften Sofkas politische Ansichten zu einem Standpunkt heran, den ihre aristokratische Verwandtschaft verabscheut hätte. Sie hatte Reichtum und Armut kennengelernt (im Laufe ihrer ersten Ehe hatte Leo seinen Arbeitsplatz verloren, und die beiden waren mittellos gewesen) und konnte die Kluft dazwischen nicht begreifen. »Wenn man diese Erfahrung erst gemacht hat«, schrieb Sofka, »kann man das Leben nie wieder so sehen wie zuvor.« Als sie selbst wieder eine feste Stelle fand (als Sekretärin des Schauspielers Laurence Olivier), war sie auf dem besten Weg, zur waschechten Kommunistin zu werden. Sie verschlang Karl Marx, ideologische Schriften und Sowjet-Propaganda. Das Kommunistische Manifest hatte sie auch gelesen, und sie fand »nichts, dem ich nicht zustimmen könnte«. Dennoch hatte sie Zweifel – später schrieb sie: »In unserer Vorstellung war der Kommunismus eine weltweit organisierte Verschwörung mit dem Ziel, Autoritäten zu stürzen. Wenn man dieser Organisation beitrat, bestimmte sie das ganze Leben. Wie bei der Mafia gab es kein Entkommen.«

Im September 1939 erklärte England Deutschland den Krieg, und Grey meldete sich freiwillig zum Dienst bei der Royal Air Force. Sofka verfiel in Depressionen, begann schon vormittags Wein zu trinken. Später behauptete sie, auf Wunsch ihrer Mutter nach Frankreich gereist zu sein, weil diese dringend Geld brauchte (das ihr möglicherweise dank einer Morphiumabhängigkeit ausgegangen war). In Wahrheit wünschte Sofka sich wohl dringend Ablenkung von ihrem Hausfrauenleben – Windeln wechseln war sowieso nie ihr Ding gewesen. Und nach Frankreich zu gehen, als die Nazis gerade die Tür eintraten, war doch in der Tat eine Abwechslung. Sie traf gerade rechtzeitig ein, um die Invasion der Deutschen und die Kapitulation der Franzosen in Paris mitzuerleben. Die Prinzessin saß mit Millionen panischer Menschen in der brennenden Stadt fest. Schlimmer noch, als britische Staatsbürgerin war sie in den Augen der Deutschen ein Feind. In ihrem Tagebuch, das sie für Grey schrieb, hält sie am 5. Dezember fest, dass ein russischer Landsmann für sie einen Fluchtplan ausgearbeitet habe. Drei Tage später schrieb sie: »Liebling. Ich liebe dich. Unerträgliche trockene Kälte heute – eine Qual. Blutig. Gute Nacht, Liebster – bitte vergiss mich nicht.« Damit endet das Tagebuch. Am nächsten Tag wurde sie verhaftet. Ihr blieb gerade noch genug Zeit, sich einen Pelzmantel, ein Exemplar von Dostojewskis *Die Brüder Karamasow* und einen Laib Brot zu schnappen, ehe sie in eine Arrestzelle und von dort zum Bahnhof abtransportiert wurde.

Nach drei Tagen erreichte Sofka Besançon im Osten Frankreichs, mit Dutzenden weiterer Frauen, die britische Pässe hatten, in einen Eisenbahnwaggon der 3. Klasse eingeschlossen. Die Frauen wurden in einer zugigen Kaserne untergebracht, die nun als provisorisches Gefangenenlager diente. Selbst den schrecklichen Bedingungen dort passte Sofka sich an. Sie verhandelte für die Insassinnen und erreichte zum Beispiel, dass sie heiß duschen konnten. Sie organisierte den Turnus und wurde zur *chef de chambre* ihrer Baracke ernannt, die für die Zuteilung von Lebensmittelrationen und Brennstoff zuständig war. Ein halbes Jahr später wurden die Frauen ins Grand Hotel von Vittel verlegt, ein beliebtes Kurhotel, das die Nazis beschlagnahmt hatten, um es als Vorzeige-Lager zu benutzen – ein malerischer »Beweis« dafür, dass die Berichte über die grauenerregenden Zustände in den Konzentrationslagern erfunden seien.

In Vittel war der Kampf ums Überleben nicht mehr so hart. Sofka hielt Vorträge über russische Poesie, gründete eine Theatergruppe, die Shakespeare-Stücke aufführte, und unterrichtete Russisch und Englisch. Sie sprudelte geradezu vor Aktivität, hatte mindestens eine lesbische Affäre, blieb die halbe Nacht lang auf und spielte Karten. Eine Mitgefangene, die zu ihrer engen Freundin wurde, berichtete, dass Sofka sich niemals erlaubte, Trübsal zu blasen. In Vittel begegnete Sofka auch echten Kommunisten, langjährigen Parteimitgliedern, die sie davon überzeugten, dass der Kommunismus nicht die mafiöse Organisation war, für die sie ihn hielt. »Ich hatte das Gefühl, endlich auf eine Ideologie gestoßen zu sein, die allen Menschen ein gerechtes Leben ermöglichen konnte«, schrieb sie später. Bald gehörte sie zu einem Netzwerk kommunistischer Spione, gab Informationen weiter und verhalf Mitgefangenen zur Flucht.

Im Juni 1942 brach Sofkas internierte »Idylle« zusammen, als sie erfuhr, dass ihr Mann an der Front als vermisst galt. Im September wurde sein Tod bestätigt. Sie weigerte sich, ihr Bett zu verlassen oder etwas zu essen, und wurde auf die Krankenstation verlegt. Greys Tod erschütterte Sofka zutiefst, doch sie fand ein wenig Trost in den Armen eines jüdischen Gefangenen namens Izio, der 1943 mit seiner Mutter und der vierjährigen Tochter ins Lager kam (seine Frau hatten die Nazis ermordet). Als der Tag kam, an dem die jüdischen Gefangenen zu den Konzentrationslagern deportiert werden sollten, hätte Izio entkommen können, aber allein. Stattdessen entschied er sich dafür, ebenfalls in den grausigen Tod zu gehen. Sofkas Trauer schlug in Wut um. Sie hatte bereits der Résistance Informationen über die Zustände weitergeleitet, unter denen die Juden in den Lagern zu leiden hatten. Sie hatte berichtet, dass 16 Juden aus Vittel versuchten, sich das Leben zu nehmen, als sie deportiert werden sollten, dass sie ein Neugeborenes hinausgeschmuggelt hatte, mit Tabletten aus der Krankenstation sediert und in einem Transportbehälter des Roten Kreuzes versteckt – die Mutter war in den Tod geschickt worden. Doch anscheinend unternahmen die Alliierten nichts. Sofka tat weiterhin, was sie nur konnte. 1944 durften sie und einige ihrer Freundinnen Vittel verlassen, und sie nahmen Listen mit den Namen polnischer Insassen mit, ins Futter ihrer Mäntel eingenäht. Das Yad-Vashem-Institut in Israel ehrte Sofka posthum für ihren Einsatz für die Juden von Vittel.

Eine Prinzessin sieht rot

1943 boten die Deutschen Sofka als Kriegswitwe mit kleinen Kindern in Großbritannien an, sie freizulassen. Sie entschied sich dafür, in Vittel zu bleiben, und erklärte später, die Kommunistische Partei sei der Meinung gewesen, dass sie in Frankreich von größerem Nutzen wäre. Gegen Kriegsende wurde Sofka von der Nazi-Regierung eingeladen, Propaganda-Sendungen für Radio Berlin aufzunehmen. Diesmal stimmte sie zu und plante, in Lissabon zu entkommen. Der Plan ging auf – Sofka und eine weitere Gefangene aus Vittel wurden von Mitarbeitern der zuvor informierten britischen Botschaft in Sicherheit gebracht. Im Sommer 1944 war sie wieder in England, wo sie über ihren ehemaligen Arbeitgeber Olivier eine neue Stelle fand. Sie trank viel und ging mit vielen Männern ins Bett (»mit jedem, der mir angenehm und unterhaltsam erschien«, schrieb sie selbst), um die Leere in ihrer Seele zu füllen.

Außerdem stürzte Sofka sich in den Kommunismus. Sie trat in die Kommunistische Partei ein, verkaufte an Straßenecken den *Daily Worker* und besuchte sonntagvormittags die Sowjetische Botschaft, um sich russische Filme anzusehen. Sie war eine wahrhaft überzeugte Anhängerin – Parteifunktionäre präsentierten sie gern stolz als »Genossin Sofka, unsere kommunistische Prinzessin!«. Samstags richtete sie »Sofka's Saturday Soups« aus – Parteimitglieder, Journalisten, Schriftsteller, Künstler und Bohemiens trafen sich bei ihr zu Hause, und wer konnte, brachte etwas zu essen mit. 1946 kündigte sie ihren Job und arbeitete fortan als Sekretärin für die British Soviet Friendship Society, für die sie hauptsächlich russische Propaganda übersetzte.

Sofkas politische Ansichten waren äußerst unpopulär, vor allem bei ihren aristokratischen Landsleuten im Exil. Im Haus ihrer ehemaligen Schwiegereltern, bei denen ihre beiden älteren Söhne lebten, war sie nicht willkommen. Da die Bolschewisten die Lebensgrundlage von Sofkas adeliger Familie vernichtet, ihre Freunde und Verwandten ermordet und die russische Aristokratie über ganz Europa und darüber hinaus verstreut hatten, ist diese Reaktion verständlich. Ihr ehemaliger Schwager erklärte: »Als russischer Flüchtling Kommunist zu werden, das ist, als würde ein deutscher Jude zum Nazi. Ich sehe da keinen Unterschied.« Dank ihrer kommunistischen Umtriebe wurde Sofka außerdem vom britischen Geheimdienst überwacht. Ihre Enkelin grub die Akten dazu aus und stellte fest, dass der britische Geheimdienst Sofka zunächst als »unschätzbar wertvolle Rekrutin« der Kommunistischen Partei einschätzte, da sie Verbindungen in so viele gesellschaftliche Schichten habe. Später erklärte man sie für »unzuverlässig«, für »sexsüchtig, weshalb sie zahlreiche Affären hat«.

1949 fand Sofka endlich ihre wahre Berufung in Gestalt des kommunistischen Reisebüros Progressive Tours. Unter dem Motto »Reise, Freundschaft, Frieden« organisierte das Unternehmen Reisen in die Sowjetunion und andere Länder des Ostblocks. Als Reiseführerin war Sofka unschlagbar darin, Hotelmanagern niedrigere Preise abzuringen, Bürokraten zu überrollen wie mit einer Dampfwalze und ihre Schäfchen durch die Sehenswürdigkeiten und Wohnblöcke der brutalistischen Architektur zu führen. Und dabei wurde sie die ganze Zeit über bespitzelt – MI5 hatte einen Agenten als Mitarbeiter in das Unternehmen eingeschleust.

Sofka blieb die 1950er Jahre hindurch treues Parteimitglied und Reiseführerin. Obwohl sie hin und wieder Zweifel und »ein Mangel an Überzeugung« plagten, konnten nicht einmal die Grausamkeiten, die unter Stalin verübt wurden, ihren grundsätzlichen Glauben daran erschüttern, dass der Kommunismus den einzig denkbaren Weg zu einer gerechten Gesellschaft darstellte. In ihren Augen war es die Pflicht eines jeden Parteimitglieds, die Sowjetunion zu verteidigen, trotz aller Beweise dafür, dass dieses kommunistische Experiment offensichtlich nicht funktionierte. Wenn sie Touristen durch den Palast führte, der einmal ihren Großeltern gehört hatte und nun die geologische Fakultät der Universität von Leningrad beherbergte, betonte sie stets ihr Einverständnis damit, dass all dies ihrer Familie zum Wohl des Volkes abgenommen worden war.

Eine andere Welt

In ihrer 1968 erschienenen Autobiographie schreibt Sofka: »Die Welt, in die ich 1907 hineingeboren wurde, erscheint mir heute, sechzig Jahre später, so unvorstellbar wie das Leben auf einem fernen Planeten. Ja, es fällt mir leichter, mir Touristen im Weltraum auszumalen als eine Rückkehr zu den alten Konventionen und Vorurteilen, der strikten Etikette, zu Luxus und Armut, Kultur und Unwissenheit jenes Zeitalters.« Diese alte Welt war unwiderruflich zerstört worden, als sie gerade einmal zwölf Jahre alt gewesen war. Die Welt, die sie als junge Frau gekannt hatte, wurde von Krieg und blutigen Klassenkämpfen hinweggefegt. Und noch vor ihrem Tod 1994 sollte die Sowjetunion – die Welt, die diese russische Prinzessin im Exil so liebgewonnen hatte – ebenfalls einstürzen.

1962 zog Sofka mit ihrem letzten Liebhaber Jack, den sie bei einer Russlandreise kennengelernt hatte, nach Bodmin Moor und streifte endlich nicht mehr durch die Welt. Sie wurde eine recht exzentrische Person mit einem völlig verdreckten Haus (sie war zu sehr mit Nachdenken und Lesen beschäftigt, um zu putzen), die gerne Tennis im Fernsehen schaute und ihr Rudel Whippets bemutterte. In den 1970ern verfasste sie ein russisches Kochbuch, und obwohl ihr Verhältnis zu ihren Kindern immer schwierig gewesen war, genoss sie es offenbar, eine besonders unkonventionelle Großmutter zu sein.

Die ehemalige Prinzessin Sofka starb im Februar 1994 im Alter von 86 Jahren. Ihre Enkelin erinnert sich an eines von Sofkas liebsten Sprichwörtern: »Wenn du genug Geld für zwei Laibe Brot hast, kaufe einen und ein paar Blumen.« Mit anderen Worten, genieße das Leben in vollen Zügen – schon im nächsten Moment kann dir alles genommen werden.

Party-Girls

Prinzessinnen,
die es gern mal
krachen ließen

Christina von Schweden

DIE PRINZESSIN, DIE VIELLEICHT LIEBER EIN PRINZ GEWESEN WÄRE

18. DEZEMBER 1626 BIS 19. APRIL 1689
SCHWEDEN

Christina von Schweden hatte von Anfang an ein Problem damit, sich für ein Geschlecht zu entscheiden – unmittelbar nach ihrer Geburt wurde sie zum Jungen erklärt. Der Fehler war durchaus verständlich: Hofastrologen hatten den männlichen Erben prophezeit, den König Gustav Adolph so dringend brauchte. Das Neugeborene kam dunkel und recht stark behaart zur Welt und brüllte kräftig, zudem verdeckte eine große Glückshaube die entscheidende Stelle. Außerdem war der Raum mit nur einer einzelnen Kerze ziemlich schummrig beleuchtet.

Was dann geschah, erzählte Christina später so: Nachdem alle begriffen hatten, dass *er* eine *sie* war, brachte die Hebamme das Kind zitternd vor Angst zu ihrem Vater. Doch statt zornig zu werden, nahm der König das Baby auf den Arm, küsste es und sagte: »Wir wollen Gott danken. Dieses Mädchen wird mir so kostbar sein wie ein Junge. Möge Gott sie behüten, sein Geschenk an mich. Weiter wünsche ich mir nichts. Das ist alles, was ich will.« Eine wirklich sehr nette Vorstellung, aber wahrscheinlich weit von der Wahrheit entfernt.

Der Mädchenprinz

Tatsächlich wurde durch Christinas Geburt die Lage noch komplizierter. König Gustav hatte nur ein weiteres Kind, einen Sohn, doch der war unehelich – es drohte also eine dynastische Krise. Ein weiteres Kind zu zeugen, war auch nicht so einfach, denn Christinas Mutter, Königin Maria Eleonora, war auf dem besten Wege, dem Wahnsinn zu verfallen, während sich ihr Vater meist an irgendeiner Front aufhielt.

König Gustav II. bemühte sich, aus dieser unglücklichen Situation das Beste herauszuholen. Auf seine ausdrückliche Anweisung hin sollte das kleine Mädchen wie ein Prinz erzogen und auch zur körperlichen Ertüchtigung ermutigt werden. Als Christina gerade sechs Jahre alt war, starb er auch noch im Kampf. Sie wurde zur Königin der Schweden, Goten und Wenden, Großfürstin von Finnland, Herzogin von Estland und Karelien und Herrin über Ingermanland gekrönt. Eine ganze

Menge Titel für ein kleines Mädchen, das auf einem Porträt aus jener Zeit eher an einen ältlichen Zwerg erinnert.

Später behauptete Christina, dass jeder, der die Kind-Königin getroffen hatte, von ihrer Reife beeindruckt gewesen sei – ein im Nachhinein gesponnener Mythos wie die Geschichte von der Reaktion ihres Vaters auf ihre Geburt. In einem Brief an Gott (so war sie eben) verkündete Christina: »Sie stellten fest, dass Du mich so ernsthaft und besonnen gemacht hattest, dass ich keinerlei Ungeduld zeigte, wie Kinder es üblicherweise tun.« Doch bis zu ihrem 18. Geburtstag war die Königswürde nur ein Titel – Schweden wurde von fünf Regenten beherrscht, die ihr verstorbener Vater sorgsam ausgewählt hatte. Die Regenten hofften, dass Christina heiraten würde, ehe sie volljährig war, und dass dann ihr Ehemann regieren würde – oder zumindest mit ihr gemeinsam regieren würde.

Zusätzlicher Sand im Getriebe war der Geisteszustand ihrer Mutter, der sich rapide verschlechterte. Nach dem Tod des Königs stürzte Maria Eleonora sich in einen wahren Trauerkult. Sie wurde eine schwarz verhüllte, hysterische Gestalt, die ständig weinte. Das Mädchen, das sie zuvor abgelehnt hatte, weil es so behaart und »dunkel wie ein Mohr« war, stellte jetzt ihre kostbarste Verbindung zu ihrem verstorbenen Mann dar. Sie ließ Christina kaum noch aus den Augen. Nachdem Christina fast drei Jahre lang unter dieser erstickenden mütterlichen Aufmerksamkeit gelitten hatte, wurde Maria Eleonora auf ein Schloss etwa 75 Kilometer von Stockholm entfernt abgeschoben.

Christina wurde fortan wieder nach den Wünschen ihres Vaters erzogen, und der Lehrplan schien ihr zu gefallen. Einer ihrer Tutoren hielt sie für sehr gewissenhaft und schrieb in einem Bericht ans Parlament, sie sei »nicht wie andere Angehörige ihres Geschlechts« und besonders »beherzt und verständig«. Sie spielte mit Zinnsoldaten, stellte militärische Manöver nach. Sie konnte hervorragend mit der Pistole umgehen, war eine ausgezeichnete Schützin, und dazu eine mutige Reiterin und geschickte Fechterin. Aus Werken über Alexander den Großen und Elizabeth I. lernte sie die Staatskunst. Sie erhielt Unterricht in Latein, Deutsch und Französisch, damit sie mit ausländischen Gesandten parlieren konnte, und außerdem eine reichliche Dosis Lutherismus – die Staatsreligion Schwedens.

Im November 1644 wurde Christina 18 Jahre alt und die Regenten arbeitslos. Sie stürzte sich mit Begeisterung auf die Regierungsgeschäfte, doch sie war jung und unerfahren und hatte sich das Märchen von ihrer eigenen Größe so oft erzählt, dass sie gegenüber den eigenen Schwächen völlig blind war. Trotz der Erziehung, die sie auf spätere Aufgaben vorbereiten sollte, war sie nicht gerade eine geschickte Politikerin. Sie war unentschlossen, wenn sie entschieden hätte vorgehen müssen, handelte oft aus Gehässigkeit statt Vernunft, wollte Macht, ohne sie sich verdient zu haben, öffnete allen möglichen höfischen Intrigen Tür und Tor und glaubte irrigerweise, diese kontrollieren zu können. Obendrein gab sie Geld aus, als sei die Staatskasse ihr Taschengeld, und als die Mittel zu Neige gingen, begann sie Adelstitel zu verkaufen. Sie überschwemmte das Land mit Grafen und Baronen, während die Steuereinnahmen drastisch sanken. Es dauerte nicht lange, bis das schwedische Sparschwein ziemlich hohl klang. Dabei muss man Christina zugutehalten, dass sie das Geld hauptsächlich in Kunst und Bildung steckte und dem eher provinziellen Hof in Stockholm ein wenig Kultur beibrachte. Sie trug eine wertvolle Sammlung von Büchern, Gemälden, Skulpturen und anderen Kunstobjekten zusammen und lud immer mehr Gelehrte aus ganz Europa zu sich ein. Das Glanzstück dieser »Sammlung« war der große französische Philosoph René Descartes (der mit dem

»Ich denke, also bin ich«), den sie überreden konnte, ihren Hof mit seiner Anwesenheit zu schmücken. Christina setzte sich in den Kopf, sich dreimal wöchentlich von ihm unterrichten zu lassen – um fünf Uhr morgens in einer ungeheizten Bibliothek im Januar 1650, »dem kältesten Monat des kältesten Jahres in diesem außerordentlich kalten Jahrhundert«. Descartes fing sich bald eine Grippe ein und starb. Christinas Pläne für ein prächtiges Grabmal zu Ehren des großen Denkers waren bald vergessen, und der Katholik Descartes verfaulte unter ein paar morschen Brettern auf einem lutheranischen Friedhof – in der Ecke für die Ungetauften.

Christina war zwar außerordentlich intelligent, aber im Grunde eine Dilettantin. Sie verstand ein bisschen was von allem, lernte über jedes Thema gerade genug, um ihren Hofstaat zu beeindrucken, blieb jedoch nie lange bei einer Sache. Von ihrer eigenen Bildung hatte sie eine ebenso hohe Meinung wie von dem Prinzen, zu dem sie erzogen worden war: »Korrigiert zu werden, war mir schon immer ein Gräuel«, erzählte sie einmal dem französischen Botschafter.

Abdankung absehbar

Es war allgemein bekannt, dass Christina nicht gern ein Mädchen war. In ihrer Autobiographie schreibt sie: »Ich verabscheute alles, was dem weiblichen Geschlecht zugeschrieben wird, beinahe sogar Sitte und Anstand.« Obwohl sie zart und zierlich war, kaum einen Meter fünfzig groß, bewegte Christina sich wie ein Mann. Sie lief in Schuhen ohne Absätze herum, fluchte wie ein Seemann mit tiefer, barscher Stimme und neigte dazu, ihre Dienstboten zu schlagen. Sie hielt sich alles andere als anmutig, trug lieber Hosen und kurze Röcke als die überladene Damenmode jener Ära, und für Dinge wie Etikette oder Stickerei fehlten ihr Zeit und Geduld. Oft war sie zu beschäftigt, um sich auch nur das Haar zu bürsten, und sie badete sehr ungern (wobei man ihr zugutehalten muss, dass damals niemand gern badete).

Christina war so durch und durch jungenhaft, dass sich zeit ihres Lebens das hartnäckige Gerücht hielt, sie sei ein Hermaphrodit. Ihre burschikose Art sorgte natürlich auch für weit pikantere Gerüchte, die sie gar nicht zu zerstreuen versuchte. Oft schlief sie im selben Bett wie ihre liebste Hofdame, die sie ihrer Schönheit wegen »Belle« nannte. Dass zwei unverheiratete Frauen sich ein Bett teilten, war damals zwar recht üblich, aber Christina deutete gern an, dass darin nicht nur geschlafen wurde. Einmal brachte sie den englischen Botschafter furchtbar in Verlegenheit, indem sie ihm ins Ohr flüsterte, Belles Inneres sei so schön wie ihr Äußeres.

Mit 22 Jahren erklärte Christina, sie werde niemals heiraten, und bestimmte sogar den Mann, den jeder gern an ihrer Seite gesehen hätte, ihren Cousin Karl Gustav, zu ihrem Thronfolger. Vielleicht folgte sie damit dem Beispiel der sogenannten »jungfräulichen Königin« – Biographien über Elizabeth I. hatte Christina als Teenager förmlich verschlungen. Dadurch wurde das Geflüster, sie sei lesbisch oder bisexuell, natürlich nur lauter. Doch trotz all der heißen Luft gibt es kaum Hinweise darauf, dass sie je *irgendeine* sexuelle Beziehung hatte. Anscheinend entschied sie sich nicht gegen die Ehe, weil sie eine Abneigung gegen Männer hatte, sondern weil sie Sex im Allgemeinen verabscheute. Sie schrieb einmal: »Die Ehe ist das beste Mittel gegen die Liebe und das Ehebett ihr Grab.«

Während Christinas seltsame Angewohnheiten und ihr rätselhaftes Intimleben häufige Gesprächsthemen waren, achtete niemand auf ihre allergefährlichste Neigung: ein Faible für den

Katholizismus. Wie ihre Landsleute war Christina im lutherischen Glauben erzogen worden, und als Königin war sie obendrein das Oberhaupt der schwedischen Kirche. Katholisch zu sein, galt damals in Schweden als Verbrechen, das mit Verbannung, Folter oder dem Tod bestraft wurde – auch wenn man die Königin persönlich war. Doch das schreckte Christina nicht ab (vielleicht ermunterte es sie sogar). Der Katholizismus sprach sie aus vielerlei Gründen an: Ein großer Teil der Gelehrten, die sie an ihren Hof geholt hatte, war katholisch, und an der katholischen Kirche gefielen ihr die strikte Hierarchie und die Tradition der Gelehrsamkeit.

Außerdem hatte sie es allmählich satt, Königin zu sein. Erst 1650, im selben Jahr, in dem sie verkündete, dass sie niemals heiraten werde, fand die offizielle Krönungszeremonie statt, die wegen Geldmangels immer wieder aufgeschoben worden war. Doch schon während sie gefeiert wurde, muss sie daran gedacht haben, abzudanken. Sie hasste die vielen Einschränkungen, ihre Pflichten, die sie in ihrer Freiheit beschnitten. Die Krone war pleite, woran sie selbst nicht ganz unschuldig war, und nach dem besonders harten Winter herrschte eine Hungersnot. Bei Hofe machte sich Unmut über die neue Monarchin breit, doch Christina duldete keinerlei Kritik.

Dass Christina abdanken wollte, ist an sich kein Wunder. Dass sie es tatsächlich tat, ist doch überraschend, wenn man bedenkt, wie sehr sie von ihrer eigenen Großartigkeit überzeugt war. Im Jahr 1653 verkündete sie, dass sie den Thron räumen, sich aber weiterhin »Königin« nennen wolle. (Ihre Pläne, zum katholischen Glauben überzutreten, behielt sie hübsch für sich.) Erstaunlicherweise stimmte das schwedische Parlament ihren Forderungen zu, unter anderem nach Ländereien und Unterhalt. Am 6. Juni 1654 trat Christina bei einer Zeremonie in Uppsala als Königin zurück.

Christina konnte es offensichtlich kaum erwarten, endlich wegzukommen. Sie verließ Uppsala am Tag ihrer Abdankung, noch vor dem Festbankett zur Krönung ihres Cousins. Sie legte Männerkleidung an, die sie ihr restliches Leben lang am liebsten tragen sollte, rasierte sich den Kopf, setzte eine Männerperücke auf, schnallte ihr Schwert um und machte sich auf nach Dänemark. »Endlich frei!«, soll sie ausgerufen haben. »Nichts wie raus aus Schweden, und hoffentlich muss ich nie zurückkehren.«

Sie hätte ganz luxuriös per Schiff reisen können, wohin sie auch wollte. Doch Christina genoss Pferdeschweiß und Straßenstaub, vor allem, weil sich das damals für eine Dame gar nicht schickte (und alles, was Anstoß erregte, hatte bei ihr Methode). Schließlich gelangte sie nach Brüssel, wo sie zum katholischen Glauben konvertierte, um dann zu ihrer ersten Audienz beim Papst nach Rom weiterzureisen. Doch so rasch, wie sie den lutheranischen Glauben abgestreift hatte, begann sie sich auch aus katholischer Sicht danebenzubenehmen. Noch am Abend ihres Übertritts machte sie sich über die Lehre der Heiligen Wandlung lustig, zu der sie sich soeben feierlich bekannt hatte. Sie schwätzte gern während des Gottesdienstes, und ihre Vorliebe für Aktmalerei und -skulptur hatte mit frommer Kontemplation wenig zu tun.

Außerdem zerrann ihr das Geld nur so zwischen den Fingern. Sie wohnte in einer Villa in Rom, die ihr nicht gehörte, und konnte ihre Dienstboten nicht bezahlen, sodass diese sich schließlich am Tafelsilber vergriffen. Der weitaus größere Skandal war ihre Affäre mit Decio Azzolino, einem jungen, intelligenten und durchaus ansehnlichen Kardinal. Eine Zeitlang verzichtete sie sogar auf Männerkleidung und trug stattdessen so tief ausgeschnittene Kleider, dass sie dafür vom Papst persönlich getadelt wurde. Azzolino scheint Christina ebenfalls geliebt zu haben, und es wurde gemunkelt, sie habe ihm ein Kind geboren. In Wahrheit haben die beiden vermutlich nie miteinander geschlafen, all ihrem anzüglichen Gerede und bösen Zungen zum Trotz, die sie als »unersättlich« und eine »Hure« bezeichneten.

Inzwischen wandte Christina sich anderen weltlichen Angelegenheiten zu, darunter auch politischen Intrigen. Sie wollte wieder eine richtige Königin werden und hatte sich dafür den Thron von Neapel ausgesucht – das Königreich im Süden Italiens war ein ständiger Zankapfel zwischen Frankreich und Spanien. 1656 verschwor sie sich mit dem französischen Meisterspion Kardinal Mazarin: Sie sollte mit 4000 französischen Soldaten Neapel erobern und den Thron für den jungen Prinzen Philippe warmhalten. Aufgeregt erklomm sie die Zinnen des Kastells Sant'Angelo und feuerte eine Kanone ab … nur leider hatte sie das Zielen vergessen, und die Kanonenkugel schlug in das falsche Gebäude ein. Ups …

Doch das politische Blatt wandte sich bald, und anderthalb Jahre später war der Plan, Christina zur Königin von Neapel zu machen, ad acta gelegt. Sie ließ ihre Wut an einem ihrer Bediensteten aus: Giovanni Monaldeschi, ihrem Oberstallmeister (eine überschaubare Aufgabe, denn sie besaß nur ein einziges Pferd). Während sie in Frankreich auf Nachricht von Mazarin wartete, musste Christina feststellen, dass Monaldeschi in Briefen allerhand bösartigen Klatsch über sie verbreitete. Am 10. November 1657 erklärte sie ihn des Hochverrats für schuldig und befahl ihren Männern noch am selben Tag, ihn hinzurichten. Sie mochte eine Königin ohne Land sein, war jedoch ihrer Ansicht nach immer noch eine Monarchin und habe damit die Verfügungsgewalt über ihre »Untertanen«, Monaldeschi eingeschlossen. Unter diesem Aspekt war der Mord zwar legal, aber dennoch grausam und schockierend. Der Papst, der einst so stolz auf seine königliche Konvertitin gewesen war, prangerte sie als Barbarin an und weigerte sich, sie in Rom zu empfangen.

Mit nur 32 Jahren hatte Christina es geschafft, die Geduld der meisten Herrscher in Europa überzustrapazieren. Ihre gelegentlichen Vorstöße in die hohe Politik wurden hämisch belächelt, und schließlich verbrachte sie die meiste Zeit im Garten ihrer Villa in Rom. Sie beschloss ihr Leben als kleine, stämmige Person in Männerkleidung, mit kurzem Haar und spärlichem Damenbart. Für eine Frau, der so sehr daran gelegen war, als Intellektuelle, Herrscherin und politische Macht ernst genommen zu werden, muss es sehr bitter gewesen sein, allgemein als eine leicht lächerliche Figur zu gelten.

Sofern ihr das überhaupt je bewusst wurde. Denn man muss Christina beinahe dafür bewundern, dass sie ihr ganzes Leben lang standhaft an den Mythos ihrer eigenen Bedeutung glaubte. In ihrer unvollendeten Biographie schrieb sie: »Meine Gaben und Tugenden erheben mich über den Rest der Menschheit.« Als sie im April 1689 starb, dokumentierte ihr Testament, wie ungeheuer aufgeblasen ihr Ego tatsächlich war. Darin gedachte sie diversen Bediensteten und Hofdamen Vermächtnisse, Schmuck und Ländereien zu, die ihr zum Großteil gar nicht gehörten.

In einem Schwarzweißfilm von 1933 mit dem Titel *Königin Christine* spielt Greta Garbo die Titelrolle. Obwohl die Garbo ebenfalls Schwedin war, hatte sie kaum Ähnlichkeit mit der stark behaarten Christina, und die Handlung des Films hat herzlich wenig mit der ungeschminkten Wahrheit zu tun. Aber Garbos Darstellung der trotzigen Königin zeichnet in gewisser Weise doch wieder ein treffendes Bild von einer Frau, die nie den Glauben an ihre eigene Legende verlor. Die Geschichte des Films ist frei erfunden, aber eben genau das, woran Christina gern geglaubt hätte.

Prinzessin Carabu (alias Mary Baker)

DIE FALSCHE PRINZESSIN, DIE GANZ ENGLAND HEREINLEGTE

23. NOVEMBER 1791 BIS 24. DEZEMBER 1864
DAS FERNÖSTLICHE FANTASIEREICH JAVASU

In der Nacht vom 3. April 1817 erlebte der Aufseher des Armenhauses im englischen Städtchen Almondsbury, einer kleinen Ortschaft nahe Bristol, vermutlich die seltsamste Begebenheit seines beschaulichen Lebens. Die Frau des Flickschusters hatte sich mit einem Problem an ihn gewandt: Eine junge Frau war einfach so in ihr Häuschen spaziert und hatte sich aufs Sofa gelegt – offenbar wollte sie damit ihren Wunsch signalisieren, unter ihrem Dach zu übernachten. Natürlich hätte die Fremde eine gewöhnliche Landstreicherin sein können, doch sie sprach weder Englisch noch sonst irgendeine Sprache, die man je gehört hatte. Der Aufseher war ebenso ratlos wie die Schustersfrau und beschloss, die Angelegenheit lieber »denen da oben« zu überlassen. Also mussten der ortsansässige Adelige, der wohlgeborene Samuel Worrall, und seine amerikanische Ehefrau Elizabeth den anderthalb Kilometer weiten Weg ins Städtchen auf sich nehmen, um festzustellen, was zum Kuckuck da vor sich ging.

Die geheimnisvolle Fremde

Sie fanden eine junge Frau in einem schwarzen Kleid und einem schwarz-roten Tuch vor, das einer zeitgenössischen Beschreibung zufolge »lose und geschmackvoll drapiert an ein asiatisches Gewand erinnerte«. Sie war zierlich, nur etwa einen Meter fünfundfünfzig groß, »attraktiv und einnehmend«, mit dunklem Haar und dunklen Augen. Sie schien etwa 25 Jahre alt zu sein, hatte nichts bei sich, was als Hinweis auf ihre Identität hätte dienen können, und verständigte sich hauptsächlich durch Handzeichen. Ihr Verhalten war äußerst seltsam. Als man sie in ein Gasthaus führte, reagierte sie sehr lebhaft auf eine Schnitzerei in der Wandvertäfelung – eine Ananas – und teilte ihren Gastgebern mit, dies sei »eine Frucht aus ihrem Heimatland«. Sie betete, ehe sie Tee trank, und schien nicht zu wissen, was ein Bett war.

Die Worralls beschlossen, sie im Gasthaus übernachten zu lassen. Am nächsten Tag wurde sie ins St. Peter's Armenhospital in Bristol gebracht. Die Nachricht von der seltsamen Fremden verbreitete sich schnell, und die Leute brachten alle möglichen Ausländer zu ihr, die versuchten, mit ihr zu sprechen.

Doch keiner kannte ihre Sprache, und die Frau wirkte immer verzweifelter – sie wollte nichts mehr essen und trinken und schlief kaum noch. Mrs Worrall hatte großes Mitleid mit ihr, rettete die Frau und nahm sie bei sich auf. Nach langem pantomimischen Hin und Her erfuhr sie schließlich den Namen der Unglücklichen: Carabu.

Das war immerhin ein kleiner Fortschritt, doch woher Carabu stammte und was ihr widerfahren war, stellte die Worralls weiterhin vor ein Rätsel. Nach zwei Wochen schließlich hatten sie Glück: Ein Portugiese, der sich zufällig in der Gegend aufhielt und schon einmal in Malaysia gewesen war, hörte von der verirrten jungen Frau und besuchte die Worralls. Wundersamerweise konnte er verstehen, was sie die ganze Zeit zu sagen versuchte.

Carabus Geschichte war lang und dramatisch, untermalt von wilden Gesten und Tränen. Ihr Vater war ein chinesischer Edelmann, und ihre malaiische Mutter war von Kannibalen ermordet worden. Bei einem Spaziergang im Garten ihres Hauses auf der indonesischen Insel Javasu wurde Carabu von den Piraten des schrecklichen Kapitäns Chi-min entführt. Gefesselt und geknebelt wurde sie auf das schmutzige Piratenschiff verschleppt. Ihr Vater versuchte dem Schiff hinterherzuschwimmen, und Carabu selbst kämpfte wie eine Löwin, tötete einen von Chi-mins Männern und verletzte einen weiteren. Doch alle Tapferkeit war vergebens. Nach elf Tagen an Bord des Piratenschiffs wurde sie an den Kapitän eines anderen Schiffes auf dem Weg nach Europa verkauft. Erst Monate später konnte sie auf der Fahrt durch den Ärmelkanal Land ausmachen und beschloss zu fliehen. Sie schwamm ans Ufer, tauschte mit einer Engländerin die Kleidung und irrte sechs Wochen lang in der Gegend umher, ehe die gütigen Worralls sie bei sich aufnahmen.

Nach dieser Enthüllung wurde Prinzessin Carabu von Javasu auf dem Landsitz der Worralls bei Almondsbury zwei Monate lang behandelt wie königlicher Besuch. Ihre Gastgeber gaben sich alle Mühe, mehr über sie zu erfahren, und sie tat ihnen den Gefallen und erzählte ihnen so viele Einzelheiten, wie es die sprachliche Barriere zuließ. Sie beschrieb ihre Mutter, die eine goldene Kette von der gepiercten Nase bis zur Schläfe getragen und von Kannibalenhand (und -zähnen) den viel zu frühen Tod gefunden hatte. Ihr Vater hatte drei weitere Ehefrauen, wurde in einer Sänfte herumgetragen und trug Pfauenfedern am Hut und eine Goldkette als Zeichen seines Ranges. In ihrem Heimatland war es Brauch, sich zur Begrüßung vor dem anderen auf den Boden zu werfen. Die Bediensteten ihres Vaters spielten eine Art Klarinette mit eingebauter Harfe, und die schwarzen Kannibalen, die sie »Bugus« nannte, schlugen den Weißen Arme und Köpfe ab, um sie zu grillen und zu essen.

Das Auftreten der hübschen jungen Prinzessin wurde mit jedem Tag theatralischer. Sie trug stets Pfeil und Bogen auf den Rücken geschnallt und konnte selbst im vollen Lauf sehr zielgenau damit schießen. Ein Stock an ihrer rechten Hüfte sollte einen Säbel darstellen. Sie betete zu einem gewissen »Allah Tallah« und empfing die aufgehende Sonne einmal pro Woche mit einem Ritual auf dem Dach. Außerdem grüßte sie feierlich den See, wann immer sie daran vorbeiging. Sie trank nichts als Wasser und aß ausschließlich Essen, das sie selbst zubereitet hatte (sie hatte eine Vorliebe für Curry). In Anwesenheit von Männern verhielt sie sich sehr vorsichtig und erlaubte ihnen nicht, ihr die Hand zu geben. Wenn ein Mann sie auch nur streifte, ging sie sich auf der Stelle umziehen.

Carabu brachte den Worralls Worte in ihrer Sprache bei, und ihre Schrift ähnelte der chinesischen. Sie zeigte ihren Gastgebern sogar, wie man sich nach javasunischer Sitte kleidete: ein wadenlanges Gewand mit langen, weiten Ärmeln, um die unteren Rippen gegürtet. Dazu trug sie einen Turban, an dem ein paar kecke Pfauenfedern wippten, und offene Sandalen.

Und natürlich war das alles erstunken und erlogen.

Lügen über Lügen

Carabus Heimat lag nicht im fernen Indonesien – Javasu gibt es gar nicht. Tatsächlich stammte sie aus dem benachbarten County. Offenbar halfen die Bemühungen ihrer Retter, ihre Geschichte aufzudecken, Carabu noch dabei, sie sich auszudenken. Da sie davon ausgingen, dass die Fremde Englisch weder sprechen noch lesen konnte, zeigten sie ihr Bücher und Abbildungen aus ihrer angeblichen Heimat und unterhielten sich offen über alle möglichen exotischen, »fernöstlichen« Sitten und Gebräuche, von denen sie gehört hatten. Carabu benutzte diese Details, um ihre fiktive Geschichte auszuschmücken, und war dabei nicht wählerisch – ein chinesisches Puzzle konnte sie ebenso für ihre Zwecke verwenden wie eine kleine Eskimo-Skulptur aus Speckstein.

Nach dem Durchbruch mit Hilfe des portugiesischen Weltreisenden, dessen Motive bis heute nicht geklärt sind, gab es für sie kein Halten mehr. Ihre Schilderungen müssen faszinierend gewesen sein, und sie war sehr geschickt darin, ihre Täuschung aufrechtzuerhalten. Ihre Gastgeber ertappten sie nie dabei, wie sie aus der Rolle fiel. »Nie unterlief ihr ein Fehler oder eine Unachtsamkeit, weder in ihren Gesprächen noch in ihrem sonstigen Verhalten. Stets befolgte sie ihre angeblichen Sitten, spülte beispielsweise jedes Mal sorgfältig ihre Teetasse etc.«, liest man in einem zeitgenössischen Bericht. Keine

Überraschung, kein absichtlich eingejagter Schreck brachten sie dazu, sich zu verraten. Als zwei misstrauische Dienstboten in ihr Zimmer platzten und »Feuer!« schrien, starrte die Prinzessin sie nur verständnislos an.

Doch Anfang Juni wurde es zunehmend schwieriger, den Schein zu wahren, vor allem, da sich ihre Geschichte inzwischen bis nach Schottland herumgesprochen hatte. Carabu setzte sich ab und floh ins nahe Bath, damals ein mondänes Kurbad. Doch falls sie vorgehabt hatte, sich bedeckt zu halten und abzuwarten, bis Gras über ihre sensationelle Geschichte gewachsen war, sollte ihr das nicht gelingen. Als Mrs Worrall ihren geflohenen Schützling endlich fand, saß Carabu »auf dem Höhepunkt ihres schillernden Ruhms« im eleganten Salon einer anderen Society-Lady, wo die bessere Gesellschaft nur darauf brannte, ihre Bekanntschaft zu machen.

Carabu konnte Mrs Worrall davon überzeugen, dass sie nur davongelaufen sei, um heim nach Javasu zu gelangen. Wenige Tage später jedoch stürzte ihr Lügenschloss in sich zusammen, dank ihres sensationellen Auftritts in Bath. Carabus ehemalige Vermieterin sah ihr Bild in der Zeitung und klärte Mrs Worrall über die verblüffende Ähnlichkeit der bedauernswerten Prinzessin mit ihrer ausgesprochen einheimischen früheren Mieterin auf. Und ein junger Mann meldete sich zu Wort, der sich an Carabu erinnerte und erzählte, dass sie »in seiner Gesellschaft dem Branntwein nicht so abgeneigt gewesen sei«.

Carabu war ertappt. Da ihr nichts anderes übrig blieb, sagte sie Mrs Worrall schließlich die Wahrheit. Oder etwas Ähnliches …

Carabu von Javasu war in Wirklichkeit Mary Baker, geborene Wilcocks, aus Witheridge in Devonshire (dem heutigen Devon). Mit 16 Jahren hatte Mary eine Stellung als Magd auf einem Bauernhof antreten müssen. Dort kündigte sie, als man ihr eine Lohnerhöhung verweigerte, und hielt sich eine Weile mit Hilfsarbeiten über Wasser. Obwohl sie schließlich sogar zum Betteln gezwungen war, wollte sie nicht in ihr kleines Heimatdorf zurückkehren, in dem sie praktisch mit jedem verwandt war. Also schlug sie sich nach London durch, wo sie krank wurde und Monate im Hospital verbringen musste, ehe sie Arbeit als Hausmädchen fand.

Doch ein Missverständnis kostete sie auch diese Stellung, und in ihrer Verzweiflung suchte Mary Schutz in einer Einrichtung in Blackfriars, die sie für ein Kloster hielt. Es handelte sich jedoch um ein Magdalenenheim, ein Asyl für »gefallene Frauen«, und als man entdeckte, dass sie gar keine Prostituierte war, warf man Mary wieder hinaus. Sie versuchte nun doch, heim nach Devonshire zu gelangen, schnitt sich das Haar kurz und verkleidete sich als Mann, um Arbeit zu finden. Sie geriet an eine Bande von Straßenräubern und verdingte sich bei ihnen als Pferdeknecht und angeblich auch als Nachwuchs-Wegelagerer. Sie flog jedoch auf, als herauskam, dass sie nicht einmal eine Pistole abfeuern konnte, und sie musste den Räubern unter Androhung des Todes schwören, sie nicht zu verraten.

Mary schaffte es schließlich nach Hause, wo ihre Eltern verlangten, dass sie sich ordentliche Arbeit suchte. Doch sie konnte keine Stelle länger als ein paar Monate behalten. Dem Gerber lief sie davon, weil sie die Häute aus dem Karren schleppen sollte. Die nächste Stellung kündigte sie, weil man sie im tiefsten Schnee hinausschickte und sie beinahe erfroren wäre, und Köchin blieb sie auch nicht lange, weil ihr »das Feuer nicht bekam«.

1814 war Mary wieder in London. Angeblich heiratete sie einen Franzosen, der sie verließ, kurz nachdem sie schwanger geworden war. Da sie das Kind nicht ernähren konnte und keine Ahnung hatte, ob ihr Mann je zurückkehren würde, gab sie den Jungen gleich nach der Geburt 1816 zur Adoption frei. Als sie wenige Monate später herausfand, dass ihr Baby in der Obhut des Waisenhauses gestorben war, warf sie ihre Stellung als Hausmädchen hin, streifte ziellos durchs Land und reiste eine Weile mit Zigeunern umher. Die wollten sie gern bei sich behalten, doch Mary verließ sie und versuchte das Geld für eine Schiffspassage nach Amerika zusammenzukratzen. Als Ausländerin verkleidet hoffte sie, das Geld leicht, schnell und obendrein auf unterhaltsame Weise erbetteln zu können. Und zu diesem Zeitpunkt, behauptete sie, kam sie in Almondsbury vorbei und hatte das Glück, den gütigen Worralls über den Weg zu laufen.

Auch wenn diese Geschichte nicht minder abenteuerlich klingt, entsprach sie wohl im Wesentlichen der Wahrheit, zumindest soweit sie sich überprüfen lässt. Einen Teil bestätigte ihr Vater, ein sehr verwunderter Schuster aus Devonshire. Er erklärte, seine Tochter sei zwar schlau, aber »nicht ganz richtig im Kopf«, seit sie mit fünfzehn Jahren an einem rheumatischen Fieber gelitten hatte.

Und warum das alles?

Mary war zwar eine Lügenbaronin, aber nicht direkt eine Verbrecherin. Aus sämtlichen Berichten über ihren Betrug geht hervor, dass sie nie irgendetwas gestohlen hat. Warum also diese Scharade? Ursprünglich könnte sie versucht haben, sich so vor dem Gefängnis zu retten. Die englische Obrigkeit kannte damals kein Pardon mit Bettlern und Landstreichern. Als mittellose junge Engländerin hätte sie womöglich über ein Jahr im Gefängnis verbringen müssen, als verschleppte Prinzessin aus einem fremden Land jedoch nicht …

Zeitgenössische Experten stellten andere Theorien auf. Ein Kraniologe (ein Wissenschaftler, der aus der Form des Schädels Rückschlüsse auf den Charakter eines Menschen zog), erklärte sie für »gefühlskalt« und attestierte ihr »krankhaften Ehrgeiz«. Daraus zog er den Schluss, was das wahre Motiv für ihre Spielchen sei: Es sei ihr in grenzenloser Eitelkeit nur darum gegangen, zu zeigen, dass sie ganz allein es schaffte, alle anderen an der Nase herumzuführen. Ein gewisser John Matthews Gutch, Reporter bei einer Lokalzeitung in Bristol, war geradezu besessen von ihr, erforschte ihren Charakter unermüdlich und enthüllte der Öffentlichkeit eine Frau, die ein unglaubliches Vorstellungsvermögen besaß und nach Aufmerksamkeit lechzte. Gutch stellte fest, dass jeder, der Mary kannte, sie als exzentrisch beschrieb, oder dass sie für ihre abenteuerlichen Geschichten bekannt war, »die niemals irgendjemandem Schaden zufügten, sondern der starken Neigung entstammten, etwas Außergewöhnliches zu erzählen«. Gutch war offenbar beeindruckt von Mary, denn er schrieb: »Dass die Begabung dieses Mädchens bisher nicht auf einen besseren Zweck gelenkt wurde, ist nur bedauerlich.«

Doch Marys Fantastereien waren schon beinahe pathologisch. Sogar ihre »wahre« Geschichte ist mit teils haarsträubenden Lügen durchsetzt. Mrs Worrall gegenüber hatte sie behauptet, ihr sei nicht klar gewesen, dass es sich bei dem Magdalenenheim um eine Einrichtung für ehemalige Prostituierte handelte, doch das stimmte nicht. Bei ihrer Aufnahme dort hatte sie angegeben, sie sei von einem wohlhabenden Herrn verführt worden und dadurch auf die schiefe Bahn geraten. Man hatte sie auch nicht hinausgeworfen – sie war freiwillig gegangen. Da sie sich nie als Prostituierte über Wasser gehalten hat, ist völlig unklar, wie sie überhaupt darauf kam, das Magdalenenheim aufzusuchen. Dass sie verheiratet war, lässt sich nicht nachweisen, doch alle zeitgenössischen Quellen stimmen darin überein, dass sie einen Sohn hatte, der mit etwa vier Monaten starb. Nach dem Tod ihres Kindes wurden ihre Lügengeschichten sogar noch fantasievoller.

Dieses Verhalten könnte auf einen stressbedingten psychischen Zusammenbruch hinweisen, vor allem dann, wenn die betroffene Person bereits vorher zur Manie neigte. Das ist bei Mary gut möglich – zu den möglichen Folgeschäden eines Streptokokkenrheumatismus gehören unter anderem neuropsychiatrische Krankheitsbilder wie die bipolare affektive Störung (auch als manische Depression bekannt). Vielleicht ist an der Behauptung ihres Vaters, sie sei seit einem schweren Fieber nicht mehr ganz richtig im Kopf, also sehr viel Wahres dran.

Warum die Leute ihr glaubten, liegt hingegen auf der Hand: Sie war eine sehr gute Schauspielerin, und man *wollte* ihr glauben. Der romantisch verklärte »Orient« war damals groß in Mode und durchdrang die gesamte Kultur, von der Malerei über die Poesie bis hin zu Bilderbüchern und Raumgestaltung. Wenn man in einem stillen englischen Dörfchen lebte, muss einem die Prinzessin aus Javasu, die plötzlich vom Himmel fiel, unglaublich aufregend und exotisch erschienen sein. Wer hätte ihre fantastische Geschichte da nicht glauben wollen?

Als die Öffentlichkeit aus der Presse von dem Betrug erfuhr, ließ das Interesse an der falschen Prinzessin von Javasu keineswegs nach, im Gegenteil. Gräfliche Privatgelehrte, Ärzte und ein unablässiger Strom von Geistlichen, die ihre Seele zu retten hofften – es gab eine Menge Neugieriger, die sie treffen wollten.

1817, nur wenige Monate, nachdem sie aufgeflogen war, bestieg Mary in Bristol ein Schiff nach Amerika. Die bewundernswerte Mrs Worrall, deren Güte offenbar keine Grenzen kannte, hatte für die Passage bezahlt. Die Geschichten über Marys gewaltigen Schwindel eilten ihr nach Philadelphia voraus. Schaulustige drängten sich am Hafen, und es gab bereits Pläne, sie auf die Bühne zu holen und in ihrer selbst erdachten Rolle zu präsentieren. Prinzessin Carabu war ein Phänomen, das bei den modebewussten amerikanischen Damen einen Turban-Trend auslöste. Doch allzu bald wurde Mary zur Zielscheibe öffentlichen Hohns. Zeitungsberichte über die Abenteuer von »Miss Caraboo« in Amerika – etwa, wie sie einen Wasserfall *hinauf* schwamm – machten sich vor allem über die leichtgläubigen Briten lustig. Aber nicht wenige Stimmen äußerten sich empört darüber, dass diese junge Frau, die sich in ihrer Heimat einen »ungeheuerlichen Ruf« erworben habe, es wagte, sich in Amerika blicken zu lassen.

1824 kehrte Mary nach London zurück und stellte sich in der New Bond Street als Prinzessin Carabu zur Schau. Doch nicht viele Leute waren bereit, dafür Eintrittsgeld zu bezahlen, und die Einnahmen deckten nicht einmal die Raummiete. Ihr Ruhm war offenbar schon zu sehr verblasst. Doch für die Möchtegern-Prinzessin nahm es ein ganz passables Ende. Mary kehrte nach Bristol zurück und machte sich mit der Zucht von Blutegeln für die Krankenhäuser und Apotheken der Stadt selbstständig. Sie heiratete Richard Baker und bekam eine Tochter, die ebenfalls Mary hieß und das Geschäft ihrer Mutter nach deren Tod weiter betrieb. Mary Baker die Jüngere könnte auch den originellen Charakter ihrer Mutter geerbt haben – sie galt in ihrer Heimatstadt als durchgeknallte Katzenliebhaberin.

Mary Baker, alias Prinzessin Carabu, starb an Heiligabend 1864 im Alter von fünfundsiebzig Jahren in Bristol. Ihre abenteuerliche Geschichte fasziniert das Publikum nach wie vor. In den 1990er Jahren wurde sie mit Phoebe Cates in der Hauptrolle verfilmt, in Bristol als Theaterstück auf die Bühne gebracht, und die BBC strahlte eine Dokumentation darüber aus. Mary wäre mächtig stolz darauf gewesen. Denn wenn sie eines zu schätzen wusste, dann war das eine tolle Geschichte.

SECHS TIPPS FÜR FALSCHE PRINZESSINNEN

Prinzessin Carabu war keineswegs die einzige Frau, die versuchte, sich als Prinzessin auszugeben. Die Geschichte wimmelt nur so von Blenderinnen, die sich aus Liebe, Gier oder aufgrund von geistiger Umnachtung als etwas ausgaben, das sie ganz gewiss nicht waren.

Die meisten verfolgten die Strategie der »Prinzessin auf der Erbse«: Sprich wie eine Prinzessin, verhalte dich wie eine Prinzessin, mach einen Aufstand wegen etwas Gemüse unter deiner Matratze wie eine Prinzessin, und mit etwas Glück werden alle glauben, dass du eine Prinzessin *bist*. Andere setzten bei ihrem Schwindel auf die Unwissenheit, Sehnsüchte und Leichtgläubigkeit ihres Publikums. Wie Carabu waren die meisten dieser Frauen begnadete Schauspielerinnen mit einer schier unglaublichen Vorstellungskraft (und Unverfrorenheit). In manchen Fällen funktionierte die Masche auch nur deshalb, weil die Möchtegern-Prinzessin nicht zuletzt selbst an ihre verrückte Geschichte glaubte.

Wer also mit dem Gedanken spielt, sich mal als königliche Fälschung zu versuchen, kann sich an diesen sechs bemerkenswerten Beispielen orientieren.

1. Der gute Name: Prinzessin Tarakanowa

Im Jahr 1774 tauchte in Paris eine junge Frau auf, die behauptete, die rechtmäßige Tochter von Zarin Elisabeth und ihrem heimlichen Geliebten Graf Alexei Rasumowski zu sein – und damit eine Enkelin von Peter dem Großen. Wenn das gestimmt hätte, hätte sie damit mehr Anspruch auf den russischen Thron gehabt als die herrschende Zarin, denn Katharina die Große war nicht durch Blutsverwandschaft, sondern durch Heirat auf den Zarenthron gekommen.

Bizarrerweise nannte die Frau sich Fürstin Tarakanowa – Fürstin Kakerlake (*tarakan* ist Russisch für »Kakerlake«). Sie behauptete, diesen Kosenamen habe sie von ihrer illustren Mutter erhalten, ehe man sie nach Persien geschickt habe, wo sie in Sicherheit aufwachsen sollte. Die Tarakanowa war schön, gebildet und kultiviert und hatte bereits einige europäische Aristokraten in ihrem Gefolge versammelt. (Kleiner Tipp: Wenn man sich als Prinzessin ausgeben will, ist es nützlich, ein paar Blaublüter bei der Hand zu haben, die diese Behauptung stützen.)

Leider war ihr Timing schlecht. Katharina die Große hatte soeben einen blutigen Coup gelandet und ihren versoffenen Ehemann ermordet – da hatte sie kein bisschen Geduld mit Thronprätendenten. Die selbsternannte Prinzessin wurde derweil in aller Pracht in Italien empfangen und erbot sich großzügig, sich das Zarenreich mit Katharina zu teilen. Schließlich, so ließ sie alle Welt wissen, wolle sie nicht auf die Türken als militärische Unterstützung zurückgreifen müssen, um ihren Anspruch durchzusetzen. Doch Katharina war nicht zimperlich, wenn es darum ging, lästige Insekten zu zerquetschen. Schon gar nicht, wenn es Hinweise darauf gab, dass die fragliche Kakerlake von polnischen Rebellen, die in Russland eine Revolution anzetteln wollten, zu ihrem Schwindel angestiftet worden war.

Da die junge Frau inzwischen recht bekannt war und immer mehr Unterstützer anzog, fürchtete Katharina, dass dieser Plan tatsächlich aufgehen könnte. Also schickte sie ihren ehemaligen Geliebten, den Grafen Alexei Orlow, nach Italien. Er sollte das Vertrauen der Prinzessin gewinnen, so tun, als unterstützte er ihren Anspruch auf den Zarenthron, und sie dann bei passender Gelegenheit entführen.

Das gelang ihm auch. Orlow lockte Tarakanowa mit dem Versprechen, sie zu heiraten, auf sein Schiff, und als sie an Bord ging, schnappte die Falle zu. Die Prinzessin wurde als Gefangene nach Russland gebracht. 1776, kaum ein Jahr später, verstarb sie im Gefängnis, wo sie immer noch auf ihren Prozess wartete. Gerüchteweise hieß es, sie sei bei einer Sturmflut in ihrer Zelle ertrunken. Tatsächlich starb sie aber an einer Krankheit, die durch das Leben hinter Gittern zweifellos verschlimmert worden war.

2. Kleider machen Leute: Prinzessin Susanna Caroline Mathilda

In den frühen 1770er Jahren besuchte die Schwester der englischen Königin Charlotte die Neue Welt. Und natürlich brodelte die Gerüchteküche in Amerika, wo man nach Neuigkeiten aus der alten Heimat gierte, nur so. Wie, noch nie von Prinzessin Susanna Caroline Mathilda gehört? Na, das ist doch die, die nach einem Skandal vom Hof verbannt wurde. Aber stammt Königin Charlotte denn nicht aus Deutschland? Warum spricht

Prinzessin Susanna dann kein Deutsch? Ja, weil sie geschworen hat, ihre Muttersprache so lange nicht zu sprechen, bis sie mit ihrer innig geliebten Schwester wieder versöhnt ist. Was für ein Skandal! Man war begeistert.

Anderthalb Jahre lang war Prinzessin Susanna *das* gesellschaftliche Ereignis in Virginia und Carolina. Man holte sie sich ins Haus, um seinen Partys royalen Glanz zu verleihen, jeder empfing sie gerne, und sie wurde überall äußerst großzügig und komfortabel bewirtet. Man kann sich also vorstellen, wie schockiert die Neue Welt war, als sich herausstellte, dass die Prinzessin keine in Ungnade gefallene Aristokratin war, sondern eine entflohene Strafgefangene.

Prinzessin Susanna hieß in Wahrheit Sarah Wilson, war in Staffordshire geboren und hatte in London Caroline Vernon, einer Hofdame der Königin, als Zofe gedient. Doch schon bald kam heraus, dass Wilson ein kostbares Kleid, eine Miniatur der Königin, Schmuck und andere Dinge gestohlen hatte. Sie wurde vor Gericht gestellt und zum Tode verurteilt, und nur Lady Vernons Fürsprache verdankte sie es, dass das Urteil in eine Zwangsverschickung in die Kolonien umgewandelt wurde.

Sarah Wilson traf 1771 in Baltimore ein und wurde in Schuldknechtschaft an William Devall verkauft, einen Plantagenbesitzer in Maryland. Irgendwie gelang ihr die Flucht nach Virginia – mitsamt dem gestohlenen Kleid, dem Schmuck und dem Miniaturporträt (das sie unerklärlicherweise nach Untersuchungshaft, Prozess, Verurteilung und Verschiffung quer über den Atlantik noch immer besaß). Diese Gegenstände sollten ihr ebenso nützlich sein wie der Klatsch, den sie als Bedienstete bei Hofe aufgeschnappt hatte.

So staffierte Wilson sich also aus und präsentierte sich als Prinzessin Susanna den begeisterten Kolonialherren, die sie in ihren Gästezimmern unterbrachten und in ihren Salons Hof halten ließen. Sie muss eine außerordentlich gute Schauspielerin gewesen sein und gründlich bis ins letzte Detail – so hatte sie etwa ihre Unterwäsche mit kleinen Kronen und ihrem Monogramm bestickt. Sie gab sich ganz als Aristokratin im Exil und ließ durchblicken, dass sie durchaus noch gute Verbindungen zu den Königshäusern Europas hatte und Freundlichkeit und Unterstützung ihrer Gastgeber nicht vergessen würde (sprich: Da könnte etwas herausspringen!). Wie lange sie diesen Schwindel aufrechterhalten wollte, ist unklar, aber vorerst machte sie mit Gefälligkeiten aller Art ein prächtiges Geschäft.

In den Kolonien verbreiteten sich Nachrichten nur langsam, und erst Monate nach Wilsons Flucht hörte Devall von der Prinzessin im Exil. Er schickte einen Bediensteten nach South Carolina, wo sie gerade residierte. Der Mann fand Wilson im Haus ihres respektablen Gastgebers, umgeben von ihren Bewunderern. Nachdem er ihre wahre Identität enthüllt hatte, geleitete er sie mit vorgehaltener Waffe hinaus.

Auf Devalls Plantage arbeitete Wilson die nächsten zwei Jahre lang wieder als einfaches Dienstmädchen – bis das Schicksal ihr erneut die Chance zur Flucht bot. Als eine andere Sarah Wilson in der Kolonie auftauchte, schaffte sie es irgendwie, in deren Identität zu schlüpfen. Die ehemalige Prinzessin heiratete später einen britischen

Offizier, und mit dem Geld, das sie als vermeintliche Aristokratin angesammelt und versteckt hatte, bauten die beiden sich ein eigenes Geschäft auf. Sie lebten glücklich bis ans Ende ihrer Tage, zogen einen Haufen Kinder groß und genossen das Leben in den neugegründeten USA.

3. Publicity ist alles: Prinzessin Olive von Cumberland

Olivia Serres, geborene Wilmot, ging gelegentlich das Geld aus. Sie stellte fest, dass es für eine Olivia Serres, mäßig erfolgreiche Landschaftsmalerin und Schriftstellerin, dann sehr praktisch war, zur Prinzessin Olive von Cumberland zu werden, der mal ehelich, mal unehelich geborenen Nichte des Königs von England.

Mit dieser Behauptung trumpfte Olivia 1817 zum ersten Mal auf, als sie König George III. (der inzwischen völlig dem Wahnsinn verfallen war) um Hilfe bat und sich als uneheliche Tochter seines verstorbenen Bruders Henry Frederick, Duke of Cumberland, zu erkennen gab. Das reichte jedoch nicht, um Serres vor dem Schuldgefängnis zu bewahren, also legte sie 1820 noch einmal nach: Jetzt war sie seine *eheliche* Tochter, geboren am 3. April 1772 von seiner heimlich angetrauten Frau Olive Wilmot.

Olivia gab sich nicht damit zufrieden, sich nur ans britische Königshaus zu wenden, sondern suchte auch die Unterstützung der Öffentlichkeit. Und das nicht nur einmal. Als äußerst produktive Autorin brachte sie ein Flugblatt nach dem anderen unters Volk, in denen sie ihre widersprüchlichen Behauptungen öffentlich machte. Einmal ließ sie in ganz London Plakate anbringen mit der Schlagzeile: »Prinzessin von Cumberland in Gefangenschaft!« 1822 brachte Olivia dann ihr Meisterwerk heraus, ein Pamphlet mit dem treffenden Titel »Erklärung der Prinzessin von Cumberland an das Englische Volk«. Der lächerlich lange und vielfach abschweifende Text berichtet unter anderem von einem Vorfall, bei dem die junge Prinzessin von einem Hund vor dem Ertrinken gerettet wurde, und von Räubern, die sie im eigenen Haus überfielen.

Vor allem aber behauptet Olivia darin, ihr Onkel, Dr. Wilmot, sei in Wahrheit ihr Großvater und habe heimlich eine polnische Prinzessin geheiratet. Aus dieser Verbindung sei Olivias Mutter hervorgegangen, die dann 1767 heimlich den Herzog von Cumberland geehelicht habe. Doch das traute Glück wurde auf tragische Weise vom Schicksal auseinandergerissen, der Herzog verließ seine Frau, die bald darauf starb, und vertraute seine Tochter ausgerechnet einem Fassadenmaler aus Warwick an, der zur Unterschlagung neigte.

Es kam der »Prinzessin« natürlich gelegen, dass jeder, der die Wahrheit oder Unwahrheit ihrer Behauptungen hätte bestätigen können, bereits verstorben war: Der Herzog 1790, König George verabschiedete sich 1820, und Olive Wilmot, Prinzessin Olivias Mutter, war ja schon zu Anfang der tragischen Geschichte »an gebrochenem Herzen« gestorben. Olivia stützte ihre Behauptung auf nichts weiter als eine zufällige Ähnlichkeit mit dem verstorbenen Herzog und ein wenig Theatralik. Sie ließ das königliche Wappen auf ihre Kutsche malen und heuerte Lakaien an, die sie in die Montur des königlichen Dienstpersonals steckte. Die restlichen »Beweise«, die ihre Geschichte untermauern sollten, waren Abschriften einer angeblichen Korrespondenz zwischen ihr und der königlichen Familie sowie diversen Geistlichen und eidesstattliche Erklärungen mit beglaubigten Unterschriften – samt und sonders gefälscht.

Olivia hielt diese Fiktion bis zu ihrem Tod 1835 im Schuldgefängnis aufrecht. Eines ihrer letzten Pamphlete mit dem Titel »Welches Unrecht geschieht Ihrer Königlichen Hoheit, der Prinzessin Olivia von Cumberland« wurde 1833 veröffentlicht und verkündet, »jegliches Gesetz, sei es von Menschen oder von Gott geschaffen, ist im Fall dieser Aristokratin gebrochen worden«. Es schließt mit den Worten: »Fortsetzung folgt …« Und so kam es auch. Nach Olivias Tod trug ihre Tochter die Fackel weiter und forderte, als Prinzessin Lavinia von Cumberland anerkannt zu werden. Überraschenderweise wurde sie abgewiesen.

4. Eine von vielen: Prinzessin Sumaira

Im Juli 1940 erschien die 22-jährige Prinzessin Sumaira, ein elegantes Gelegenheits-Model, in Shanghai erstmals auf der Bildfläche und sorgte für frischen Wind in der internationalen Exilgemeinde. Sie behauptete, eine Tochter von Maharadscha Bhupinder Singh von Patiala zu sein, und stieg standesgemäß im schnieken Park Hotel ab. Shanghai war damals wie ein lebendig gewordener Film noir: glamourös, brutal, schummriges Reich halbseidener europäischer Flüchtlinge, Gangster und

Betrüger. Genau das Richtige für Sumaira. Es hieß, sie sei wegen ihres »unsittlichen Lebenswandels« von ihrer Familie verstoßen worden, sei lesbischen Affären gegenüber nicht abgeneigt und zudem eine Nymphomanin, vor deren unersättlicher Gier nicht einmal Hotelpagen sicher seien.

Doch die indische »Prinzessin« beschränkte sich nicht darauf, die braven Bürger Shanghais mit ihrem unanständigen sexuellen Appetit zu schockieren. Sie war obendrein eine erstklassige Spionin und stand im Mittelpunkt eines Netzwerks pro-japanischer krimineller und politischer Strippenzieher. Zu den Gästen, die sie in ihrer prächtigen Suite im Park Hotel aufsuchten, gehörten einige bekannte Agenten der Achsenmächte (wie man im Zweiten Weltkrieg Nazi-Deutschland und seine Verbündeten nannte). Also stellten der britische Geheimdienst und die Polizei ein paar Nachforschungen an. Und fanden heraus, dass Sumaira mit richtigem Namen Rajkumari Sumair Apjit Singh hieß und noch vor Kurzem mit einem Beamten der indischen Eisenbahngesellschaft verheiratet gewesen war. Sich als Tochter des Maharadschas auszugeben, war eine gute Idee, denn davon hatte er mindestens 23, und das allein von seinen Ehefrauen – die Nachkommenschaft seiner Konkubinen nicht mitgerechnet. Kein Mensch hatte da noch den Überblick. Sumaira hatte wohl tatsächlich irgendeine Verbindung zu der Herrscherfamilie, doch welcher Art genau, ist unklar. Die britische Polizei in Shanghai behauptete jedenfalls, sie sei eine Nichte des Maharadschas – und seine Geliebte.

Im Dezember 1941 stand es finanziell sehr schlecht um Sumaira, und sie war gezwungen, ihre Suite im Park

Hotel aufzugeben. Doch mit der Invasion ihrer japanischen Freunde wendete sich das Blatt. Bald residierte sie wieder im Park Hotel und feierte Cocktailpartys mit gesellschaftlich und politisch wichtigen Deutschen, Italienern und Japanern und – wie immer – ein paar Geheimagenten. 1943 heiratete Sumaira einen japanischstämmigen Amerikaner, der als Kontaktmann der Japaner zur kriminellen Unterwelt von Shanghai galt.

Bei der Befreiung von Shanghai durch die Alliierten im September 1945 stand Sumaira also auf der falschen Seite. Sie schrieb dem Maharadscha verzweifelte Briefe und behauptete, unter der japanischen Besatzung alles verloren zu haben – weshalb sie nun dringend Geld brauche, um ihre »Ehrenschulden« zu begleichen. Die Prinzessin, wie sie sich immer noch nannte, wurde zuletzt gesehen, als sie 1946 versuchte, einen ehemaligen amerikanischen Offizier zu heiraten und sich so ihr Ticket in die USA zu sichern.

Doch war das wirklich das letzte Mal? 1951 tauchte eine Prinzessin Sumaira, die ebenfalls von sich behauptete, die Tochter des Maharadschas von Patiala zu sein, als Modedesignerin in Paris auf. Sie kreierte indisch angehauchte Haute Couture für die Reichen. Etwa 30 Jahre später trat sie in Amerika in Erscheinung als Gattin eines Pelzhändlers namens John Boughton und eröffnete eine eigene Boutique in der Fifth Avenue. 1979 plauderte die »Prinzessin« in einem Interview mit der *Palm Beach Daily* über ihre Kollektion und ihre märchenhafte Kindheit im Palast des Maharadschas. Im Mai 1980 widmete das *People Magazine* der Designerin, die mittlerweile zwischen Palm Beach und Manhattan hin- und herpendelte und

Klamotten der Kategorie »Preis auf Anfrage« verkaufte, einen ausführlichen Artikel. Nach 1983 wird diese Prinzessin Sumaira kaum mehr erwähnt. Ihre letzte Spur im Internet ist die Todesanzeige einer Sumaira Boughton, verstorben am 15. Mai 2003 in Milwaukee im Alter von 74 Jahren. Als Geburtsdatum ist der 17. Juni 1928 angegeben.

Handelt es sich dabei um ein und dieselbe Frau? Gut möglich. Auf Fotografien ist eine gewisse Ähnlichkeit zwischen der nymphomanischen Spionin der Achsenmächte in Shanghai und der Modedesignerin aus Palm Beach zu erkennen. Zudem scheuten sich beide Prinzessinnen nicht, ihren Titel und die angebliche Verbindung zum Maharadscha zu nutzen, um das zu bekommen, was sie wollten – sei es gesellschaftliche Anerkennung oder den besten Tisch im Nobelrestaurant. Falls sie also ein und dieselbe Person sein sollten, scheint Prinzessin Sumaira letzten Endes doch mit ihrem Schwindel durchgekommen zu sein.

5. Pflege deine Neurosen: Prinzessin Antoinette Millard

Kurz nach der Jahrtausendwende tauchte ein hübsches Gesicht – manchmal geschmückt mit einem diamantbesetzten Diadem – des Öfteren in den New Yorker Klatschspalten auf. Die Frau war zierlich und hatte blondes Haar, feine Gesichtszüge und exzellenten Geschmack. Sie schien sämtliche wichtigen Leute zu kennen, trug extravaganten Schmuck von den besten Juwelieren Manhattans, war stets zu den tollsten Partys eingeladen und saß im Vorstand aller wichtigen Wohltätigkeitsorganisationen. Ihr Name war Prinzessin Antoinette Millard. Sie war Mitglied der saudi-arabischen Königsfamilie und kürzlich zum Judentum konvertiert. Und eigentlich gab es sie gar nicht.

Die Prinzessin war eine Schöpfung von Antoinette Lisa Millard, auch bekannt als Lisa Walker, einer geschiedenen Mittvierzigerin aus Buffalo, die an einer unbehandelten psychischen Erkrankung litt. Prinzessin Antoinette war auch nicht ihre einzige Identität: Sie war außerdem eine Investmentbankerin, Anwältin mit einem Abschluss von der Boston University, Fotomodell, eine frisch Geschiedene, die auf sieben Millionen Dollar Abfindung von ihrem Ex wartete, eine jüdische Konvertitin, eine Drillingsschwester (das stimmte sogar), und sie litt an einem Tumor, der ganz nah am Herzen saß und dringend operativ entfernt werden musste.

Millard hielt diesen Betrug mit verteilten Rollen über zwei Jahre lang durch, bis das Kartenhaus schließlich 2004 zusammenbrach. Allein zwischen November 2003 und Januar 2004 hatte sie ihre American-Express-Karte mit über einer Million Dollar belastet und bei diversen Juwelieren in Manhattan Schmuck im Wert von fast einer halben Million Dollar gekauft und ihn dann hoch versichert. Bei der Versicherung hatte sie allerdings angegeben, der Schmuck habe ihrer Mutter und ihrer Tante gehört, angeblich Angehörige des saudischen Königshauses, und sie hatte Dokumente vorgelegt, die das bewiesen. Und dann der große Coup: Am Tag, nachdem Millard die Versicherung für den Schmuck abgeschlossen hatte, behauptete sie, ausgeraubt worden zu sein – und forderte 262 000 Dollar von der Versicherung.

Da schauten die Schadensermittler dann doch mal genauer hin und fanden heraus, dass zwölf der 23 angeblich gestohlenen Schmuckstücke in Wahrheit an einen Pfandleiher verkauft worden waren, und zwar schon, *bevor* Millard sie versichert hatte. Die Besitzurkunde, die sie als Nachweis bei der Versicherung eingereicht hatte, war eine Fälschung. Am 6. Mai 2004 wurde sie in ihrer Wohnung verhaftet – einer ganz gewöhnlichen Zwei-Zimmer-Wohnung an der Ecke 89th Street und Third Avenue. Da Millard die Kaution von 100 000 Dollar nicht stellen konnte, kam sie nach Rikers Island in Untersuchungshaft. Voller Schadenfreude verkündeten die Journalisten, dass sie keineswegs eine Prinzessin war.

2005 bekannte Millard sich des schweren Diebstahls und Versicherungsbetrugs für schuldig und hätte dafür bis zu 15 Jahre hinter Gitter kommen können, doch der Staatsanwalt sprach sich für die Unterbringung in einer psychiatrischen Klinik aus. Ein Psychiater attestierte, dass sie an einer bipolaren affektiven Störung, Depressionen und Magersucht litt. Ihre Anwälte behaupteten, all das seien Folgen des Traumas, das Millard als Augenzeugin der Terroranschläge auf das World Trade Center 2001 erlitten habe. Außerdem versicherten sie dem Richter, dass Millard vorerst für ein Jahr in die geschlossene psychiatrische Abteilung des New York Presbyterian Hospitals eingewiesen werden würde. Millard sollte nur 540 Dollar Anwaltshonorar bezahlen – und selbst die konnte sie nicht aufbringen.

Ein Jahr später wurde sie in Jacksonville, Florida, verhaftet, weil sie sich immer wieder der Justiz entzogen hatte. Was danach geschah, ist unklar, doch 2010 sorgte sie erneut für Schlagzeilen. Die dreiste Pseudo-Prinzessin verklagte ihrerseits American Express. Das Unternehmen, das sie wegen ihrer knappen Million Dollar Schulden verklagt hatte, hätte ihr aufgrund ihres Geisteszustands gar nicht erst so viel Kredit einräumen dürfen. Zur hämischen Freude der New Yorker Klatschpresse zerriss der Richter ihre Klage buchstäblich in der Luft.

6. Bis ins kleinste Detail: die »Persische Prinzessin«

Bei einer Großrazzia gegen ein Netzwerk illegaler Antiquitätenhändler im Oktober 2000 machte die pakistanische Polizei einen großen Fund, bei dem es sich anscheinend um die einzige, je entdeckte persische Mumie handelte. Die sogenannte »Persische Prinzessin« war vermutlich vor 2600 Jahren verstorben, und der Fund hätte beinahe dazu geführt, dass die Geschichtsbücher neu geschrieben werden mussten. Leider war die Mumie nicht echt. Die Ermittlungen ergaben schließlich, dass es sich bei der uralten Toten von königlichem Geblüt wohl eher um ein Mordopfer neueren Datums handelte.

Die Geschichte begann damit, dass die Polizei von Karatschi einen Tipp erhielt und daraufhin Videomaterial fand, auf dem ein Mann namens Ali Akbar versuchte, eine Mumie zu verkaufen. Das war ein Verstoß gegen das Kulturgutschutzgesetz. Doch Akbar war nur der Mittelsmann. Über ihn stießen die Ermittler auf einen Stammesführer aus dem Grenzgebiet zu Afghanistan und dem Iran, in dessen Haus sie die Mumie in einem Zwischenboden fanden.

Die Mumie lag in einem hölzernen Sarkophag mit steinerner Deckplatte und ruhte auf einer Schilfmatte, die mit Honig und Harz bestrichen war. Sie trug eine goldene Krone und eine Maske aus getriebenem Gold. Auf ihrer Brust verkündete die Inschrift einer goldenen Brustplatte: »Ich bin die Tochter des großen Königs Xerxes. Ich bin Rhodugune.« Der Eigentümer sagte aus, er habe die Mumie einem Iraner abgekauft, der behauptet hatte, sie sei bei einem Erdbeben zum Vorschein gekommen.

Wenn die Mumie echt gewesen wäre, dann wäre sie ein sensationeller Beleg dafür gewesen, dass die Ägypter ihre Mumifizierungstechniken mit Handelspartnern in dieser Region geteilt hatten. Sie erregte nicht nur weltweit archäologisches Aufsehen, sondern drohte auch zum politischen Zankapfel zu werden. Pakistan hatte die Mumie gefunden, doch weil die Keilschrift auf der Brustplatte einen persischen Ursprung vermuten ließ, erhob der Iran Anspruch auf das gute Stück, als Kulturerbe des Königreichs Persien. Selbst die Taliban mischten sich ein und erklärten, die Mumie sei aus dem nahen Afghanistan nach Pakistan geschmuggelt worden, die Schmuggler hätten sie inzwischen erwischt und hingerichtet.

Die Mumie blieb vorerst im pakistanischen Nationalmuseum, und je mehr Experten sie untersuchten, desto mehr verdächtige Unstimmigkeiten kamen ans Licht. Man stellte fest, dass die Inschrift auf der Brustplatte Grammatikfehler aufwies. Der Goldschmuck war von sehr schlechter Qualität, vor allem für eine Prinzessin. Die eingeschnitzten königlichen Symbole auf dem Holzsarg waren nachweislich erst mit Bleistift vorgezeichnet worden. Und die Schilfmatte war der Radiokarbondatierung nach höchstens 50 Jahre alt. Anscheinend war alles, was diese Mumie umgab, gefälscht. Doch es hatte schon zuvor Versuche gegeben, echte Mumien durch Fälschungen zu königlichen Mumien aufzupeppen, um ihren Wert zu steigern. War die Mumie an sich vielleicht doch echt?

Im Laufe der weiteren Untersuchungen wurde es dann wirklich seltsam. Wer auch immer der Frau die inneren Organe entnommen hatte, hatte alle herausgeholt – auch das Herz, das nach ägyptischer Tradition im Leichnam verblieben wäre. Und das durch einen Schnitt im Bauch, der arg an eine Stichwunde erinnerte. Das Gehirn hatte man ihr durch den Mund herausgezogen und nicht durch die Nase, wie es die Ägypter gemacht hätten. Außerdem fehlten ihr sämtliche Zähne.

Und dann der entscheidende Fund: Im CT wurden kleine Knöchelchen im Innenohr sichtbar, die unmöglich zwei Jahrtausende überdauert haben konnten. Tatsächlich bewiesen sie, dass die Frau erst vor ein paar Jahren gestorben sein musste. Weitere Untersuchungen brachten ans Licht, dass die untere Wirbelsäule durch einen heftigen Schlag gebrochen worden war. Nun wurden die Verbände abgewickelt, um eine Autopsie vorzunehmen, und die Pathologen fanden eine Frau mittleren Alters vor, die 1996 gestorben war. Todesursache: Genickbruch. Die gefälschte Mumie entpuppte sich als echtes Opfer sehr realer Gewalteinwirkung.

Es lässt sich nicht feststellen, ob die Frau ermordet wurde oder durch einen Unfall ums Leben kam und die Fälscher nur ihre Leiche bargen, um sie zu präparieren. Dennoch wies der Fund auf einen gut organisierten Ring von Antiquitätenfälschern hin, denn das konnte niemand allein fertiggebracht haben. Die Fälscher hatten der Leiche die inneren Organe entnommen, sie mit Natron und Tafelsalz ausgestopft und sich dann große Mühe mit dem Einwickeln gegeben, um den Anschein einer echten Mumie zu erwecken. Die Steinplatte hatte ein Steinmetz hergestellt, den Sarkophag ein Schreiner, der auch das Schnitzen beherrschte, die Gesichtsmaske und die Brustplatte hatte ein Goldschmied angefertigt, und jemand mit einigem Wissen über ägyptische Mumifizierungsmethoden, persische Geschichte und Keilschrift hatte sich um den Rest gekümmert. All diesen Mühen stand ein hoher potenzieller Gewinn entgegen – der Stammesführer, der die Mumie zu verkaufen versuchte, hatte ursprünglich elf Millionen Dollar verlangt und behauptete, mit einem Käufer hätte er sich bereits auf 1,1 Millionen geeinigt.

Das gebrochene Genick und Rückgrat der unbekannten Toten veranlassten die pakistanische Polizei dazu, Ermittlungen wegen Mordes einzuleiten. Doch schließlich erlahmte das Interesse an dem anonymen Opfer. Der Fall wird 2008 zuletzt in der Presse erwähnt, und da schien die pakistanische Polizei schon nicht mehr aktiv zu ermitteln. Schlimmer noch, der Leichnam der Unbekannten war bis dahin noch nicht einmal beigesetzt worden – er lag nach wie vor gekühlt im Leichenschauhaus. Offiziellen Stellen zufolge wartete man noch immer auf die Erlaubnis, die Tote zu begraben.

Charlotte von Preußen

DIE PRINZESSIN UND DIE SEXPARTY

24. JULI 1860 BIS 1. OKTOBER 1919
PREUSSEN

In einer kalten, verschneiten Winternacht des Jahres 1891 trafen ein Pferdeschlitten nach dem anderen am Jagdschloss Grunewald ein. Dutzende Aristokraten und Würdenträger des preußischen Hofs hatten sich gegen die Kälte in Pelze gewickelt und waren zum ältesten preußischen Schloss bei Berlin gefahren, um eine Nacht lang zu trinken, zu tanzen und Glücks- und Sexspielchen zu treiben. Die Pelze fielen rasch, die Hemmungen nicht lange danach. Ob Partnertausch oder exotische Stellung – all das geschah unter den gläsernen Augen zahlloser ausgestopfter Hirschköpfe und dem aufmerksamen Blick mindestens eines besonders geschäftstüchtigen Adeligen.

Am nächsten Morgen reisten die hohen Herrschaften mit schönen Erinnerungen, einem leichten Kater und möglicherweise ein paar interessanten neuen Geschlechtskrankheiten wieder ab. Dann erhielten sie anonyme Briefe, deren Absender damit drohte, der ganzen Welt zu enthüllen, was sie in dem abgelegenen Jagdschlösschen getrieben hatten. Und für den Fall, dass die vornehmen Swinger sich nicht mehr genau an jene Nacht erinnern konnten, enthielten die Briefe hilfreicherweise alle pikanten Details, begleitet von pornographischen Abbildungen und Zeichnungen. Schlimmer noch, der Inhalt ging weit über das hinaus, was in dem Schlösschen geschehen war. Einer 1904 erschienenen Biographie des preußischen Kaisers zufolge grub der Erpresser auch uralte, längst vergessene Leichen aus den adeligen Kellern aus, riss halb verheilte Wunden wieder auf und berichtete von allerhand bösartigen oder unehrenhaften Taten seiner Opfer, die teils der Wahrheit entsprachen. Das bedeutete, dass der anonyme Briefeschreiber nicht nur bei der Party war, sondern auch beste Kontakte zum Berliner Hof haben musste. Der Skandal sollte sich bis in den Deutschen Reichstag erstrecken, es floss Geld, das den Erpresser zum Schweigen bewegen sollte, mindestens eine Karriere war beendet, und die Angelegenheit kostete sogar ein Menschenleben.

Wer hat also diese Briefe geschrieben? Ganz oben auf der Liste der Verdächtigen stand die Frau, die zu der aufregenden Party geladen hatte: eine kettenrauchende Prinzessin namens Victoria Elisabeth Augusta Charlotte von Preußen, Enkelin von Queen Victoria, Tochter des preußischen Herrscherhauses und jüngere Schwester von Wilhelm II., dem letzten deutschen Kaiser.

Prinzessin Charlotte, wie sie meist genannt wurde, war die älteste Tochter des preußischen Kronprinzen und nicht eben vielversprechend. Als Kind tat sie sich mit dem Lernen schwer, war oft überheblich und ungezogen und widersetzte sich ihrer Mutter. Als Teenager stand Charlotte in dem Ruf, die arroganteste, herzloseste und kokketteste Frau bei Hofe zu sein. Ihre Mutter beklagte, dass Charlotte zwar hübsch anzusehen, jedoch inwendig leer sei – eine gefährliche Kombination. Alle seien zunächst von ihr hingerissen, und nur wer sie besser kenne, wisse, wie sie wirklich ist – und könne sie weder gernhaben, noch ihr vertrauen. Autsch ... (Was Charlottes hübsches Äußeres angeht, nun ja ... Sie war klein, hatte einen langen Torso und kurze, stämmige Glieder, eine gewaltige Oberweite, und eine Schulter saß höher als die andere. Außerdem war sie recht schütter, weil sie an Haarausfall litt. Aber vielleicht musste man sie ja nur im richtigen Licht betrachten?)

Im Februar 1878 heiratete die 17-jährige Charlotte den Erbprinzen Berhard III. von Sachsen-Meiningen. Er war neun Jahre älter als sie und wird als affektiert und verweichlicht beschrieben, doch Charlotte glaubte ihn zu lieben. Im Mai des darauffolgenden Jahres kam ihr einziges Kind zur Welt, eine Tochter namens Feodora. Charlotte überließ das Kind bald der Fürsorge einer Kinderfrau und kehrte lieber nach Berlin zurück, um sich in die dortige »Szene« zu stürzen.

Charlotte war das, was man typischerweise als reiches Biest bezeichnet. Sie spielte anderen Freundschaft vor, um ihr Vertrauen zu gewinnen, und wenn sie etwas Peinliches herausfand, erzählte sie allen davon. Ihr eigener Bruder nannte sie eine Heuchlerin. Sie hatte ein boshaftes Mundwerk und legte es offenbar darauf an, die Klatsch-Königin des Berliner Hofes zu werden. Zugleich bewunderte man aber Charlottes Stilsicherheit, ihre französische Garderobe, ihre Klugheit und ihren Geschmack, was Pferde, Musik und Blumen anging. Außerdem schmiss sie die tollsten Partys. Als ihr Bruder zum Kaiser gekrönt wurde, war Charlotte auf einmal in der Berliner Gesellschaft so gefragt wie nie.

Sex, Lügen und Pornobriefe

Die Sexorgie und der Erpressungsskandal ereigneten sich bald nach der Thronbesteigung Wilhelms II. Charlotte, die boshaften Tratsch liebte und selbst gern Unruhe stiftete, geriet als Erste unter Verdacht, die Briefe geschrieben zu haben, obwohl sie ebenfalls mehrere bekam. Ihre Feinde, von denen es nicht wenige gab, behaupteten, sie habe die Briefe an sich selbst geschrieben und die Party sei eine Falle für ihre Gäste gewesen.

Insgesamt gingen zwischen dem Erpresser und seinen Opfern 246 Briefe hin und her. Trotz strenger staatlicher Zensur ging so einiges an die Presse, es wurde nicht zu knapp schmutzige Wäsche gewaschen, was allgemeines Gejammer über den sittlichen Verfall auslöste. Und weil auch Politiker Klatsch lieben, brachen im Reichstag hitzige Debatten aus, die polizeiliche Ermittlungen und hässliche Anschuldigungen zur Folge hatten. Doch trotz aller Vorliebe für Tratsch und Gerüchte war Charlotte tatsächlich nicht die Briefeschreiberin. Nachdem sie als Verdächtige ausgeschieden war, geriet der bedauernswerte Graf Leberecht von Kotze ins Fadenkreuz, einer ihrer ehemaligen Freunde. Er wurde im Juni 1894 verhaftet. Obwohl er letztlich von allen Vorwürfen freigesprochen wurde, fühlte er sich in seiner Ehre verletzt und forderte sämtliche Hauptakteure seines Prozesses zum Duell. 1896 tötete er bei einem solchen Baron von Schrader, den Mann, der seine Festnahme angeordnet hatte.

Die Ermittlungen zogen sich über mehrere Jahre hin und fanden schließlich doch die wahren Schuldigen – und das waren kein Geringerer als der Schwager des Kaisers, Herzog Ernst Günther von Schleswig-Holstein, und seine französische Mätresse. Der Herzog war schon lange das sprichwörtliche schwarze Schaf in der kaiserlichen Familie, und auch er war bei dem Edel-Swingertreff dabei gewesen. Als Erpresser entlarvt, wurde er praktisch vom Hof verbannt. Seine Mätresse wurde von bewaffneten Wachen zur deutschen Grenze gebracht, aus dem Land befördert und eindringlich gewarnt, ja nie wiederzukommen.

Ganz und gar unschuldig war Charlotte allerdings auch nicht. Ein Teil des Materials für die skandalösen Briefe stammte aus ihrem Tagebuch, das sie bei einem Besuch bei den Kotzes (dem Duellanten und seiner Frau) verloren hatte. Darin hatte sie skandalöse Geheimnisse ihrer eigenen Familie und diverser Höflinge festgehalten. Dieses Tagebuch bekam die raffinierte Mätresse des Herzogs irgendwie in die Finger (wahrscheinlich von den Kotzes, mit denen Charlotte sich heftig zerstritten hatte) und gab es an ihn weiter. Die Polizei fand es im Zuge ihrer Ermittlungen und übergab es Kaiser Wilhelm. Der schäumte vor Wut – seine Beziehung zu seiner Schwester war ohnehin schon angespannt, weil Charlotte seine Frau nicht ausstehen konnte (und umgekehrt). Charlottes Ehemann wurde zu einem Regiment irgendwo in der öden deutschen Provinz versetzt, und sie musste ihn begleiten – de facto eine Verbannung aus der höfischen Gesellschaft, die sie doch so sehr liebte. Der Kaiser und seine Schwester sollten sich nie wieder versöhnen.

Erstaunlicherweise geriet der Skandal um die Sexorgie beinahe augenblicklich wieder in Vergessenheit. Erst als ein deutscher Historiker 2010 die Briefe aus dem Geheimen Staatsarchiv Preußens unzensiert veröffentlichte, kam die ganze Geschichte wieder ans Licht.

Der Apfel fällt nicht weit vom Stamm

So boshaft Charlotte gewesen sein mag, verdient sie doch auch etwas Mitgefühl. Immerhin war sie in einem ziemlich lieblosen Elternhaus aufgewachsen und litt an nervösen Ticks – sie kaute an den Fingernägeln und nuckelte an ihrer Kleidung –, die durch die unablässige Kritik ihrer Mutter nur verschlimmert wurden. Victoria (die Tochter der englischen Queen Victoria) konnte ihre eigene Tochter anscheinend nicht leiden. Sie bezeichnete sie als dumm, zurückgeblieben, ungezogen, höchst schwierig zu erziehen und plump. Charlottes Schlagfertigkeit fasste sie als Dreistigkeit auf. Jahre später, als ihre Mutter an Krebs verstarb, war Charlotte das letzte ihrer Kinder, das davon erfuhr.

Angesichts dieser schwierigen Beziehung zu ihrer Mutter überrascht es vielleicht nicht, dass Charlotte sich ebenfalls als ziemlich miserable Mutter entpuppte. Sie verabscheute die Schwangerschaft, ganz zu schweigen von den Einschränkungen, die mit der Mutterschaft einhergingen. Nach Feodoras Geburt entschied Charlotte, dass sie keine weiteren Kinder wollte. Feodora wuchs ebenso ungeliebt auf wie ihre Mutter, zu Kinderfrauen und Gouvernanten abgeschoben und mit nur wenigen gleichaltrigen Spielgefährten. Als Feodora im Teenageralter war, beklagte sich ihre Großmutter, das Mädchen werde genau wie seine Mama, nichts im Kopf als ihre Kleider und Äußerlichkeiten, und außerdem lüge sie häufig. Die Stimmung besserte sich auch nach Feodoras Hochzeit nicht –

mit 17 heiratete sie Prinz Heinrich XXX. Reuß zu Köstritz, einen relativ armen Aristokraten, der 15 Jahre älter war als sie. Feodora wünschte sich verzweifelt Kinder, konnte aber keines bekommen, und Charlotte zeigte sich wenig mitfühlend. Auf die Frage nach Enkelkindern soll sie unwirsch geantwortet haben: »Nein, danke, ich kann ohne die verdammte Brut leben!«

Charlotte konnte ihre Tochter immer weniger verstehen und erklärte schließlich, sie müsse sich distanzieren und sie ihren eigenen Weg gehen lassen. Sie verprellte ihre Tochter und ihren Schwiegersohn dermaßen, dass öffentliche Beleidigungen die gängige Form ihrer Kommunikation darstellten. Feodoras Vater Bernhard klagte in beinahe erstaunlicher Blindheit, seine Tochter hege eine Leidenschaft für Klatsch und Verleumdung, die sie gewiss nicht von ihren Eltern geerbt haben könne. Nicht einmal Feodoras schlechter Gesundheitszustand konnte bei Charlotte mütterliche Gefühle erwecken. Sie lästerte nur darüber, wie blass, dünn und hässlich ihre Tochter geworden sei. Sie könne kaum glauben, dass diese eigenartige, laute Person ihr Kind gewesen sei, und soll gesagt haben: »Ich kann sie nicht lieben!« Um die Jahrhundertwende erzählte Charlotte sogar, ihr Schwiegersohn habe Feodora mit einer Geschlechtskrankheit angesteckt. Als die Tochter diese fiese Behauptung abstritt, verlangte Charlotte von Feodora, sich untersuchen zu lassen, um zu beweisen, dass das nicht stimmte. So giftig und bösartig war die Auseinandersetzung, dass die schockierte Berliner Gesellschaft allmählich an der geistigen Gesundheit der beiden Frauen zweifelte. Und das nicht ohne Grund.

Man hat Charlottes Verhalten lange als Ausdruck eines eigensinnigen, boshaften Charakters und ihrer schier unersättlichen Gier nach Alkohol, Tabak und Klatsch abgetan. Tatsächlich aber könnte Charlotte an Porphyrie gelitten haben – derselben schmerzhaften und höchst seltenen Stoffwechselerkrankung, die vielleicht auch hinter dem »Wahnsinn« ihres Ururgroßvaters mütterlicherseits steckte, dem englischen König George III. (allerdings weisen neue Erkenntnisse darauf hin, dass George womöglich doch an einer Geisteskrankheit litt). In ihren späteren Jahren wurde Charlotte von zahlreichen Beschwerden geplagt – Rheuma, Unwohlsein, Nierenschmerzen, Erkältungen, Verdauungsprobleme, geschwollene Gelenke und abnorme Blutbefunde, die die Ärzte für eine schwere Blutarmut hielten. Außerdem war sie oft deprimiert, konnte nicht schlafen und litt an quälendem Juckreiz. Das Rauchen tat ein Übriges – es verschlimmerte die Porphyrie. Ihre Mutter beschrieb ihren Teint einmal als gelblich und behauptete, Charlotte rieche wie ein Zigarrenladen, was sich für eine Dame nun wirklich nicht schickte.

Feodora litt an den gleichen Symptomen, die bei ihr um das elfte Lebensjahr herum erstmals auftraten. Noch als sie über 30 war, wurden ihre häufigen und absolut echten Beschwerden von ihrer Familie als Hypochondrie und Folgen geistiger Apathie abgetan. Ihr Mann behauptete, sie sei schlicht zu faul, besser auf sich zu achten. Sie übertreibe maßlos, was ihre vielen Leiden anging, und bereite ihm und anderen damit immer wieder unnötige Sorgen. Zudem litt Feodora höchstwahrscheinlich an einer bipolaren affektiven Störung und schwankte tagtäglich zwischen himmelhochjauchzend und zu Tode betrübt.

Am 1. Oktober 1919 starb Charlotte mit 59 Jahren an einem Herzinfarkt. Sie hatte sich nie mit ihrer Tochter ausgesöhnt. Feodora ging die nächsten 25 Jahre in diversen Sanatorien ein und aus, ein Opfer ihres erbärmlichen Gesundheitszustands, ihrer Unfruchtbarkeit und der Gefühllosigkeit ihres Mannes. Am 26. August 1945 nahm sie sich das Leben, indem sie in der Klinik, in der sie damals stationär behandelt wurde, den Kopf in einen Gasherd steckte. 50 Jahre nach ihrer Beisetzung wurde der Leichnam exhumiert, und Untersuchungen ergaben, dass sie tatsächlich an Porphyrie gelitten hatte.

Während der Tod ihrer Mutter noch eine knappe Meldung wert gewesen war, starb Feodora praktisch unbemerkt. Die beiden Frauen hatten zu einer Zeit gelebt, die von Tumult und Umsturz dessen geprägt war, was jahrhundertelang als die »natürliche Ordnung« der Dinge gegolten hatte. Keine von beiden bewältigte diese Zeit sonderlich anmutig, aber sie hatten es auch nicht leicht. Und natürlich ist es einfach, Charlotte und ihre Tochter als eitle, selbstsüchtige, mitleidslose Frauen abzutun, deren Leben sich nur um sie selbst drehte. Allerdings blieb ihnen auch gar nicht viel mehr übrig – Prinzessinnen wie Charlotte und Feodora sollten fügsame, sanftmütige Wesen sein, die taten, wie ihnen geheißen. Nur leider ist dieses Leben äußerst langweilig und begrenzt und hat keinerlei Verständnis für unbehandelte Geisteskrankheiten oder das Bedürfnis, sich sexuell auszuprobieren. In einem Palast auf die Welt zu kommen, mag ja ganz toll sein, aber ein freier Mensch ist man da nicht gerade.

Clara Ward

DIE PRINZESSIN, DIE MIT EINEM MUSIKANTEN DURCHBRANNTE … UND MIT EINEM KELLNER … UND MIT EINEM SCHAFFNER

17. JUNI 1873 BIS 9. DEZEMBER 1916

Paris 1896. Eine junge, schöne, temperamentvolle Prinzessin und ihr wesentlich älterer Herr Gemahl sitzen in einem verrauchten Café – einem berüchtigten Nachtclub, Lieblingslokal der Reichen und Mondänen. Trotz der Novemberkälte ist es drinnen beinahe zu warm, die runden weißen Schultern der Prinzessin sind kaum bedeckt, und ihr Korsett kann den üppigen Busen nur noch mit Mühe bändigen. Gelangweilt dreht sie ihr Champagnerglas zwischen den Fingern hin und her. Dann stimmt das Orchester eine bewegende Zigeuner-Melodie an, und die klagenden Klänge einer Geige durchdringen mühelos den Raum. Der Geiger, ein kleiner Mann mit schwarzem Haar und blitzenden dunklen Augen, spielt im Gehen zwischen den Tischen und mustert das Publikum. Sein Blick fällt auf die Prinzessin. Er geht langsam auf sie zu und spielt noch hingebungsvoller. Sie lächelt.

Zehn Tage später fliehen der Geiger und die Prinzessin aus Paris. Sie lässt ihren gleichgültigen Ehemann, zwei kleine Kinder und die Zwänge der vornehmen Gesellschaft zurück. Doch es ist nicht das erste Mal, dass diese Prinzessin weltweit Schlagzeilen macht, und es sollte auch nicht das letzte Mal sein.

Eine Amerikanerin in Paris

Princesse de Caraman-Chimay, auch unter dem Namen Clara Ward bekannt, kam nicht direkt als Prinzessin zur Welt, war aber doch so nahe dran, wie man es als Amerikanerin nur sein konnte. Ihr Vater, Captain Eber Ward, war immerhin als der »König der Seen« bekannt – er hatte es mit Dampfschiffen und Holzhandel zum ersten Millionär von Michigan gebracht. Bereits seine Hochzeit mit Claras Mutter war ein Skandal, denn zuvor hatte sich seine erste Frau (und Mutter seiner sieben Kinder) wegen notorischer Untreue von ihm scheiden lassen.

Clara kam 1873 in Detroit zur Welt. Ihr Vater verstarb, als sie kaum anderthalb Jahre alt war, und hinterließ den Großteil seiner sechs Millionen Dollar ihrer Mutter und den beiden gemeinsamen Kindern. (Die Kinder aus seiner ersten Ehe bekamen viel weniger ab.) Claras Mutter zog mit dem kleinen Mädchen und seinem Bruder nach New York, heiratete einen Kanadier und ging mit ihm nach Toronto. Mit 15 Jahren wurde Clara in ein vornehmes Londoner Mädchenpensionat geschickt.

Daraus wurden schließlich *mehrere* Mädchenpensionate. Der Presse von damals ist zu entnehmen, dass Claras Ruf in London bald »in mütterlichen Augen alles andere als wünschenswert« war und sie sich ein neues Institut suchen musste. Ein Zeitungsartikel behauptete, sie sei aus ihrem Pensionat in Paris verschwunden und erst 18 Tage später in der Mansarde eines armen Studenten gefunden worden. In einem anderen stand, sie habe sich als blinder Passagier auf dem Dach der Kutsche ihrer Mutter hinausgeschmuggelt. Dann wiederum wurde berichtet, Clara sei in eine Klosterschule in Italien geschickt worden, wo sie jedoch »die frommen Nonnen derart schockierte«, dass sie auch dieses Institut verlassen musste. Man sollte diese Geschichten mit Vorsicht genießen – die Presse um die Jahrhundertwende nahm es mit der journalistischen Sorgfalt nicht so genau. Es eilte Clara also bereits ein gewisser Ruf voraus, als sie auf die feine Gesellschaft losgelassen wurde, doch ihr ungezügeltes Wesen hinderte ihre Mutter keineswegs daran, die traditionelle Jagd auf die beste Partie zu eröffnen.

Mit ihrem beträchtlichen Vermögen – mindestens 50 000 Dollar pro Jahr warf das Erbe ihres Vaters ab – und ihrer kurvenreichen, sinnlichen Figur erregte Clara sofort großes Aufsehen. »Lippen wie ein Granatapfel und das Herz einer Heiligen«, schwärmte ein hingerissener Zeitgenosse, obwohl weder das eine noch das andere der Wahrheit entsprochen haben dürfte. »Sie ist ebenso schön wie wohlhabend«, wie eine weitere Tageszeitung verkündete, klingt schon realistischer.

Als Clara den Prinzen Joseph de Caraman-Chimay kennenlernte, hatte der Sohn des belgischen Außenministers etwa 100 000 Dollar Schulden und ein halb verfallenes Schloss am Hals, das dringend renoviert werden musste. Offenbar war er kein besonders gutaussehender Mann. Er war 15 Jahre älter als Clara, und nicht einmal die billigsten Klatschblätter wussten etwas über ihn zu berichten. Doch er hatte einen Titel, und darauf kam es an. Er machte ihr einen Antrag, und die beiden heirateten am 20. Mai 1890 in Paris. Clara war gerade einmal 17 Jahre alt und trug ein Kleid für 10 000 Dollar – sie war nun die Princesse de Caraman-Chimay, eine der ersten Amerikanerinnen, die zu dieser Zeit einen Adelstitel errangen.

Die frischgebackene Prinzessin und ihr Prinz reisten zwischen seinen diversen Anwesen, dem belgischen Hof, der Riviera, Paris und jedem anderen Szenetreff der vornehmen europäischen Gesellschaft hin und her. Trotz der Geburt ihrer Tochter Marie im Jahr 1891, gefolgt von einem Sohn 1894, hielten sich hartnäckige Gerüchte, Clara habe Affären mit anderen Männern und der Prinz sei ihr gegenüber so gleichgültig, dass er nicht einmal versuchte, sie daran zu hindern.

Doch das Leben als Prinzessin war nicht so toll wie erwartet. Nach ihrer Scheidung (jetzt schon zu verraten, dass die beiden sich trennten, ist wohl kaum ein Spoiler) behauptete Clara in einem Interview, sie habe den belgischen Hof verlassen müssen, weil König Leopold II. sie mit Aufmerksamkeit »überschüttet« und ihrer Schönheit wegen seine anderen Gäste vernachlässigt habe. Deshalb habe die vornehme Gesellschaft sie praktisch geächtet. Sie gab zu, dass sie auch zurück geflirtet hatte, und genau damit zog sie den Zorn des Hofes auf sich, besonders den der Königin. Claras Demütigung fand ihren Höhepunkt, als sie »ganz allein auf der großen Treppe stand, die hinunter in die Wintergärten führt. Als ich den großen Saal betrat, wandten mir sämtliche anwesenden Damen den Rücken zu oder maßen mich mit verächtlichen Blicken«. Sie warnte andere Amerikanerinnen, sich nicht durch die Verlockung eines Titels blenden zu lassen: »Nur wenige amerikanische

Frauen könnten in der vornehmen Gesellschaft des alten Europas, vor allem auf dem Kontinent, jemals wahrhaft glücklich sein«, verkündete sie.

Da Clara bei Hofe nicht mehr willkommen war, verbrachten sie und der Prinz ihre Zeit in Paris, in dem damals die Leidenschaft des Fin de Siècle von skandalös freizügigem Tanz, Champagner und der Art nouveau angeheizt wurde. Clara stürzte sich hemmungslos in dieses pralle Leben und machte sich einen Namen als die wildeste Amerikanerin diesseits des Atlantiks.

Diese Ausschweifungen brachten sie an jenem Novemberabend 1896 auf Kollisionskurs mit dem nächsten Skandal: ihre Affäre mit einem ungarischen Geiger namens Rigo Janczy. Er war ein sehr kleiner Mann mit einem mächtigen Schnauzbart und reichlich Pomade im Haar, den man nicht unbedingt als klassisch gutaussehend bezeichnen konnte. Die *Chicago Tribune* nannte ihn höhnisch einen »affengesichtigen Rohling«, und eine schottische Zeitung schrieb: »Er soll pockennarbig und zu klein geraten sein, und alle Welt fragt sich, was sie in ihm sehen mochte.« Obendrein war er verheiratet.

All das war Clara gleichgültig. An jenem Abend, als sie ihn zum ersten Mal sah, muss es um sie geschehen sein. Sie wandte sich von ihrem Mann ab und blickte nie wieder zurück. Rigo zufolge stahlen sich die beiden zehn Tage später bei Nacht und Nebel davon. Die Presse überschlug sich förmlich – Zeitungen in ganz Europa und Amerika berichteten von der Flucht der Prinzessin.

Dank der skandalösen Berühmtheit seiner Frau setzte Prinz Joseph die Scheidung schon im Januar 1897 durch, keine zwei Monate nachdem Clara ihn und ihre gemeinsamen Kinder verlassen hatte. Bei der Anhörung drängelte sich halb Brüssel vor dem Gericht, um einen Platz im Saal zu ergattern – nur Clara erschien nicht. Selbst ihr eigener Anwalt bezeichnete sie als »feuriges, ungezähmtes Ross« von »äußerst wildem und exzentrischem Wesen«. Die Kinder wurden dem Prinzen zugesprochen, und Clara musste Unterhalt für sie zahlen. Sie durfte ihre Kinder nie wiedersehen.

Clara war so schnell so tief gefallen, dass es kein Zurück geben würde. Nicht, dass ihr das etwas ausgemacht hätte. In ihrer Erklärung, die vor dem Scheidungsrichter verlesen wurde, hieß es: »Ich bin fertig mit alledem. Ich will frei sein. Endlich bin ich der vergifteten Atmosphäre entkommen, in der die moderne Gesellschaft lebt. Sie will mich nicht, und ich will sie nicht – also sind wir quitt.« Der Verlust ihrer Kinder mag ein Kollateralschaden in ihrem Kampf um Freiheit gewesen sein, doch da sie sich weder in Briefen noch in anderen Aussagen dazu je geäußert hat, können wir nicht wissen, was sie dabei empfand. Doch eines ist sicher: Sie stürzte sich voll Elan in ihr neues, rastloses Leben.

Als Erstes zog das skandalöse Paar in die Berghütte von Rigos Mutter – ganz gewiss eine Abwechslung für die Prinzessin, die den königlichen Hof und Pariser Nachtclubs gewöhnt war. Angeblich war Clara der Ungarin so dankbar, dass sie kurzerhand den Berg kaufte und Rigos Mutter eine Perlenkette schenkte, die einen Ehrenplatz an einem Nagel neben dem Kamin erhielt.

Bei ihrer Rückkehr nach Paris blieb Clara der Zutritt zur

ehrbaren Gesellschaft verwehrt. Doch die ehemalige Adelige hatte Geld, und Geld kann vieles richten. Als immer mehr Hotels und Gasthäuser sich auf Druck der vornehmen Bürger weigerten, Clara ein Zimmer zu vermieten, kaufte sie sich einfach ein Haus. Sie genoss es, auf einem Fahrrad die Boulevards entlangzufahren, in flatternden Pumphosen und »kurzen Socken, wie ein Mann«. Sie rauchte in der Öffentlichkeit Zigaretten und wurde vor allem in der nicht-französischen Presse gern als Beispiel für den moralischen Verfall der Stadt angeführt.

Dieser äußerst unkonventionelle Lebensstil machte Clara immer mutiger. Im April 1897 posierte sie zum ersten Mal gegen Gage in hautengen, hautfarbenen Kostümen auf den Bühnen des Moulin Rouge und der Folies Bergère. Sie nannte ihre Kunst »*poses plastiques*« und wurde bei ihren Auftritten von Rigo begleitet, der mit seiner Geige um sie herumtanzte wie ein Äffchen um einen Drehorgelspieler. Irgendwie gelang es Clara, damit sogar das weltgewandte, abgeklärte Paris zu schockieren. Ihre erste Vorstellung wurde abgesagt, weil die Polizei Wind davon bekommen hatte, dass Freunde ihres Ex-Mannes sie auf der Bühne mit »lebenden Kaninchen, faulen Eiern und ähnlich widerwärtigen Geschossen« zu bewerfen planten, berichtete eine Zeitung. Paris mochte hell empört sein – dennoch bezahlten genug Leute dafür, Clara Ward gewissermaßen nackt zu sehen. Auch Kunstliebhaber in anderen europäischen Großstädten berappten ihr Eintrittsgeld. Als die beiden in Berlin auftraten, sollen sie in einem Monat 6800 Dollar eingenommen haben (was heute ungefähr 130 000 Euro entspräche).

Clara posierte in ihrem *poses plastiques*-Hautanzug auch für Fotografien und Postkarten, mit ihren langen braunen Locken, die ihr bis über das recht kräftige Gesäß fielen, auf dem Kopf eine Krone, die aus Glühbirnen und Drahtkleiderbügeln gefertigt zu sein scheint. Weitere Skandale folgten: Im August 1897 verlangte ihr Ex-Mann eine polizeiliche Durchsuchung mehrerer Fotogeschäfte. Der Klatschpresse zufolge sollten bei dieser Razzia Fotografien von Clara in »allen erdenklichen Kostümierungen« beschlagnahmt werden. Im deutschen Reich waren Claras unzüchtige Bilder angeblich verboten, weil Kaiser Wilhelm II. ihre »Schönheit« so verstörend fand. Auch wenn das vermutlich übertrieben ist, wurden doch tatsächlich Leute verhaftet, weil sie die anstößigen Bilder der Ex-Prinzessin verkauft oder verschickt hatten.

Pech in der Liebe

Etwa um diese Zeit schuf Henri de Toulouse-Lautrec, der unter anderem für seine Belle-Époque-Gemälde von Prostituierten berühmt wurde, eine Lithographie von Clara und Rigo. Die beiden sitzen im Orchestergraben eines Pariser Nachtclubs, Clara mit unvorstellbar gelb gefärbtem Haar, Rigo dunkel mit seinem prominenten Schnauzbart. Das Bild mit dem Titel »Idylle Princière« fing sie auf dem Höhepunkt ihrer mondänen, faszinierenden Liebe ein. Von da an ging es nur noch bergab.

Das Paar lebte in Sünde, bis Rigo 1898 endlich die Scheidung gewährt wurde und er Clara heiraten konnte. Die Leidenschaft der beiden war hitzig – angeblich ließen sie sich auf einer Reise nach Japan das Porträt des jeweils anderen auf den Oberarm tätowieren. Clara bewies ihre Hingabe, indem sie ungeheuerliche Summen für ihren neuen Ehemann ausgab. Grinsend erzählte Rigo einigen Reportern, dass sie ihm einen kleinen Privatzoo aus Elefanten-, Löwen- und Tigerbabys gekauft hatte, nur zu seinem Vergnügen, außerdem eine neue Geige und eine Schatulle voller Schmuck. Sie reisten kreuz und quer durch Europa, verbrachten zwei Jahre in Ägypten und bauten sich buchstäblich Paläste, wo immer es ihnen gefiel.

Schließlich erfuhr Claras Mutter von dieser verschwenderischen Prasserei. Sie war nicht nur schockiert über das Verhalten ihrer Tochter, sondern vor allem besorgt um das Vermögen der Familie. Also versuchte sie Clara den Geldhahn zuzudrehen und den Onkel der missratenen Ex-Prinzessin als Verwalter ihres Vermögens einzusetzen. 1898 stimmte das Gericht zu, und Clara wurden jährliche Bezüge von 12000 Pfund zugestanden (heutzutage fast anderthalb Millionen Euro), von denen 3000 Pfund als Alimente für die Kinder an ihren Ex-Ehemann flossen. Das hinderte Clara jedoch nicht am Geldausgeben. 1901 wurde ihre Verschwendungssucht offiziell, nachdem ihr Onkel gezwungen war, auf das Vermögen zuzugreifen, um ihre Schulden zu bezahlen. Er enthüllte schließlich, dass Clara in sieben Jahren 750000 Dollar (gut 14,5 Millionen Euro nach heutigen Maßstäben) ausgegeben hatte, den Großteil davon »mit dem glutäugigen Rigo sinnlos verprasst«, wie die *Detroit Free Press* berichtete.

Doch das Leben mit Rigo bestand nicht nur aus Privatzoo und Palästen – die beiden stritten sich oft, laut und teils in aller Öffentlichkeit. Im Januar 1897, als Claras Mann sich in Brüssel von ihr scheiden ließ, gerieten Clara und der Geiger in einem Mailänder Hotel in einen so hitzigen Streit, dass andere Gäste das Brüllen, Kreischen und Türenschlagen fassungslos mit anhören mussten. Clara ließ Rigo auf der Hälfte der Hotelrechnung sitzen – sie bezahlte nur ihren Anteil, zog aus und brachte ihn, wie die *New York Times* anmerkte, »in rechte Verlegenheit«. Über ihr gemeinsames Leben ist ansonsten wenig bekannt, doch es kann nicht ganz leicht gewesen sein. Selbst die weniger ehrbare Gesellschaft schloss sie aus: 1902 wurde das Paar bei einem Auftritt von Rigo mit seinem Orchester in den Folies Bergère heftig ausgebuht. All diese Spannungen waren offensichtlich zu viel für ihre Ehe – sie wurden 1904 geschieden, und Rigo wanderte nach Amerika aus. Er behauptete, Clara habe ihn wegen eines schmierigen Bahnarbeiters verlassen.

Das scheint zumindest teilweise zu stimmen, denn noch im Jahr ihrer Scheidung heiratete Clara ihren dritten Mann. Giuseppe »Peppino« Ricciardi war Kellner in einem Speisewagen, oder Gepäckträger, oder Akquisiteur einer italienischen Reiseagentur, oder Schaffner der Standseilbahn auf dem Vesuv – seine berufliche Tätigkeit ist bis heute ungeklärt. Fest steht nur, dass er ein sehr gutaussehender Mann war, bekannt als »der schönste Mann von ganz Neapel«.

Während dieser dritten Ehe war Clara weiterhin in den Klatschkolumnen präsent. Die mal mehr, mal weniger zutreffenden Meldungen reichten von, sie trete in Varietés in Amerika auf (tat sie nicht), über, ihre Familie habe sie entmündigen lassen (stimmt auch nicht), bis hin zu, sie erhielte keinen Cent mehr vom Familienerbe (nicht direkt) und hätte sich schon wieder scheiden lassen und neu verheiratet (Treffer). 1910 machte ihr endloses Pech, was die Männer anging, wieder einmal Schlagzeilen. Ricciardi verließ sie, weil sie angeblich eine Affäre mit dem Butler hatte. Clara beteuerte ihre Unschuld und erklärte: »Diese Neapolitaner sind ja so eifersüchtig!« Im Juli 1911 wurde auch diese Ehe rechtskräftig geschieden.

Trotzig bis zuletzt

Aber Clara blieb nicht lang allein. Nach ihrer Scheidung von Ricciardi soll sie gesagt haben: »Ich kann nicht allein sein. Allein bin ich unglücklich. Ich werde wieder heiraten.« Und das tat sie auch, allerdings ist über ihren vierten Ehemann noch weniger bekannt als über den dritten. Bei Signore Abano

Caselato (oder Cassalota, Cassellctto oder Casaloto) handelte es sich möglicherweise um einen Butler, oder einen Chauffeur, oder einen Schaffner, oder einen Künstler. Ihre Familie hörte zum ersten Mal von dem Mann, mit dem sie inzwischen seit fünf Jahren verheiratet war, als er sie per Telegramm benachrichtigte, dass Clara am 9. Dezember 1916 in Padua an einer Lungenentzündung verstorben sei. Sie war erst 43 Jahre alt.

Die Presse behauptete zum Teil, Clara sei mittellos verstorben. In Wahrheit war das Geld, das ihrem skandalösen Leben Auftrieb verliehen hatte, ihr geblieben, obwohl fast alle ihre Ehemänner, Verwandten und Freunde sie im Stich ließen. Ihr Vermögen von 1,2 Millionen Dollar wurde unter ihren Kindern, Ricciardi und einer Cousine in Amerika aufgeteilt. Ihr letzter Ehemann kam in dem Testament, das 1904 verfasst worden war, nicht vor.

Claras Leben war eine einzige Lektion in Sachen Rebellion. Wie eine Zeitung formulierte: »Es scheint, als sei Clara Ward von frühester Jugend an dem Drang gefolgt, die Welt zu schockieren, die Schranken der Konvention unter allen Umständen zu überwinden und sich so bizarr und ungewöhnlich zu verhalten, wie es einer Frau nur möglich ist.« Ein anderer Journalist schrieb, manche seien der Meinung, dass »der Teufel bei Clara Wards Geburt Pate stand und sie mehr oder weniger stolz auf diesen Gevatter war«. Ihr fabelhaft ausgeschmückter Nachruf in der *Detroit News* verkündete: »Sie starb als Frau ohne Illusionen. Sie hat intensiv gelebt, eine Sklavin ihrer Begierden. Und sie starb als Ausgestoßene, als alte Frau von 43 Jahren, die doch im besten Alter hätte sein sollen.«

Clara lebte tatsächlich schnell und leidenschaftlich – aber immerhin nach ihren eigenen Vorstellungen. Über ihre Flucht vom belgischen Hof sagte sie einmal: »Ich habe ihnen getrotzt, wie ich mein Leben lang aller Welt getrotzt habe.« Da kann man ihr wohl nur zustimmen.

Clara Ward war nur eine von vielen reichen amerikanischen Erbinnen, die in den europäischen Hochadel einheirateten – eine Verbindung mit großem beiderseitigem Nutzen. Die Amerikaner stiegen dadurch in die besten Kreise auf, und die Europäer füllten ihre leeren Säckel. Diese jungen Schönheiten, die man Dollar-Prinzessinnen nannte, hielten so manchen Aristokraten jahrzehntelang über Wasser. Manchmal funktionierte diese Vereinigung von altem Adel und neuem Reichtum, manchmal aber auch nicht. Doch ohne das Geld dieser Frauen wären einige Adelshäuser Europas zweifellos unter der Last ihrer eigenen Geschichte in die Knie gegangen.

Wanted: Amerikanisches Geld

Die erste Amerikanerin, die durch Heirat zur Prinzessin wurde, war Catherine Willis Gray, eine Urgroßnichte von George Washington. 1826 heiratete sie Prinz Achille Murat, Sohn des ehemaligen Königs von Neapel und Napoleons Schwester Caroline. Man kann nicht behaupten, dass ihr Eintritt in den europäischen Adel den anderen jungen Erbinnen Tür und Tor geöffnet hätte, doch gegen Ende des 19. Jahrhunderts war die Anzahl amerikanischer Prinzessinnen bereits rasant gestiegen.

Dafür gab es zwei Gründe. Erstens bröckelte die alte gesellschaftliche Ordnung in Europa langsam, aber sicher, erschüttert von Revolutionen, Abdankungen, Attentaten und sozialen Unruhen. Zweitens wurden Geschäftsleute in Amerika zur selben Zeit reich, und zwar sehr schnell sehr reich. Dies war die Ära der ersten großen Industriellen in Amerika, deren Eltern oft noch arme Einwanderer gewesen waren, die Europa verlassen hatten, um ihr Glück in der Ferne zu suchen. Sie wünschten sich für ihre Töchter einen Platz in der Gesellschaft, der ihnen selbst verwehrt gewesen war, also kauften sie ihnen diesen Status, wie alles andere auch. Diese Praxis war so selbstverständlich, dass amerikanische Zeitungen Tipps für hoffnungsvolle Millionärinnen brachten: »Herzöge sind die vornehmsten Adeligen in England«, erklärte ein Artikel von 1886 und lieferte gleich eine Liste mit, welche der 27 britischen Herzöge derzeit auf dem Heiratsmarkt verfügbar wären. Auf der anderen Seite des Atlantiks hielt die vornehme Etikette einen heiratswilligen »Peer mit sehr altem Adelstitel« auch nicht davon ab, 1901 im *Daily Telegraph* per Anzeige eine »sehr wohlhabende Dame« zu suchen: Witwen und alte Jungfern willkommen, Geschiedene brauchten sich nicht zu bemühen.

1904 konnten sich bereits über 20 Amerikanerinnen, die meisten reiche Erbinnen, Prinzessin Soundso nennen. 1915 waren es schon mehr als doppelt so viele, nämlich 42. Und sie wurden nicht nur Prinzessinnen – es gab nun amerikanische Herzoginnen, Gräfinnen, Marquises und so weiter. 1914 waren bereits 60 britische Peers und 40 Söhne von Peers mit amerikanischen Erbinnen verheiratet. So viele, dass der britische Premierminister Lord Palmerston bemerkte: »Ehe dieses Jahrhundert vergangen ist, werden kluge und schöne Frauen aus New York in halb Europa die Strippen ziehen.«

Doch ein Adelstitel macht nicht immer glücklich, wie schon Clara Ward ihre Landsmänninnen warnte. Die meisten Mitglieder des alteingesessenen europäischen Adels betrachteten die Neuankömmlinge mit Argwohn, so dringend sie deren Geld auch brauchen mochten. Jennie Jerome, Winston Churchills angeblich tätowierte amerikanische Mutter, schrieb in ihrem Tagebuch darüber, wie solche Prinzessinnen aufgenommen wurden: »Man erwartete praktisch von ihnen, dass sie sich sonderbar verhalten würden. Wenn sie jedoch so sprachen, sich kleideten und verhielten wie jede Frau aus gutem Hause, wurde das meist mit der taktvollen Bemerkung gewürdigt: ›Ich wäre nie darauf gekommen, dass Sie Amerikanerin sind‹ – und das war als Kompliment gemeint … Ihre Dollars waren das Einzige, was man an ihnen schätzte.«

Gutes Geld, schlechte Ehe

Viele dieser Ehen waren nicht glücklich. Gladys Deacon beispielsweise, die wunderschöne Tochter eines millionenschweren Bankiers aus Boston, hatte große blaue Augen, ein klassisches Profil und eine energische Persönlichkeit, die bei einer weniger attraktiven Frau nicht so fesselnd gewirkt hätte. In den späten 1890er Jahren lernte sie den Duke of Marlborough kennen, dessen prunkvolles Anwesen Blenheim Palace ihn ungeheuer anziehend machte. Er war schon mit einer anderen Dollar-Prinzessin verheiratet, doch beide Eheleute hätten nichts lieber getan, als sich scheiden zu lassen. Dazu kam es allerdings erst 1921 – Gladys war inzwischen 40 Jahre alt und hatte sich ihr gutes Aussehen ruiniert. (Mit 22 hatte sie sich Paraffin in die Nase injizieren lassen, die ihre Form zu verlieren drohte. Das klingt nicht nur nach einer ganz schlechten Idee – das war auch eine.) Der Herzog heiratete sie trotzdem, doch das Leben mit dieser zweiten Millionärin erwies sich nicht als angenehmer denn mit der ersten. Einmal erschien sie zum Abendessen mit einem Revolver, und als sie nach dem Grund gefragt wurde, antwortete sie: »Ach, ich weiß nicht, vielleicht sollte ich Marlborough einfach erschießen.« Dieser Anekdote nach ist es nicht besonders verwunderlich, dass Gladys ihren Lebensabend weggesperrt in einer Anstalt verbrachte.

Und sie lebten glücklich …

Andere Ehen verliefen wiederum sehr harmonisch, in gewisser Weise, wie etwa die von Winnaretta Singer. Sie war das 20. Kind des Nähmaschinenfabrikanten Isaac Singer (der insgesamt 24 Kinder aus zwei Ehen und drei unehelichen Verhältnissen hatte). Die junge Amerikanerin wuchs in Großbritannien und Frankreich auf, und als ihr Vater 1875 verstarb, hinterließ er der elfjährigen Winnaretta ein Vermögen von 900 000 Dollar (das wären heute über 13 Millionen Euro). 1887 heiratete sie Prince Louis-Vilfred de Scey-Montbéliard. Eine Familienanekdote erzählt, dass der Bräutigam in der Hochzeitsnacht das Schlafzimmer betrat und seine frisch Angetraute auf dem Kleiderschrank vorfand. Von dort aus rief sie ihm bewaffnet mit einem Regenschirm zu: »Wenn du mich anrührst, bringe ich dich um!« Kein Wunder, dass die beiden sich nach nur 21 Monaten Ehe trennten und 1891 geschieden wurden. Noch weniger überraschend ist diese Episode, wenn man weiß, dass Winnaretta lesbisch war.

Doch aus dieser gescheiterten Ehe ging auch etwas Gutes hervor: Sie versetzte Winnaretta in die Lage, avantgardistische *salons* auszurichten, bei denen sich Künstler, Schriftsteller, Philosophen, Komponisten und Musiker zusammenfanden. Diese Treffen waren der Beginn ihrer lebenslangen, sehr fruchtbaren Karriere als Mäzenin, vor allem der modernen Musik. Sie ermunterte Igor Strawinsky, Claude Debussy und Jean-Baptiste Faure in ihrem Schaffen und lud zu Soireen mit Marcel Proust, Virginia Woolf und Oscar Wilde. Sie hat die Kunst- und Musikszene in Paris – und damit die Kunst in ganz Europa – unendlich bereichert.

In zweiter Ehe war sie ebenfalls mit einem Prinzen verheiratet, doch dieses Paar passte viel besser zusammen: Prince Edmond de Polignac war 31 Jahre älter als sie, Musiker und Komponist und homosexuell. Seine Freunde und seine Familie wussten, dass Winnaretta eine *mariage blanc* eingehen wollte – eine Ehe, die nie vollzogen werden würde. Ihnen war außerdem klar, dass Edmond pleite war und Winnaretta einen gewissen aristokratischen Status brauchte, um weiterhin ihre *salons* abhalten zu können. So wurde man sich einig.

Die beiden heirateten am 15. Dezember 1893, und in vielerlei Hinsicht heirateten sie tatsächlich aus Liebe: ihrer beider Liebe zu Musik und Kunst. Ihre gemeinsamen Interessen sorgten dafür, dass ihnen nie der Gesprächsstoff ausging. Sie waren einander die besten Freunde und konnten dennoch romantische Beziehungen außerhalb der Ehe genießen. Winnaretta hatte zahlreiche Affären, oft mehrere zugleich. Sie wurde damals dem »Paris-Lesbos« zugerechnet, einer Subkultur lesbischer Künstlerinnen und Aristokratinnen, zu der Frauen wie die Schriftstellerin Colette, die Dichterin Renée Vivien und Mathilde de Morny gehörten. Edmond starb 1901 nach fast acht Jahren häuslicher Harmonie. Winnaretta blieb bis zu ihrem Tod am 25. November 1943 eine wohltätige Mäzenin.

Gloria von Thurn und Taxis

VON DER PUNK-PRINZESSIN ZUR UNTERNEHMERIN

GEBOREN AM 23. FEBRUAR 1960
DEUTSCHLAND WÄHREND DER MEGA-REICHEN, DEKADENTEN 1980ER JAHRE

Man schrieb das Jahr 1986, als der 60. Geburtstag des Prinzen Johannes von Thurn und Taxis mit einer tagelangen Party gefeiert wurde. »Auf sein Wohl!« angestoßen hatte man bereits bei einem Galadiner mit Hummer und Kaviar, einem eleganten Mittagessen mit Hummer und Fasan und einem weiteren abendlichen Festmahl mit Hummer und Schweinebraten. Doch die Feier am letzten

Abend des mehrtägigen Festes übertraf alles an Extravaganz: ein pompöser Rokoko-Kostümball, der um halb zehn Uhr abends begann und um halb zehn am nächsten Morgen endete.

Im 500-Zimmer-Schloss St. Emmeram wimmelte es nur so von Prominenten wie Mick Jagger und Jerry Hall und protzigen Geschäftemachern wie dem saudi-arabischen Waffenhändler Adnan Kashoggi. Ohne jeglichen Anflug von Ironie hatten sich alle Gäste als juwelenstrotzende, zum Untergang verdammte Aristokraten des vorrevolutionären Frankreichs verkleidet. Bei ihrer Ankunft stießen sie im Schlosshof auf Bedienstete in Bauernkostümen, die Hühner rupften und große Freudenfeuer aufschichteten (oder eher Fegefeuer der Eitelkeiten?). Durch einen Irrgarten aus blitzenden Diskolichtern und Spiegeln wurden sie in den Waffensaal geschleust, der mit Würstchen-Girlanden geschmückt war. Es gab Berge von Hummer, der Champagner floss in Strömen, und die Geburtstagstorte krönten 60 Marzipan-Penisse statt herkömmlicher Kerzen.

Schließlich trat Prinzessin Gloria von Thurn und Taxis ein, oder vielmehr auf. Sie war als Marie Antoinette verkleidet, in einem maßgeschneiderten, teuren Ballkleid in Puderrosa und einer 60 Zentimeter hohen, gepuderten Perücke mit dem echten Perlendiadem der französischen Königin. Später am Abend sang sie ihrem geliebten Mann ein Geburtstagsständchen, auf einer goldenen Wolke sitzend, begleitet vom Münchner Opernorchester. Doch diese luxuriösen Zeiten sollten nicht ewig währen, und Prinzessin Gloria stand ein herber Absturz bevor.

Gloria – oder um ihren vollen Namen zu nennen, Mariae Gloria Ferdinanda Joachima Josefine Wilhelmine Huberta – war 1980 zur Prinzessin geworden, durch ihre Heirat mit Prinz Johannes von Thurn und Taxis. Er war 53, als er die 19-jährige Gloria, die in München in einer Bar kellnerte, kennenlernte. Sie verstanden sich auf Anhieb und heirateten noch im selben Jahr. Er war eine starke Persönlichkeit, machte kein Geheimnis aus seinem Interesse an beiden Geschlechtern und spielte seinen nichtsahnenden Freunden gern seltsame Streiche, indem er zum Beispiel die Speisen eines Banketts mit einem Abführmittel versetzte oder Damen einen Hering in den Ausschnitt gleiten ließ.

Der bekannte Lebemann war außerdem der wohlhabendste Adelige und größte Grundbesitzer in Deutschland. (Die Standesvorrechte des deutschen Adels wurden zwar 1919 mit der Geburt der Weimarer Republik abgeschafft, doch der Adel durfte Titel und Vermögen behalten.) Reich war die Familie aus der Lombardei schon seit dem 13. Jahrhundert, als sie den ersten Postdienst des Heiligen Römischen Reiches einrichteten. Die Tassos (vom italienischen Wort für Dachs), wie sie damals noch hießen, gelangten durch einen straff organisierten Kurierdienst zu Ansehen und Vermögen. 1498 wurde Franz von Taxis der erste offizielle Hauptpostmeister des Reiches und erhielt praktisch ein Post-Monopol. Kaiser Maximilian I. erhob die Familie 1512 in den Adelsstand, und im 17. Jahrhundert durften sie noch Thurn hinzufügen, abgeleitet von Torre und begründet mit der Behauptung, die Taxis' stammten vom Adelsgeschlecht der Torriani ab. (In Wahrheit war das nötig, um in den Hochadel aufzusteigen, und eine wunderbare Gelegenheit, dem Dachs auf ihrem Wappen einen schicken Turm hinzuzufügen.) 700 Jahre und diverse Banken, Sägewerke, Brauereien und Privatwälder später war Johannes jedenfalls geschätzte zwei Milliarden Euro schwer.

Gloria war zwar ebenfalls eine Adelige – eine geborene Gräfin –, aber ihre Familie war nicht reich. Dass sie ohne viel Geld aufgewachsen war, hinderte sie jedoch nicht daran, es auszugeben. Sie und ihr Mann kauften Unmengen von Kunst, reisten um die ganze Welt und wurden zum festen Jet-Set-Inventar in Klatschblättern und Hochglanzmagazinen. Sie veranstalteten wilde Partys, die gern über mehrere Tage gingen. Seine extravagante Geburtstagsfeier war nur eine von vielen solcher Partys in ihrem riesigen Schloss in Bayern – ein Anwesen, von dem Gloria einmal behauptete, daneben sei »der Buckingham-Palast eine Hütte«.

1985 wurde Gloria in der *Vanity Fair* als »Prinzessin TNT« bezeichnet – der Spitzname blieb hängen, und Gloria wurde ihm mehr als gerecht. In der Fernsehshow *Late Night with David Letterman* bellte sie wie ein Hund. Am Münchner Flughafen wurde sie mit Haschisch erwischt. Sie trug Pullover, die mit Teddybären verziert waren, und erschien zum Sonntagsgottesdienst mit einem spitzen Hexenhut auf dem Kopf. Sie färbte sich das Haar knallbunt, trug Iro oder stylte es wie Pfauenfedern, was ihr den nächsten Spitznamen, »die Punker-Fürstin«, eintrug. Sie liebte Harleys und Pferde, feierte mit Prinzessinnen und Prinzen, tanzte in einem Kettenhemd-Kleidchen von Paco Rabanne auf dem Tisch und erschien zu festlichen Bällen in Cowgirl-Aufmachung.

Doch auf die trunkenen Exzesse der 1980er folgte der abrupte, vernichtende Kater der 1990er Jahre. Im Dezember 1990 fand Glorias wildes Jet-Set-Leben ein jähes Ende, als ihr Mann verstarb – und sie erfuhr, dass das Familienunternehmen Schulden in Höhe von 800 Millionen D-Mark hatte, davon allein 45 Millionen D-Mark Erbschaftsteuer. Der Rest verdankte sich dem Rezessionsklima und schlechten Investitionen. Gloria hatte außerdem drei kleine Kinder – der damals achtjährige Prinz Albert würde das Erbe und damit die Schulden an seinem 18. Geburtstag übernehmen.

Die Punk-Prinzessin musste also eine Menge umkrempeln, wenn sie das Familienerbe irgendwie erhalten wollte. Dem Londoner *Daily Telegraph* sagte sie einmal: »Mein Märchenleben ist vorbei. Man kann keine Märchenfee sein, wenn man Gehälter zu zahlen hat.« Das war's dann mit den pinkfarbenen Haaren, und auch ein Teil der Schatzkammer wurde geopfert. Schnell einigte sich Gloria mit dem Freistaat Bayern, der Kunstschätze im Wert von mehreren Millionen anstelle der ausstehenden Steuern annahm. Sie verkaufte 24 ihrer 27 Autos, entließ den Großteil des Personals auf den sechs Schlössern der Familie und verkaufte ein paar davon. Dann versteigerte sie mit Hilfe von Sotheby's weitere Familienschätze, unter anderem 75 000 Flaschen Wein, für insgesamt über 30 Millionen D-Mark.

Mit ihrem Sparkurs machte sie sich bei der Familie ihres verstorbenen Mannes allerdings sehr unbeliebt. Die von Thurn und Taxis waren nicht damit einverstanden, dass sie das Erbe unter den Hammer brachte, und zweifelten Glorias Recht an, darüber zu verfügen. Der 91-jährige Benediktinermönch Pater Emmeram, ein Onkel ihres Mannes, beschimpfte die Prinzessin als »dieses Luder, dieses Biest«. Doch Gloria war einfach realistisch – einige Teile des Familienschatzes waren nun einmal wertvoller als andere. Albert könne sich jederzeit eine neue Suppenterrine holen, sollte er später eine brauchen, erklärte sie. »Einen Forst aber kann er dann nicht mehr kaufen.« Vermutlich muss ihr bald klargeworden sein, dass der Verkauf des Familiensilbers nicht reichen würde, um das Unternehmen aus den roten Zahlen zu bringen. Also ging sie weiter: Sie nahm das Familienportfolio unter die Lupe, trennte sich von schlechten Investments und stieß ein paar unrentable Banken ab. Und dann wurde sie richtig kreativ. Das Schloss, das jahrhundertelang Privatresidenz gewesen war, öffnete seine Tore dem Publikum. Sie war sich auch nicht zu schade, ihr schillerndes Image als zusätzlichen Touristen-Magneten zu nutzen. 150 000 Besucher pro Jahr kämen eben nicht nur wegen der Geschichte der Familie von Thurn und Taxis, sondern auch, um zu sehen, wie Gloria wohnt. Teile des Schlosses wurden außerdem an Firmen vermietet.

Die Punker-Fürstin eignete sich an, was sie über Wirtschaftsrecht und Unternehmensführung wissen musste, und das Kettenhemd-Kleidchen wich dem Chanel-Kostüm. In der Klatschpresse, die früher begierig jede neue Haarfarbe und jedes bizarre Party-Outfit kommentiert hatte, trat sie kaum noch in Erscheinung. »Ich bin nicht mehr viel unter die Leute gegangen, weil ich abends immer so müde war«, sagte sie der *Vanity Fair* 2006. »Aber ich habe mich mit allen unseren Unternehmen vertraut gemacht, mich in die Probleme eingearbeitet, und konnte so Entscheidungen treffen.« Die 1990er Jahre waren nicht leicht für sie, aber 2002 hatten sich Glorias Bemühungen ausgezahlt. Der *Bloomberg Business Week* zufolge machte der Familienkonzern wieder zehn Prozent Gewinn.

Bis zum Ende des 20. Jahrhunderts hatte Gloria sich von der Prinzessin TNT in eine respektable Geschäftsfrau und Repräsentantin des deutschen Adels verwandelt. 2000 verfasste sie zusammen mit ihrer Freundin, der Aristokratin Alessandra Borghese, sogar einen Bestseller über gute Manieren: *Unsere Umgangsformen. Die Welt der guten Sitten von A bis Z.* Vor allem aber gelang es ihr, nicht zu einem mahnenden Beispiel für den Preis des gierigen, verschwenderischen Zeitgeists der 1980er Jahre zu werden.

Die Prinzessin und der Papst

Hinter ihrem neuen Image steckte jedoch noch mehr als unternehmerische Geschäftstüchtigkeit. Gloria hatte zu Gott gefunden. Gläubig war sie schon immer gewesen: »Auch während der Zeit, als ich Partys gefeiert und Nächte im Studio 54 durchgetanzt habe, bin ich zur Kirche gegangen«, erzählte sie 2008 der *New York Times.* »Vielleicht nicht gerade zur Frühmesse.« Doch eine Zeitlang war die Religion hinter Jet-Set, Rockstars und Geldausgeben in den Hintergrund getreten. 2006 erklärte sie der *Vanity Fair*: »Wenn ich die Stars persönlich kennenlernte, brach der Mythos in sich zusammen. Bei der Kirche war es genau umgekehrt. Als ich Papst Johannes Paul begegnete, war er noch beeindruckender, als ich erwartet hatte.«

Als Glorias glückliches Leben schlagartig vorbei war, wandte sie sich der Religion zu: »In dieser Krise habe ich wieder angefangen, wirklich regelmäßig zu beten.« 1991 arbeitete sie erstmals ehrenamtlich in Lourdes in Südfrankreich, wo 1858 die Jungfrau Maria einem Bauernmädchen erschienen sein soll, als Helferin für die Kranken und Sterbenden, die in der Hoffnung auf eine Wunderheilung dorthin pilgern. 14 Jahre später ließ sie 100 ihrer alten Couture-Kleider versteigern und spendete den Erlös dem wohltätigen Pilgerdienst des Malteserordens, der Pilgerfahrten nach Lourdes organisiert. Während der 1990er Jahre hatte sie Beziehungen zu wichtigen Würdenträgern der katholischen Kirche aufgebaut und bemühte sich ausdrücklich darum, die Zusammenarbeit alter Adelsfamilien mit der Kirche neu zu beleben. Nach dem Tod von Johannes Paul II. im April 2005 gehörte sie zu den ersten Nicht-Klerikern, die vom neuen Papst Benedict XVI. empfangen wurden. Partys und Psalmen waren für sie auch kein Widerspruch. »Der Katholizismus ist eine sehr sinnliche Religion, in der Leib und Seele durchaus kompatibel sind«, sagte sie der *New York Times* in einem Interview.

Dass Gloria bei der Geburtstagsparty ihres Mannes ein Diadem von Marie Antoinette trug, war also sehr passend. Wie die berühmte französische Königin hatte die mondäne Prinzessin TNT ein Faible für Exzesse und wilde Partys. Doch im Gegensatz zur früheren Besitzerin des Diadems, die unter der Guillotine starb, verlor Gloria angesichts einer vernichtenden Krise nicht den Kopf. Ob sie diese Zeit wohl vermisst? Wahrscheinlich, wenigstens ein bisschen. Aber diese Zeit, ihre Jahre als »verwöhnte Göre«, wie sie selbst sagt, bereut sie nicht. »Ich glaube, es ist das Privileg der Jugend, neugierig zu sein und sich amüsieren zu wollen. Aber ich glaube auch, dass zu jedem Alter ein passendes Verhalten gehört«, sagte sie dem *W Magazine* 2012. »Mit zwanzig sollte man sich nicht wie eine Siebzigjährige verhalten. Und umgekehrt.«

PRINZESSINNEN-EXZESSE

Hat man als Prinzessin automatisch ein unersättliches Bedürfnis nach irdischen Gütern? Anscheinend – zumindest gibt es reichlich Beispiele für königliche Shopaholics.

Maria Augusta von Thurn und Taxis

Prinzessin Maria Augusta von Thurn und Taxis, Vorvorvorfahrin von Glorias Mann und Gemahlin eines mächtigen deutschen Herzogs, war in vielerlei Hinsicht nicht so, wie man sich eine typische Adelsdame des 18. Jahrhunderts vorstellt. Sie war eine geschickte politische Strippenzieherin und setzte nicht nur ihr diplomatisches Gespür, sondern auch Intrigen und ihre weiblichen Reize ein, um den Hof zu beeinflussen. Sie konnte undamenhaft direkt und leidenschaftlich sein und äußerte ihre Meinung in Staatsangelegenheiten laut und deutlich. Ihr Mann ärgerte sich schließlich dermaßen über ihren Einfluss auf den Hof, dass sie ihm schriftlich versprechen musste, sich nicht mehr einzumischen.

Doch in einer Hinsicht entsprach Maria Augusta ganz und gar dem Klischee der Rokoko-Prinzessin: Sie liebte schöne Kleider. Ihre Garderobe umfasste 228 Kleider, darunter sieben Prunkgewänder – gewaltige Roben aus kostbarsten Stoffen, überladen mit Rüschen und Spitze und sonstigem Zierrat. Das teuerste dieser Kleider hatte 500 Florin gekostet, das Dreißigfache dessen, was ein Diener an ihrem Hof im Jahr verdiente. Der Wert ihrer Schmucksammlung wurde auf 89 000 Florin beziffert, eine astronomische Summe, die dem durchschnittlichen Jahreseinkommen von über 5000 ihrer Untertanen entsprach.

Maria Augusta benutzte ihre Garderobe und ihren Schmuck, um ihre Bedeutung und ihren hohen Rang bei Hofe zu betonen. Sie waren ebenso ein Teil ihrer Bestrebungen, die Politik und ihre Hauptakteure zu beeinflussen, wie die Intrigen, die sie vermutlich einfädelte. Doch bei ihren Untertanen machte sie sich damit nicht gerade beliebt, vor allem deshalb, weil sie ihre Pracht teilweise aus der Staatskasse finanzierte. Und selbst mit dieser Unterstützung konnte sie sich das ganze Zeug gar nicht leisten. Bei ihrem Tod im Jahr 1756 hatte sie Schulden in Höhe von 50402 Florin bei Kaufleuten, Schneidern, Kunsthandwerkern und ihrer eigenen ausgebeuteten Dienerschaft.

Elisabeth I. von Russland

Maria Augustas Kleiderschrank war geradezu leer im Vergleich zu dem ihrer Zeitgenossin Elisabeth I., Kaiserin von Russland. Leer war außerdem die russische Staatskasse.

Angeblich hatte Elisabeth nämlich alles ausgegeben. Bei ihrem Tod hinterließ sie 15 000 Kleider, ganz zu schweigen von den Unmengen an Männerkleidung, die sie auch gern trug, zwei Truhen voll Strümpfen und mehreren Tausend Paar Schuhen. Elisabeth zog sich mehrmals täglich um und trug nie zweimal dasselbe Kleid. Außerdem stellte sie mit großem Aufwand sicher, dass sie von allen Damen an ihrem Hof stets am prächtigsten gekleidet war. Sie verpflichtete Stoffhändler aus dem Ausland per Gesetz dazu, neue Ware zuerst ihr allein anzubieten – wer dagegen verstieß, wurde festgenommen. Wenn jemand die gleiche Frisur oder auch nur ein ähnliches Accessoire oder Outfit trug wie sie, erzürnte sie das so sehr, dass sie manchmal sogar gewalttätig wurde.

Elisabeth veranstaltete pro Woche zwei Bälle, und eine Einladung dazu war wohl die beste Gelegenheit, ihren verschwenderischen Lebensstil mit eigenen Augen zu sehen. Sie ließ während ihrer Regierungszeit mehr Tafelsilber und -gold herstellen als jeder andere russische Herrscher. Stets wurde die prunkvolle Tafel obendrein mit frischem Obst geschmückt, eine Seltenheit zu jener Zeit, Wein und Champagner wurden eimerweise serviert.

Mit ihrer Vorliebe für schöne Dinge setzte sie am Hof Trends. Ihre Höflinge trugen mit Vorliebe diamantbesetzte Knöpfe, Schnallen und Epauletten. Sie orderten Gewänder gleich dutzendweise und kleideten ihre eigene Dienerschaft in Goldbrokat. Elisabeth hatte viele gute Seiten – sie war eine intelligente Frau, eine kluge Diplomatin und Pazifistin, die schwor, dass sie niemals ein Todesurteil unterzeichnen würde (und das tat sie auch nicht). Ihr Bedarf an exotischen Waren und Luxusgütern förderte den Ausbau der Infrastruktur, etwa der Post. Doch sie gab das Geld so leichtfertig aus, als hätten ihre Untertanen es nicht unter Schweiß und Tränen erwirtschaftet, und als sie 1762 verstarb, steckte sie bis zum Hals in Schulden.

Maha Al-Sudairi

Die saudische Prinzessin Maha Al-Sudairi hegt ebenfalls eine Vorliebe für schöne Dinge – sie bezahlt nur nicht gern dafür. Im Juni 2012 wurde sie in Paris beinahe verhaftet, weil sie und ihr Gefolge von 60 Bediensteten dabei erwischt wurden, wie sie das exklusive Fünf-Sterne-Hotel Shangri-La um halb vier Uhr morgens klammheimlich verlassen wollten, ohne die Rechnung in Höhe von fast acht Millionen Dollar zu begleichen. Vielleicht war es der an der Straße wartende Fuhrpark aus lauter Luxuskarossen, der das Hotelpersonal misstrauisch machte.

Die Exfrau des saudi-arabischen Kronprinzen Naif Ibn Abd al-Aziz hatte seit Dezember in dem Hotel gewohnt, und zwar in einem kompletten Stockwerk, insgesamt 41 Zimmer. Leider blieb das Hotel auf den Kosten sitzen, denn als die Prinzessin bei ihrer heimlichen Abreise geschnappt wurde, berief sie sich auf ihre diplomatische Immunität, und der Pariser Polizei waren die Hände gebunden. Sie schlug daraufhin ihr Lager in einem anderen Fünf-Sterne-Hotel auf, das einem Verwandten gehörte.

Das war nicht das erste Mal, dass die Prinzessin gewaltige Summen ausgab und sich dann weigerte, die Rechnung zu zahlen. Im Juni 2009 berief sie sich ebenfalls auf die diplomatische Immunität, nachdem sie ein bisschen Shoppen war und unglaubliche 24,2 Millionen Dollar unbezahlte Rechnungen angehäuft hatte – darunter allein 94 000 Dollar für Dessous. Auch damals guckten die französischen Gläubiger in die Röhre.

Srirasmi von Thailand

Prinzessin Srirasmi hat hübsch anzusehende Brüste, und ihr Ehemann ist ganz vernarrt in den Familienhund.

Diese beiden Tatsachen haben ein Ereignis gemein: Prinz Vajiralongkorn, der Kronprinz von Thailand, veranstaltete eine verschwenderische Geburtstagsparty für Foo Foo, seinen flauschigen weißen Pudel, und Prinzessin Srirasmi feierte mit – nur mit einem Tanga und einem Hut bekleidet (im Hintergrund lief angeblich George Michaels »Careless Whisper«). Alle anderen Gäste – der Hund eingeschlossen – waren immerhin vollständig angezogen. Übrigens bekleidet des Kronprinzen Lieblingshund auch den Rang eines Generals bei der thailändischen Luftwaffe.

Der freizügige Auftritt bei der Pudel-Party wäre eine rein private Angelegenheit gewesen, wenn nicht jemand das Ganze auf Video festgehalten hätte. Irgendwie gelangte das Filmchen 2009 zu einem australischen Fernsehsender. In Thailand ist Kritik an der königlichen Familie zwar gesetzlich verboten, doch das Video erzürnte die Nation, die von diesen reizenden Leuten einmal regiert werden wird, wenn der kränkliche König Bhumibol Adulyadej stirbt. Offenbar hatten auch Regierungsmitglieder schon des Öfteren die Befürchtung geäußert, der Thronfolger sei als Landesherrscher wenig geeignet.

Wie man es von einer Frau erwarten würde, die den Geburtstag ihres Hundes hüllenlos feiert, machte Prinzessin Srirasmi noch öfter Schlagzeilen. Im Oktober 2012 wurde sie ihrem Ruf als Shopaholic gerecht, indem sie über ein englisches Antiquitätenhaus herfiel, es buchstäblich leer kaufte und bei diesem achtstündigen Shopping-Marathon 40 000 Dollar ausgab. Das meiste kostete jedoch nur zwischen 15 und 60 Dollar – es muss sich also um eine ganze Menge Porzellanhündchen und Teeservices gehandelt haben.

Flittchen

Prinzessinnen,
denen man eine
lose Moral nachsagt

Caroline von Braunschweig-Wolfenbüttel

DIE PRINZESSIN, DIE SICH NICHT WUSCH

17. MAI 1768 BIS 7. AUGUST 1821
GROSSBRITANNIEN UND DIVERSE URLAUBSORTE IN EUROPA

George, der Prinz von Wales, begegnete seiner zukünftigen Frau, Prinzessin Caroline von Braunschweig-Wolfenbüttel, zum ersten Mal zwei Tage vor ihrer Hochzeit. Die Etikette schrieb vor, dass er sie umarmte, was er auch tat – um dann hastig zurückzuweichen, hinauszulaufen und seinem Diener zuzurufen: »Ich fühle mich nicht wohl, holen Sie mir ein Glas Cognac.« Er war die nächsten drei Tage lang betrunken. Von da an ging es mit der Beziehung der beiden bergab.

Niemand kann sich erklären, was an Caroline den Prinzen bei diesem ersten Kennenlernen derart heftig abstieß. Sie war nicht gerade märchenhaft schön, aber gewiss nicht so hässlich, dass man deswegen davonlaufen und sich hätte betrinken müssen. Und obwohl sie bekannt dafür war, nicht viel auf persönliche Hygiene zu geben, halten zeitgenössische Berichte fest, dass sie für dieses Treffen besonders sorgfältig zurechtgemacht worden war. Dennoch hatten die beiden kaum ein paar Worte gewechselt, als George zu dem Schluss kam, dass sie ihm intellektuell und standesmäßig unterlegen sei, eine Frau, deren Gesellschaft man höchstens ertragen, aber nicht genießen könne. Und hatte man die Wertschätzung des Prinzen einmal verloren, galt das für immer.

Nicht, dass er selbst so ein prachtvoller Fang gewesen wäre. »Prinney«, wie man den 32-jährigen Prinzen nannte, war eitel und eingebildet, konnte aber auch sehr charmant sein, wenn er wollte. Er war ein Säufer, trug ein Korsett und sollte einmal über 110 Kilogramm wiegen. Er spielte gern, aber miserabel, war dafür umso begabter im Geldausgeben und hatte daher ständig Schulden. Und dann war da noch die Kleinigkeit, dass er bereits verheiratet war, und zwar seit zehn Jahren, mit der äußerst geduldigen Maria Fitzherbert.

Nichts von alledem spielte auf dem königlichen Heiratsmarkt irgendeine Rolle. Mrs Fitzherbert war nicht von Adel und, noch viel schlimmer für das protestantische Königshaus, Katholikin. Die beiden hatten ohne Zustimmung des Königs geheiratet, also war die Ehe streng genommen nicht rechtsgültig. Und was waren schon ein abscheulicher Charakter und ein paar Pfund zu viel bei einem Mann, der einmal König von England sein würde? Nach aristokratischer Logik war der Prinz der begehrenswerteste Junggeselle Europas.

Eine Familienangelegenheit

Prinney musste heiraten, und zwar schleunigst. 1794 hatte er bereits Schulden in Höhe von unglaublichen 650 000 Pfund (ca. 30 Millionen Euro nach heutigem Stand), weil er ungezügelt Geld für Kunst, Bauprojekte, seine elegante Garderobe, Wein und Rennpferde ausgab. Zur Krise kam es, als mehrere erzürnte Kaufleute, denen er viel Geld schuldete, eine Petition einreichten. Das Parlament erklärte sich bereit, die Schulden zu tilgen, unter der Bedingung, dass der Prinz heiratete. Niemanden, schon gar nicht Prinney selbst, interessierte es sonderlich, wen er heiratete, solange die Braut eine Prinzessin und Protestantin war und noch einen Puls hatte.

Prinzessin Caroline, die ausgesprochen heiratsfähige Tochter eines einflussreichen deutschen Herzogs, war eine Cousine des Prinzen. Sehr wahrscheinlich fiel ihr Name als Erster, und in seiner Verzweiflung, die drückenden Schulden loszuwerden, erklärte Prinney sich einverstanden. Hätte er nur mal seine Hausaufgaben gemacht und sich zumindest ansatzweise nach seiner zukünftigen Frau erkundigt, wäre beiden die tragische Farce dieser Ehe vielleicht erspart geblieben. Denn bedauerlicherweise verkörperte seine 26-jährige, rundliche Cousine ersten Grades alles, was er nicht ausstehen konnte.

Caroline war freundlich und gutmütig, aber unordentlich, pummelig und nicht gerade anmutig. Außerdem war sie laut, vulgär und ließ jegliches Taktgefühl und Diskretion vermissen.

Sie flirtete gern, was ihr den Ruf eintrug, ein unanständiges Mädchen von zweifelhafter Moral zu sein. Sie war nicht direkt dumm, aber sehr oberflächlich. Sie liebte Klatsch, stellte unverschämte Fragen, hatte einen derben Sinn für Humor und verhielt sich oft kindisch und respektlos. Hinzu kam, dass Caroline nicht gerne badete, jedenfalls nicht oft genug. Auch die Unterwäsche soll sie allzu lange getragen haben, ehe sie in die Wäsche kam. Konnte es zwei Menschen geben, die noch weniger zueinander passen würden?

Die miserabelste Ehe aller Zeiten

Von jener ersten Begegnung an wurde es nur noch schlimmer. Nach dem überstürzten Rückzug des Prinzen verkündete Caroline, er sei ja viel dicker als auf seinem Porträt. Beim Dinner am Abend zeigte sie sich von ihrer unangenehmsten Seite – sie versuchte, witzig und geistreich zu sein, was komplett danebenging –, und Prinney ebenfalls (eiskalt, unhöflich und betrunken). Doch die Hochzeit ließ sich schlecht jetzt noch abblasen, also heirateten die beiden zwei Tage später, am 8. April 1795. Zeitgenössischen Berichterstattern zufolge sah der Prinz aus wie der wandelnde Tod, war offensichtlich sturzbetrunken, weinerlich und laut, und nur seine Trauzeugen hielten ihn auf den Beinen. Caroline erzählte später, dass er die Hochzeitsnacht hinter dem Kamingitter verbrachte, wo er seinen Rausch ausschlief. In die Flitterwochen wurden sie von seinen ständig betrunkenen, pöbelnden Freunden und sogar von seiner Mätresse begleitet.

Überraschenderweise verstanden sich die beiden immerhin so gut, dass Caroline beinahe sofort schwanger wurde. Die Geburt ihrer Tochter am 7. Januar 1796 brachte das Paar einander aber auch nicht näher. Drei Tage später verfasste George ein neues Testament, in dem er alles seiner »Ehefrau« (sprich, der lieben Mrs Fitzherbert) vermachte – Caroline sollte genau einen Schilling erhalten.

Bis zum Juni 1796 war Prinneys Hass auf Caroline unüberwindlich geworden. »Ich verabscheue sie so sehr … dass ich allein beim Gedanken daran schaudere, mit ihr an einem Tisch zu sitzen oder unter demselben Dach zu wohnen«, schrieb er. Das beruhte auf Gegenseitigkeit. Nur ein Jahr später trennte sich das Paar ganz offiziell. Doch was Gott und Vaterland vereint hatten, konnte kein Mensch wirklich trennen – weder der König noch das Parlament wollte ihnen die Scheidung erlauben. Protestanten nahmen so eine Scheidung sehr ernst (ironischerweise, wenn man an die Geschichte von Anne Boleyn denkt), und diese Ehe war von großer diplomatischer Bedeutung. Die beiden hatten einander also am Hals.

Prinney konnte damit zweifellos besser leben. Von einem männlichen Aristokraten *erwartete* man geradezu, dass er sich Mätressen hielt. Für Caroline hingegen hätte ein Ehebruch eine Verbannung in Armut bedeutet. Sie befand sich also in einer delikaten Lage – besonders heikel für eine Frau, die keinerlei Feingefühl für so etwas besaß.

Gerüchte waren das täglich Brot europäischer Fürstenhöfe, und Carolines Verhalten sorgte für reichlich Nahrung. Sie war ein großer Fan tiefer Ausschnitte – und mit »tief« sind hier enthüllte Brustwarzen gemeint – und schien sich mit dem Spachtel zu schminken. So charmant sie als Gastgeberin sein konnte, sie flirtete weiterhin ungehemmt und verschwand manchmal sogar ein paar Stunden lang mit einem befreundeten Herren, während die anderen Gäste sich bemühten, ihre Abwesenheit dezent zu ignorieren. Schlimmer noch, Caroline soll sich sogar damit gebrüstet haben, dass sie sich einen »Bettgefährten«

nehme, wann immer ihr danach zumute sei, und der Prinz für alles bezahle. Auf so fruchtbarem Boden gediehen Gerüchte um gleich mehrere Affären der Prinzessin natürlich prächtig. Eine Zeitlang war das haltloser Klatsch, doch schließlich lieferte Caroline dem Prinzen um ein Haar den Skandal, den er gebraucht hätte, um sich von ihr scheiden zu lassen.

Caroline hatte nämlich die seltsame Angewohnheit, Babys zu sammeln. Dabei ging es ihr offenbar tatsächlich darum, ein gutes neues Heim für die kleinen Waisen zu finden. Doch 1802 adoptierte sie ein Baby namens William Austin, der fortan Willy genannt wurde, und tat so, als sei er ihr eigenes Kind. Warum sie das für witzig hielt, ist unklar, aber wahrscheinlich wollte sie nur mal wieder ordentlich für Wirbel sorgen. Ihre Unterstützer, darunter ihr Schwiegervater, König George III., taten das Gerede von einem unehelichen Kind als leeres Geschwätz ab, und ihre Gegner konnten ihr nichts nachweisen, weil es da nichts zu beweisen gab.

Dann beging Caroline jedoch einen folgenschweren Fehler. 1806 zerstritt sie sich mit der Familie Douglas, ihren Freunden und Nachbarn. Lady Douglas war diejenige, der Caroline zuerst vorgespielt hatte, der kleine Willy sei ihr Sohn. Doch nach ein paar Monaten enger Freundschaft war Caroline ihrer offenbar überdrüssig und verhielt sich sehr unhöflich, als Lady Douglas sie besuchen wollte. Als Lady Douglas ihr daraufhin schrieb und andeutete, sie könne gewisse Geheimnisse der Prinzessin verraten, schlug Caroline ausgesprochen unüberlegt zurück. Sie schickte ihrer ehemaligen Freundin obszöne Schmähbriefe mit miserabel gezeichneten Darstellungen von Lady Douglas beim Sex. Die Douglas' waren ziemlich sicher, dass diese Briefe von Caroline kamen – mindestens einer davon trug sogar ihr königliches Siegel.

Die zutiefst beleidigten Douglas' (die übrigens permanent

pleite waren) gingen schnurstracks zum Prinzen und erklärten ihm, sie würden beide beschwören, dass Willy Carolines uneheliches Kind war. Und da sie schon mal dabei waren, behauptete Lady Douglas auch noch, die Prinzessin hätte versucht, sie zu küssen und unsittlich zu berühren. Nun hatte der Prinz etwas in der Hand und konnte Ermittlungen zur angeblichen Untreue seiner Frau verlangen. Diese gingen als »delicate investigation« in die Geschichte ein und wurden von einer Regierungskommission vorgenommen. Als Zeugen vernahm man praktisch jeden, von Carolines Lakaien bis hin zu ihrem Porträtmaler, Thomas Lawrence. Schließlich bezeugte Willys richtige Mutter, dass sie der Prinzessin den Knaben übergeben habe, als er vier Monate alt gewesen war. Damit blieb der Kommission nichts anderes übrig, als Caroline von allen Anschuldigungen freizusprechen. Prinney sollte seine Scheidung doch nicht so leicht bekommen.

Caroline hatte damit auch ein zweites Urteil errungen – das der öffentlichen Meinung. Weil die Untersuchung höchst geheim sein sollte, war sie natürlich am klatschsüchtigen Hof allgemein bekannt. Dokumente gelangten an die Presse, Details erschienen in Zeitungen. Caroline gewann die Sympathie der britischen Öffentlichkeit, indem sie sich als bösartig verleumdete Ehefrau und Mutter darstellte, der man nicht einmal Umgang mit ihrem Kind erlaubte. Doch vor allem standen die Menschen auf ihrer Seite, weil alle Prinney hassten. Das britische Volk sowie die Presse konnten alberne Gecken nicht leiden, schon gar keine dicken, betrunkenen Gecken, die Steuergelder für Mätressen und Wein verschleuderten. Was die Schriftstellerin Jane Austen 1813 über Caroline schrieb, fasst die allgemeine Meinung am besten zusammen: »Die arme Frau, ich will sie unterstützen, so lange ich es vermag, weil sie eine Frau ist und weil ich ihren Ehemann verabscheue.«

Caroline wurde also von ihrem Volk geliebt, nicht jedoch von ihren adeligen Standesgenossen. Endgültig gesellschaftlich isoliert war sie dann, nachdem man König George III. 1811 für geisteskrank erklärte. Der Prinz wurde nun zum Regenten und eine freundschaftliche Beziehung zu Caroline damit eine politische Fallgrube für jeden, der bei Hofe willkommen sein wollte. Darüber hinaus hatte sie sich eines Vergehens schuldig gemacht, das die vornehme englische Gesellschaft niemals verzieh: Sie war langweilig geworden. Carolines genervte Hofdamen hatten es gründlich satt, sich anzuhören, wie schrecklich schlecht die königliche Familie sie behandelt hatte, wie sie sie verabscheute, und welche kreativen Ideen für den Tod der angeheirateten Verwandtschaft sie noch entwickeln konnte. (Manchmal vertrieb Caroline sich nach dem Abendessen die Zeit damit, Nadeln in eine Wachspuppe des Prinzen zu stecken und die Figur dann über dem Feuer zu schmelzen. Zu Anne Boleyns Zeiten hätte sie das den Kopf gekostet – siehe S. 124). Im August 1814 verließ Caroline England und reiste die nächsten sechs Jahre lang herum. Im Oktober desselben Jahres brachte die nun äußerst ungepflegte Mittvierzigerin sich und alle Anwesenden in entsetzliche Verlegenheit, indem sie zu einem Ball in Genf, der ihr zu Ehren veranstaltet wurde, im »Venuskostüm« erschien, »genau genommen von der Taille aufwärts gar nicht bekleidet«. Im nächsten Jahr beschrieb ein englischer Aristokrat, der sie in Genua kennenlernte, Caroline als »dicke Frau von etwa fünfzig Jahren, klein, plump und rotgesichtig«, in einer rosaroten Corsage mit sehr tiefem Ausschnitt und einem kurzen weißen Rock, der kaum die Knie bedeckte. Ein anderer Zeitgenosse erinnerte sich lebhaft an ihre schwarze Perücke und das

»weiße Kleinmädchenkleid, abstoßend tief ausgeschnitten« bis zum Bauch.

Caroline schweifte kreuz und quer durch Europa und ums Mittelmeer. Manchmal wurde sie von den ansässigen Adeligen empfangen, meist jedoch abgewiesen, umso schroffer, je weiter sich die Anekdoten über ihr seltsames Verhalten herumsprachen. Gegen Ende des Jahres 1815 hatte sie den letzten achtbaren Rest ihres Gefolges verloren und wurde stattdessen von einer wilden Truppe von Hofschranzen und Abenteurern begleitet, reisenden Schaustellern und Musikanten und diversen skandalösen Personen von niederer Geburt. Sie stürzte sich ganz öffentlich in wüste Affären, und Klatschmäulern zufolge knutschte sie praktisch mit jedem herum, vom König von Neapel (der Schwager Napoleons und damit ein Feind Englands) bis hin zu ihrem italienischen Diener. Der Kontakt zum englischen Hof war so vollständig abgebrochen, dass sie nicht einmal offiziell über die Hochzeit ihrer Tochter Charlotte am 2. Mai 1816 informiert wurde. Als Charlotte am 6. November 1817 im Kindbett verstarb, hielt Caroline sich gerade in einer Villa am Comer See auf und erfuhr von der Tragödie erst aus der Zeitung.

Im Januar 1820 starb der arme, geisteskranke George III., und aus Prinney wurde Seine Majestät König George IV. Doch er weigerte sich schlichtweg, Caroline Königin werden zu lassen. Im Juni desselben Jahres boten seine Minister ihr die erstaunliche Summe von 50 000 Pfund (etwa 4,5 Millionen Euro) pro Jahr, wenn sie auf den Titel verzichtete und sich nie wieder blicken ließ. Stattdessen reiste sie eilends nach England, um glühend vor gerechter Empörung herumzublöken, was ihr alles zustünde.

Caroline fand zu Hause reichlich Unterstützung. Trotz ihrer langen Abwesenheit liebte das britische Volk sie umso mehr dafür, wie sie der allgemein verhassten königlichen Familie die Stirn bot. Anlässlich ihrer Rückkehr kam es zu öffentlichen Kundgebungen ihrer Unterstützer, die meist mit Krawallen und eingeworfenen Fensterscheiben endeten. Vor dem Palast versammelte sich der Mob und beschimpfte den König als »Nero«. Selbst das Militär schien kurz vor einer Meuterei zu stehen. Die beiden wichtigsten Parteien des Landes wappneten sich für den Kampf: auf Carolines Seite die Opposition, die Partei der Whigs. Die Torys, regierende Partei und Favoriten des Königs, stellten sich natürlich auf Georges Seite. Der König verkündete, er werde eher abdanken, denn Caroline als Königin anzuerkennen.

Die drohende Rebellion zwang die britische Regierung zum Handeln. Im August 1820 wurde dem Parlament ein Gesetzesentwurf vorgelegt, die »Pains and Penalties Bill« – ein Versuch, die königliche Ehe scheiden zu lassen, weil Caroline Ehebruch begangen habe. Doch falls die Regierung damit den Skandal eines normalen, sprich öffentlichen Scheidungsprozesses hatte verhindern wollen, erwies sich dieser Versuch als spektakulärer Fehlschlag. Es folgte ein Gerichtsverfahren, in dem alle möglichen schockierenden und lächerlichen Details ans Licht kamen. Als einer der Ersten wurde einer von Carolines Bediensteten befragt, der aussagte, dass ihr angeblicher Liebhaber, der Italiener Bartolomeo Pergami, den sie ursprünglich als Diener eingestellt hatte, nur selten in seinem eigenen Bett schlief. Außerdem wollte er einmal Geräusche »wie das Quietschen einer Liege« aus einem Zelt gehört haben, in dem Pergami und Caroline sich zusammen aufhielten. Ein weiterer Zeuge behauptete, die Nachttöpfe in Carolines Gemächern enthielten »sehr viel mehr«, als eine einzelne Person hervorbringen könne. Ein anderer Bediensteter sagte aus, er habe Pergami und Caroline einmal schlafend in einer Kutsche überrascht, ihre Hand auf seinem Geschlechtsteil und seine zwischen ihren Beinen.

Bei den Anhörungen trat Caroline auf wie eine Parodie ihrer selbst. Sie trug eine knallschwarze Perücke, dick Rouge im Gesicht, und wenn die Sitzungen gerade eher langweilig waren, nickte sie manchmal ein. Doch ganz gleich, wie sie sich benahm und wie erdrückend die Beweise gegen sie sein mochten, die öffentliche Unterstützung für Caroline nahm weiter zu. Und mit ihr die Beleidigungen und Verunglimpfungen des Königs und seiner Getreuen. Als sich abzeichnete, dass die Gesetzesvorlage wohl keine Chance hatte, durch das House of Lords und das House of Commons zu kommen, wurde sie zurückgezogen.

Doch Carolines Sieg war nicht von Substanz. Sie war klug genug, um zu erkennen, dass sie zwar politische Unterstützer, aber so gut wie keine Freunde hatte. Der Großteil der besseren Gesellschaft mied sie, und die Verbündeten des Königs sorgten dafür, dass jeder, der Carolines Nähe suchte, in der Presse verleumdet und sein Ruf ruiniert wurde. Außerdem war die öffentliche Meinung wankelmütig und hatte nicht viel Verständnis für schlechtes Benehmen. Ein damals beliebter Knittelvers lautete:

Gütige Königin, hört unser Flehen
Ihr sollt nicht mehr sündigen und einfach gehen
Ist Euch diese Mühe zu groß
Dann geht nur, aber geht doch bloß.

Doch das tat sie nicht, und mit den Demütigungen war es noch nicht vorbei. Am 20. Juli 1821 fand Georges Krönung statt, und man verweigerte Caroline den Zutritt zur Westminster Abbey. Wie sie es fast ihr ganzes Leben lang getan hatte, weigerte sie sich stur, sich geschlagen zu geben, obwohl man ihr die Tür buchstäblich vor der Nase zugeschlagen hatte. Noch am selben Nachmittag schrieb sie seiner Majestät: »Die Königin vertraut darauf, dass der König nach dem öffentlichen Affront heute Morgen Ihrer Majestät, der Königin, das Recht zugestehen wird, am kommenden Montag gekrönt zu werden.« Der König dachte gar nicht daran. Keinen Monat später starb Caroline, traurig und noch immer voller Illusionen. Sie war erst 53 Jahre alt, hatte aber an permanenter Verstopfung und beginnendem Darmverschluss gelitten – wahrscheinlich Krebs. Schon den ganzen Sommer lang hatte sie fast ständig über Schmerzen geklagt.

Im Tod gewann Caroline eine letzte Schlacht, nämlich die um ihr Gedenken. Das britische Volk betrauerte ihren Tod landesweit mit Tränen. Selbst jene Aristokraten, deren Geduld sie restlos erschöpft hatte, waren dieser unglücklichen Frau gegenüber eher gütig und mitfühlend gestimmt. Als George IV. neun Jahre später starb, vergoss hingegen niemand eine Träne. Die *Times* verkündete sogar: »Noch nie hat man den Tod eines Menschen weniger bedauert als den unseres verstorbenen Königs.«

Dass ein Kind, das aus einer so unglücklichen Ehe wie der von Prinzessin Caroline von Braunschweig-Wolfenbüttel und dem Prinzen von Wales hervorging, kein leichtes Leben haben würde, war wohl zu erwarten. Und Charlotte, eine verwöhnte kleine Göre mit hitzigem Temperament, hatte es auch wahrlich nicht leicht. Die ersten Jahre war das kleine Mädchen hauptsächlich eine Schachfigur in der Dauerpartie seiner Eltern, denen es nur darum ging, einander auszustechen. Der Prinz gewann schließlich, und von da an stand Charlotte fast ausschließlich in seiner Obhut.

Eine tolle Kindheit – wie eine Gefangene wurde sie von einem trübseligen Schloss zum nächsten verfrachtet. So gut wie jeder Aspekt ihres Lebens wurde ihr von ihrem Vater oder den Damen, denen er die Verantwortung für ihre Erziehung übertrug, haargenau vorgeschrieben. Sie war ihrer Mutter zu ähnlich, um den lieben Herrn Papa zu entzücken, und er sprach hauptsächlich dann mit ihr, wenn er etwas zu kritisieren hatte. Keine seiner Anordnungen war dazu gedacht, Charlottes Leben angenehm oder glücklich zu machen.

Nicht, dass es ihr bei ihrer Mutter so viel besser gegangen wäre. Als Charlotte zehn Jahre alt war, beschränkte sich Carolines Umgang mit ihrer Tochter auf einen wöchentlichen Besuch. Als ihre Mutter England 1814 verließ, war Charlotte gerade 18 Jahre alt und am Boden zerstört. Sie schrieb: »Das tut mir so weh, dass ich sehr bedrückt bin.« Mittlerweile versuchte ihr Vater, eine

Hochzeit mit dem Erbprinzen von Oranien zu arrangieren. Dieser war ein magerer Bursche, von dem Charlotte einmal sagte, er sei so hässlich, dass es sie Überwindung koste, sich nicht abzuwenden, wenn er mit ihr spreche.

Die Hochzeit wurde schließlich abgesagt, und Charlotte fand einen anderen Bräutigam, den sie sehr lieb gewann. Prinz Leopold von Sachsen-Coburg-Saalfeld war sieben Jahre älter als sie. Er glättete ihre Ecken und Kanten, und sie erblühte zu der klugen, femininen und liebenswerten Prinzessin, die alle sich gewünscht hatten. Doch dann wird es richtig traurig: Den beiden waren nach ihrer Hochzeit nur 18 glückliche Monate vergönnt, bis Charlotte im Kindbett starb. Ihr Sohn kam tot zur Welt.

Eine Welle der Trauer erfasste das ganze Land. Charlotte war für das britische Volk zur Hoffnungsträgerin der Monarchie geworden. Die Menschen liebten Charlotte so inbrünstig, wie sie ihren Vater hassten. Charlotte hätte an erster Stelle der Thronfolge gestanden, und nun hatte George III. keine rechtmäßigen Enkelkinder mehr. Schließlich fand sein viertältester Sohn Edward – der jüngere Bruder von Charlottes Vater – eine passende Prinzessin und heiratete sie. Die beiden bekamen eine Tochter, Alexandrina Victoria, fünfte in der Thronfolge. 20 Jahre nach Charlottes Tod (und nachdem auch ihre Onkel verstorben waren) wurde die junge Prinzessin Alexandrina zu Queen Victoria gekrönt, der bisher am längsten regierenden Monarchin Großbritanniens. Ohne sie hätte das Land vielleicht alle möglichen tollen Sachen verpasst, die man mit dem 63 Jahre währenden viktorianischen Zeitalter verbindet, wie etwa Weihnachtsbäume und krankhafte Prüderie.

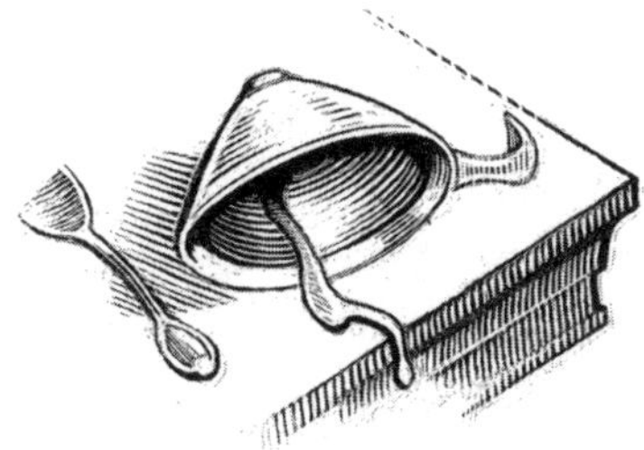

Pauline Bonaparte

DIE EXHIBITIONISTEN-PRINZESSIN

20. OKTOBER 1780 BIS 9. JUNI 1825
IM NAPOLEONISCHEN FRANKREICH

Im Jahr 1804 erhielt der Bildhauer Antonio Canova den Auftrag, eine Skulptur von Pauline Bonaparte anzufertigen, der jüngeren Schwester des großen Napoleon Bonaparte, die inzwischen zu einer italienischen Prinzessin aufgestiegen war. Pauline wünschte, als triumphierende Liebesgöttin Venus dargestellt zu werden. Immerhin stand sie in der Blüte ihrer Schönheit – schlank und feingliedrig mit traumhaften Proportionen, kleinen Brüsten und milchweißer Haut. Das waren ihre »natürlichen Vorzüge«, wie sie selbst sagte, und die wollte sie gewürdigt wissen.

Canova jedoch fand, dass eine praktisch nackte Liebesgöttin ein wenig zu sexy und nicht ganz salonfähig wäre. Er schlug Pauline vor, sich als Diana, die *bekleidete* jungfräuliche Göttin der Jagd und des Mondes, abbilden zu lassen. Pauline erwiderte verächtlich: »Niemand würde mich als Jungfrau glaubhaft finden.«

Damit hatte sie recht. Wir sprechen hier von einer jungen Frau, die von ihrem strammen jungen Diener nackt in die Badewanne getragen wurde, angeblich mit der halben karibischen Kolonie Santo Domingo geschlafen hatte, sich in einem durchscheinenden Kleid mit deutlich sichtbaren Brustwarzen porträtieren ließ und in selbigem auch bei Hofe auftrat, einen goldenen Becher in der Form ihrer Brust besaß und männliche Gäste während ihres Bades empfing. Nicht von ungefähr behaupteten Napoleons Feinde, Pauline sei mit 14 Jahren Prostituierte in einem Bordell in Marseille gewesen oder schlafe mit ihrem Bruder.

Was die Skulptur anging, bekam Pauline ihren Willen (wie üblich). Sie posierte nackt und wie hingegossen auf einer Chaiselongue, nur die Scham mit einem drapierten Tuch bedeckt (damit musste der Sittlichkeit dann auch schon Genüge getan sein), unter dem ein nacktes Bein und ihre nackten Füße hervorschauten. Als das Gipsmodell der Marmorstatue im selben Sommer enthüllt wurde, sorgte es in Paris und weit darüber hinaus für sensationslüsternen Klatsch.

Und Pauline fand es herrlich.

Eine steile Karriere

Pauline, die als Kind Paoletta genannt wurde, wuchs zu unruhigen Zeiten auf der Insel Korsika auf. Als sie 13 Jahre alt war, musste sie mit ihrer Familie aufs französische Festland fliehen, nachdem Partisanen ihr Haus niedergebrannt hatten. Sie konnte sich gut an jene Zeit erinnern, als der mächtige Clan der Bonapartes nur ein Häuflein Flüchtlinge in einem winzigen Haus in Südfrankreich gewesen war. Die Familie musste die Wäsche anderer Leute waschen und war zudem auf milde Gaben angewiesen, um über die Runden zu kommen.

Pauline wuchs zu einer echten Sexbombe heran, die sich herzlich wenig für Bildung, dafür aber umso mehr für das andere Geschlecht interessierte. Sie war wunderschön, und während ihr Bruder im Zuge der Französischen Revolution einen kometenhaften Aufstieg hinlegte, visierte sie den gesellschaftlichen Aufstieg an, vor allem, weil man sich dann so hübsche Kleider leisten konnte.

Im Juni 1797 mit gerade einmal 17 Jahren heiratete Pauline den General Victor Emmanuel Leclerc, einen brillanten jungen Offizier in der neuen Armee (ein »blonder Napoleon« wurde er von manchen genannt). Durch die Ehe wurde sie aber nicht unbedingt reifer und gesetzter. Ein Zeitgenosse berichtet von einem Dinner, bei dem sie den ganzen Abend lang schwatzte, über Nichtigkeiten lachte, sich über Höherstehende lustig machte und ihrer Schwägerin Joséphine hinter deren Rücken die Zunge herausstreckte. »Ihr fehlten jegliche moralischen Prinzipien, und falls sie einmal etwas Gutes tat, dann aus einer Laune heraus.«

In Paris wurde Paulines Benehmen nur noch schlimmer. Sie war wild entschlossen, die schönste Frau auf jeder Party zu sein – was natürlich viel einfacher war, wenn man selbst die Gästeliste zusammenstellte, also gab sie viele Feste. Wenn sie nicht gerade feierte oder noch mehr schöne Kleider kaufte, vertrieb Pauline sich die Zeit mit Affären. Zwar war sie mit ihrem »kleinen Leclerc« ganz zufrieden, doch das hinderte sie nicht daran, ihre Gunst auch anderweitig großzügig zu verteilen. War ihr Mann im Krieg, startete Pauline ihrerseits einen Großangriff auf die Männer von Paris. Man erzählte sich, sie hätte einmal drei Affären zugleich gehabt, mit drei Generälen, die sie geschickt gegeneinander ausspielte. Als die drei dahinterkamen, ließen sie Pauline fallen.

Das Einzige, was Paulines Liebesabenteuer ein wenig zügeln konnte, war die Angst vor ihrem Bruder. Er war die Sonne, um die sich ihr Leben drehte. Als sie und Leclerc 1798 einen Sohn bekamen, blieb der Kleine so lange ohne Namen, bis sein Onkel und Taufpate Napoleon einen für ihn aussuchte (er entschied sich für Dermide). Napoleon war ihre Vaterfigur, der Beschützer der Familie und der einzige Mensch, der sie im Zaum halten konnte und vor dem sie sich schämte. Obwohl sie oft stritten, liebte Pauline ihren Bruder abgöttisch.

Reif für die Insel

Und diese Loyalität wurde reich belohnt. Gegen Ende 1799 ernannte Napoleon sich selbst zum ersten Konsul der neuen Regierung, nachdem das Direktorium an einem Putsch gescheitert war. Nun war er praktisch Alleinherrscher über Frankreich, und Pauline bekam ihren Dank. Gewissermaßen. Nachdem ihr Mann jahrelang nach einem Posten geangelt hatte, der ihm ein wenig Ruhm oder Reichtum einbringen könnte, wurde er zum Generalgouverneur der Inselkolonie Santo Domingo (das heutige Haiti) ernannt. Dieser Posten konnte sich als äußerst lukrativ erweisen, sofern er Leclerc nicht vorher das Leben kostete.

Santo Domingo hatte sich 1791 nach einem Sklavenaufstand unter der Führung von Toussaint Louverture von der französischen Herrschaft befreit. Doch die Franzosen wollten ungern auf diese Insel verzichten, die einige sehr profitable Kaffee-, Zucker-, Indigo- und Baumwollplantagen zu bieten hatte. Also beschloss Napoleon 1801, sie sich zurückzuholen, und schickte Leclerc, Pauline und 30 000 Soldaten los. Als sie die Insel im Februar 1802 erreichten, bot sich ihnen ein schreckliches Bild. Le Cap, die Hauptstadt, war ein Flammeninferno – der Kommandant der Rebellen hatte sie in Brand gesteckt, weil er sie lieber vernichtet sehen als den Franzosen überlassen wollte. Leclerc brauchte nur 40 Tage, um die Kolonie wieder einzunehmen. Louverture wurde gefangen genommen, und Leclerc versprach, die Bevölkerung nicht wieder kollektiv zu versklaven. Doch dann schlug ein viel tödlicherer Feind zu: Mücken. Das Gelbfieber raffte Tag für Tag zwischen 50 und 100 Franzosen dahin, und binnen Wochen verlor Leclerc 25 000 Soldaten.

Pauline gab inzwischen die Königin der Insel, veranstaltete Bälle und musikalische Salons und wurde auch hier ihrem liebeshungrigen Ruf gerecht. Napoleons Feinde behaupteten später, sie hätte sogar mit Eingeborenen geschlafen, Männern wie Frauen, außerdem mit den meisten Offizieren, und ihre musikalischen Abende seien in Wahrheit Orgien gewesen. An diesen Gerüchten war jedoch nicht viel Wahres dran – die Leute starben wie die Fliegen, da blieb im Allgemeinen wenig Zeit für Ausschweifungen.

Die Situation in Santo Domingo wurde allmählich unhaltbar, und kleine Rebellengruppen erhoben sich erneut gegen die Franzosen. Trotz der Gefahr und der dringenden Bitten ihres Mannes, sich in Sicherheit zu bringen, hielt Pauline eisern stand. Sie genoss das Leben als Inselkönigin so sehr, dass sie es nicht aufgeben wollte, auch wenn ihr »Paradies« von revoltierenden Einheimischen und todbringenden Insekten nur so wimmelte. Am 16. September griffen die Rebellen die neu erbaute Hauptstadt an. Pauline weigerte sich, den Palast zu verlassen, obwohl ihr klar war, dass die Rebellen sie vergewaltigen und ihr Kind ermorden würden, wenn sie ihnen in die Hände fiel. Andere feine Damen flehten um Erlaubnis, fliehen zu dürfen. Pauline erwiderte (entweder sehr dumm oder sehr tapfer): »Ich bin die Schwester Bonapartes, und ich fürchte mich vor nichts.« Als der Gefechtslärm immer näher kam, wollte sie dem Sekretär ihres Mannes das Versprechen abnehmen, dass er sie und ihren Sohn töten würde, falls die Rebellen bis zu ihnen durchdringen sollten. Er weigerte sich und schleifte sie stattdessen aus dem Palast. Der kleine Dermide wurde von einem Soldaten hinausgetragen und spielte vergnügt mit dem Federbusch auf dessen Helm.

Im allerletzten Moment – Paulines Leibwache dachte schon daran, sie trotz aller Gegenwehr in ein Boot zu verfrachten und zu einem wartenden Schiff hinauszurudern – erschien Leclerc und verkündete die frohe Botschaft: Die Franzosen hatten gesiegt, die Rebellen waren versprengt. »Ich habe geschworen, nur an deiner Seite nach Frankreich zurückzukehren«, erklärte Pauline unter Tränen. Und genau so kam es auch, allerdings nicht so, wie sie sich das vorgestellt hatte. Leclerc erkrankte an Gelbfieber und starb am 1. November 1802. Sieben Tage später bestiegen die weinende Pauline und ihr Sohn mit dem Sarg ihres Mannes ein Schiff nach Frankreich. Sie hatte sich das lange, dunkle Haar abgeschoren und zu Leclerc in den Sarg gelegt. Die Kolonie Santo Domingo sollte Frankreich im darauffolgenden Jahr endgültig verlieren.

Pauline trauerte aufrichtig um ihren Mann, doch eine Frau wie sie konnte nicht ewig Trübsal blasen. Sie war erst 22, immer noch sehr schön und vor allem politisch höchst wertvoll. Napoleon hatte nicht vor, seine Schwester als Witwe versauern zu lassen, wo er sie doch mit irgendeinem strategisch bedeutsamen Prinzen verheiraten und so seine Macht zusätzlich festigen konnte.

Dieser Prinz sah gut aus, war reich und hatte beste Verbindungen. Außerdem war er strohdumm. Prinz Camillo Borghese entstammte einer der ältesten Adelsfamilien Roms. Wie der Zufall es wollte, musste Napoleon sich gerade bei den italienischen Fürstentümern und Stadtstaaten, denen die französische Herrschaft gar nicht passte, ein wenig beliebt machen. Da konnte ein Borghese als Schwager nur nützlich sein. Pauline war gern bereit, ihrem Bruder auszuhelfen, vor allem, da Camillo viel Geld, einen Palast und eine dicke Truhe voll Familienschmuck besaß.

Pauline heiratete ihn im August 1803, kein volles Jahr nach Leclercs Tod, und zog in seiner prächtigen Villa in Italien ein. Doch binnen weniger Monate wurde ihr klar, dass es stimmte, was alle über ihren Mann behaupteten – er war wirklich strohdumm. Und auch diese zweite Ehe hielt sie nicht davon ab, ihrem liebsten Zeitvertreib zu frönen: Sex mit möglichst vielen verschiedenen Männern. Als eine ihrer Affären allzu öffentlich wurde und sie sich über Camillos »schwierigen, streitsüchtigen Charakter« beklagte, erlaubte ihr Napoleon nicht, ihren Mann zu verlassen und nach Paris zurückzukehren. Wenn sie ihren Hohlkopf von einem Ehemann jetzt schon nicht mochte, sollte sie ihn bald so richtig hassen. Denn in demselben Sommer, in dem die Skulptur der fast nackten Pauline in Italien und Frankreich für Aufregung sorgte, starb ihr geliebter Sohn Dermide, und sie erfuhr erst zehn Tage später davon.

Camillo hatte sich nie so recht für Dermide erwärmen können und daher Pauline überredet, den Jungen bei seinem Bruder zu lassen, als die beiden zur Kur in einen beliebten Badeort reisen wollten. Während sie dort waren, wurde Dermide krank und starb an einem Fieber. Camillo fürchtete den Zorn seiner Frau und verheimlichte ihr den Tod ihres Kindes. Und er fürchtete sich zu Recht – als Pauline die Wahrheit erfuhr, tobte sie vor Wut. »Hinaus mit Ihnen, Monsieur, ich kann Ihren Anblick nicht mehr ertragen!«, schrie sie. »Sie Mörder meines Sohnes!« Pauline war gebrochen. Wieder schnitt sie sich die Haare ab und ließ sie in Dermides Sarg legen. Außerdem drohte sie damit, sich endgültig aus der Öffentlichkeit zurückzuziehen. Nur weil ihr Bruder darauf bestand, dass sie bei seiner Krönung zum Kaiser anwesend sein müsse, setzte sie ihr Vorhaben nicht in die Tat um.

Die Beziehung zu den Borgheses jedoch war nicht zu retten. 1806 sprach Pauline von Camillo nur noch als »Seine durchlauchtigste Dummheit«. Als er gegen Preußen in den Krieg zog, bat sie ihren Bruder öffentlich, ihrem Mann »nach einem unnützen Leben einen ruhmreichen Tod« zu bescheren. Wenn Camillo seine Nachrichten an sie als »Prinzessin Borghese« richtete, schickte sie sie postwendend zurück. Sie öffnete nur die Briefe an »Ihre kaiserliche Hoheit, Prinzessin Pauline« – diesen Titel hatte ihr Bruder ihr 1806 verliehen.

War Pauline schon zuvor promiskuitiv gewesen, so stürzte sie sich jetzt wahrhaft hemmungslos in ihre Affären. Ihre Eroberungen waren legendär. Zu den Männern, die sie verführte, gehörte etwa Thomas Dumas, der bekannte General, Sohn eines Franzosen und einer schwarzen Sklavin und Vater von Alexandre Dumas, der später *Der Graf von Monte Christo* verfassen sollte. Sie vergnügte sich mit mehreren Generälen ihres Bruders, ihrem Kämmerer, dem einen oder anderen berühmten Schauspieler, ein paar Musikern, diversen Prinzen und Aristokraten des niederen Adels, dem Sekretär ihres ersten Mannes (als gerade gar niemand anders zur Verfügung stand) und auch sonst so ziemlich jedem, der an ihre Tür klopfte. Ihre Zuneigung flammte heftig auf und erlosch ebenso rasch. Sie bemühte sich, ihre Affären vor ihrem Bruder zu verbergen, doch das Geflüster drang trotzdem bis an seine Ohren. Männer, die sich mit Pauline einließen, wurden oft zur Armee eingezogen und an die Front geschickt.

Gerüchteweise hieß es, Paulines sexuelle Ausschweifungen hätten sie so geschwächt, dass sie nicht mehr gehen konnte, was erklärte, warum sie sich überallhin tragen ließ und oft das Bett hüten musste. Ausnahmsweise einmal könnte an diesem Klatsch etwas Wahres dran sein. Seit Dermides Geburt litt Pauline an chronischen Schmerzen im Becken, und einige ihrer Biographen vermuten als Ursache eine chronische Entzündung der Eileiter. Mit einer Salpingitis wäre das Gehen tatsächlich sehr schmerzhaft für sie gewesen. Allerdings kann man sich diese Erkrankung auch durch, nun ja, zu viele Sexualpartner mit gewissen Geschlechtskrankheiten zuziehen. Und das Einzige, was vermutlich dagegen geholfen hätte, kam für Pauline nicht in Frage: auf ihre Liebhaber zu verzichten.

Zu diesen Liebhabern könnte auch ihr Bruder gehört haben. Kaiserin Joséphine behauptete, die Geschwister in flagranti ertappt zu haben. Ein Höfling schwor, dass Pauline ihm den Inzest gestanden habe. Ein moderner Napoleon-Biograph hält es angesichts der gesteigerten sexuellen Gelüste der Geschwister und ihrer großen Zuneigung zueinander für durchaus wahrscheinlich, dass die beiden sich auf sexuelle Experimente eingelassen haben.

Eines ist jedenfalls sicher: Napoleon hütete seine Schwester wie seinen Augapfel. Mehr als einmal schritt er ein, um sie vor Gläubigern zu schützen – meist, indem er unter erstaunlich wenig Gebrumm die gewaltigen Rechnungen bezahlte, die sie bei ihren vielen Reisen anhäufte. Pauline gab wirklich gern Geld aus. Sie kaufte eine Yacht, auf die sie nie einen Fuß setzte, reiste von einem Kurort zum nächsten Heilbad und veranstaltete verschwenderische Bälle. Zu ihrer exzessiven Liebe für allerhand Luxus gesellte sich eine gewisse Divenhaftigkeit, die sich vor allem in verrückten Wünschen äußerte, wie sie sich nur der Hochadel erlauben kann. So badete sie beispielsweise in Milch, um ihre zarte weiße Haut zu bewahren, was genauso unpraktisch ist, wie es sich anhört. Einmal besuchte Pauline unangekündigt einen bedauernswerten Verwandten und befahl ihm, Milch für ihr Bad zu besorgen – und danach wünsche sie zu duschen. Der arme Mann erklärte ihr, dass sein Haus für so etwas nicht eingerichtet sei. »Ganz einfach«, erwiderte Pauline. »Lassen Sie ein Loch in die Decke über der Wanne schlagen und Ihre Diener die Milch hindurchgießen, wenn ich soweit bin.« Sie reiste nach nur einer Nacht in seinem Haus wieder ab und hinterließ ein Loch in der Decke und den Geruch von saurer Milch.

Mit dieser mehr als anspruchsvollen Prinzessin zu reisen, muss auch kein Vergnügen gewesen sein. Pauline hielt ihr Gefolge immer wieder auf, um von der Kutsche in die Sänfte zu wechseln, sich umzuziehen oder auf einer Wiese ein Nickerchen zu machen. Damit sie es dabei auch bequem hatte, benutzte sie gern Menschen als Mobiliar. Sie befahl einem Leibgardisten, sich aufrecht hinzusetzen, so dass sie sich an ihn lehnen konnte, und ein weiterer musste sich hinlegen und als Fußstütze herhalten. Die Füße auf anderen Leuten hochzulegen, scheint eine von Paulines Lieblingsbeschäftigungen gewesen zu sein. Eine Herzogin beschrieb, wie sie das Schlafgemach der Prinzessin betrat und eine Hofdame auf dem Boden liegend vorfand, mit Paulines Füßen auf der Kehle. Die arme Frau soll fröhlich erklärt haben: »Daran bin ich gewöhnt.«

So anstrengend Pauline auch sein konnte, eine Tugend besaß sie: Loyalität. Wenn es für Napoleon nicht gut lief, war sie die Einzige unter den Geschwistern, die ihn dennoch unterstützte. Als er sich von der Frau scheiden ließ, die er liebte – weil er unbedingt einen Erben zeugen musste –, veranstaltete Pauline zehn besonders prächtige Bälle, um ihn aufzuheitern (allerdings hatte sie ihre Schwägerin Joséphine auch nie gemocht). Und obwohl sie mit seinen Großmacht-Ambitionen nicht einverstanden gewesen sein mag, verkaufte sie ihren Schmuck, um seine Armeen zu finanzieren (Extravaganz kann manchmal auch eine gute Investition sein).

Auch wenn andere Mächte innerhalb des französischen Kaiserreiches sich gegen ihren Bruder verschworen, konnte er sich auf Pauline immer verlassen. Nach einem Jahrzehnt auf dem Thron wurde Napoleon 1814 entmachtet und auf die Insel Elba verbannt, ein felsiges, aber schönes Eiland vor der italienischen Mittelmeerküste. Pauline ging mit dorthin. »Wenn er mir erlaubt, ihm zu folgen, werde ich ihn niemals verlassen… Ich habe ihn nicht mein Leben lang geliebt, weil er ein großer Herrscher war, sondern weil er mein Bruder ist«, erklärte sie. Um Geld aufzutreiben, verkaufte sie einen Teil ihres Landbesitzes und noch mehr Schmuck. Wie schon auf Santo Domingo wurde sie zur Inselkönigin von Elba. Sie organisierte Bälle, Theateraufführungen und Empfänge für den Kaiser im Exil und hielt Hof – mit der besseren Gesellschaft der kleinen Insel und einem wachsenden Gefolge von Anhängern und ebenfalls verbannten französischen Würdenträgern. Napoleon verlieh ihr sogar den grandiosen Titel »Vergnügungsbeauftrage der Insel Elba«, was ein wenig an die Position des Kreuzfahrtdirektors auf dem *Love Boat* erinnert.

Doch ihr kleines Inselkönigreich sollte nicht von Dauer sein. Im Februar 1815 machte Napoleon sich bereit, sein Kaiserreich zurückzuerobern. Seine Pläne schlugen fehl. Nach nur 100 Tagen an der Macht wurde er in der Schlacht von Waterloo geschlagen. Im Stoff der Auskleidung seiner Kutsche, die er dort zurücklassen musste, fand man ein Diamantcollier, das Pauline ihm zur Unterstützung seiner Pläne geschenkt hatte.

Damit war für den Kaiser, Pauline und die Bonapartes alles aus. Ihrem Bruder im Exil auf St. Helena Gesellschaft zu leisten, kam nicht in Frage, obwohl Pauline die Briten, die ihn dorthin geschickt hatten, mehrmals um die Erlaubnis dazu bat. Sie musste vorerst allein zurechtkommen, denn ihr Mann, Prinz Borghese, der sich so lange so viel hatte gefallen lassen, verlangte nun die Scheidung. Im Juni 1816 erging das Scheidungsurteil, und Pauline ging als Siegerin aus dem Prozess hervor: Sie bekam einen jährlichen Unterhalt von 20 000 Franc zugesprochen und das Wohnrecht in Borgheses Palast.

Da ihre Existenz nun gesichert war, verbrachte Pauline die nächsten Jahre damit, Gäste zu empfangen, Kurorte zu besuchen und ihren Bruder zu unterstützen. Doch sie konnte ihm nicht helfen – Napoleon starb am 5. Mai 1821 im Exil. Pauline erfuhr erst Monate später davon, und dann schien es, als sei ihr Licht erloschen. Vor Sorge um ihn war sie abgemagert, ihre Schönheit verblasst. Die Canova-Statue, die sie stets so stolz gezeigt hatte, sollte auf ihren Wunsch eingelagert werden. Zwar nahm sie sich noch immer diverse Liebhaber und empfing manchmal Herrenbesuch in der Badewanne, doch sie zog sich größtenteils aus dem gesellschaftlichen Leben zurück, das sie zuvor so gepflegt hatte. Gesundheitlich war sie noch nie sonderlich robust gewesen, und nun verschlechterte sich ihr Zustand rapide.

Viele Berichte stimmen darin überein, dass Pauline eine eitle

Frau war, die den Müßiggang liebte und sich hauptsächlich für Geld und Sex interessierte. Doch sie liebte ihre Familie hingebungsvoll und konnte sich beeindruckend mutig und tapfer zeigen, wenn ihre Lieben in Gefahr schwebten. Als sie mit 44 Jahren starb, war ihre berühmte Schönheit dahin, und sie litt permanent Schmerzen. Aus ihrem Testament geht klar hervor, was ihr im Leben am wichtigsten war: Sie hinterließ alles ihrer Familie, und ihr geschiedener Mann, mit dem sie sich wieder ein wenig versöhnt hatte, erhielt eine Villa. Keiner ihrer Liebhaber wird darin mit einem Wort erwähnt.

Margaret

DIE PRINZESSIN, DIE EINEN BANKRAUB VERURSACHTE

21. AUGUST 1930 BIS 9. FEBRUAR 2002
GROSSBRITANNIEN

Dieser Raubüberfall machte zu Recht Schlagzeilen: In der Nacht zum Samstag, dem 11. September 1971, drangen Diebe durch einen Tunnel in den Tresorraum der Lloyd's Bank in London ein und machten sich mit einem bis heute nicht bezifferten Vermögen davon. Die Verbrecher hatten zwei Häuser weiter einen Laden angemietet, an der Ecke Baker Street und Marylebone Road. Die Renovierung des Ladens war jedoch nur Tarnung – die Räuber gruben einen etwa 12 Meter langen Tunnel unter einem Restaurant hindurch direkt zum Tresorraum. Am Tatort hinterließen sie die Botschaft: »Das soll Sherlock Holmes erst mal aufklären.«

Damalige Schätzungen gingen von einer Beute im Wert von einer halben Million Pfund aus, doch tatsächlich war es viel mehr, möglicherweise bis zu drei Millionen Pfund (was heute über 35 Millionen Euro entspräche). Wie viel der Inhalt der ausgeräumten Bankschließfächer wirklich wert war, ließ sich nicht feststellen. Letztendlich konnten die Täter aber auch ohne die Hilfe des legendären Detektivs ermittelt werden. 1973 wurden vier Männer verhaftet und wegen des Banküberfalls zu Gefängnisstrafen verurteilt, doch der führende Kopf der Bande blieb flüchtig.

Nur vier Tage nachdem diese unglaubliche Geschichte publik wurde, war in den Zeitungen plötzlich kein Wort mehr davon zu lesen. Für die britische Presse äußerst ungewöhnlich. Gerüchte machten die Runde, die Behörden hätten den Medien einen Maulkorb verpasst, weil der Fall zur Frage der nationalen Sicherheit erklärt worden sei und keine weiteren Einzelheiten an die Öffentlichkeit dringen dürften. Die *Times* berichtete noch ein paar Mal über die Ermittlungen, doch ansonsten wurde die Geschichte unter den Teppich gekehrt. Warum?

Die Produzenten des Films *The Bank Job* von 2008 behaupten, die Antwort zu kennen: Im Film war der spektakuläre Raub in Wahrheit das Werk des britischen Geheimdienstes, besser bekannt als MI5, der auf diese Weise äußerst kompromittierende Fotos von Prinzessin Margaret zurückstehlen wollte. Margaret, die jüngere Schwester von Königin Elizabeth II., galt als schwarzes Schaf der Familie. Um ihre Ehe stand es schlecht, sie verbrachte viel Zeit auf der Karibikinsel Mustique, und dort waren angeblich etwas verschwommene Fotos von ihr bei einem flotten Dreier mit einem unbekannten Mann und einer ebenso namenlosen Frau entstanden. Heutzutage wird spekuliert, dass die Fotos Margaret und den Kleinganoven John Bindon zeigen könnten, der sich ebenfalls einige Zeit auf der Insel aufgehalten hatte – wenn denn der Geheimdienst hinter dem Überfall steckte. Bindon hatte 1972 nämlich behauptet, eine intime Beziehung mit der Prinzessin zu führen und im Besitz von Fotos zu sein, die das beweisen sollten.

Wurde der Bankraub also dem Königshaus zuliebe verübt? Möglich. Die Produzenten des Films behaupten, die wahren Hintergründe erfahren zu haben, aber was sollten sie auch sonst sagen? Selbst wenn nichts daran sein sollte, lässt sich nicht leugnen, dass Prinzessin Margaret regelmäßig in den britischen Klatschspalten auftauchte. Lange bevor Prinz Harry die bittere Erfahrung machte, wie klein die Welt auch zwischen Las Vegas und London sein kann, bereitete seine Großtante dem Palast regelmäßig gewaltigen Ärger.

Dunkle Wolken

Margaret kam 1930 in Schottland während eines spätsommerlichen Gewitters zur Welt. Wenn man solche Dinge als Omen ansieht, könnte man sagen, dass sie diese dunklen Wolken ihr Leben lang nicht wieder loswurde.

Als Margaret sechs Jahre alt war, entschied sich ihr Onkel David, besser bekannt als König Edward VIII., gegen den Thron und für Wallis Simpson, die zweifach geschiedene Amerikanerin mit zweifelhaften Sympathien für die Nazis. Er dankte ab, weil er sich nicht von ihr trennen wollte. Margarets Vater Bertie bestieg als George VI. den Thron, und ihre ältere Schwester Prinzessin Elizabeth rückte in der Thronfolge an die erste Stelle. Und Margaret? Einmal hörte man sie laut jammern: »Jetzt, da Papa König ist, bin ich nichts mehr.«

Es bildete sich ein Muster heraus, das vielen Eltern bekannt vorkommen dürfte, adelig oder nicht. Elizabeth, vier Jahre älter als Margaret, war die ernste und pflichtbewusste Tochter. Margaret war das verwöhnte, unbekümmerte Gör, von dem nicht viel erwartet wurde. Die Schwestern stritten und prügelten sich sogar (Margaret soll auch zugebissen haben). Elizabeth beklagte sich, dass Margaret immer das haben wollte, was sie hatte. Ihre Kindheit verlief so normal, wie sie unter diesen besonderen Umständen sein konnte. Margaret zeigte eine große musikalische Begabung, liebte blutige Piraten-Comics und war eine geborene Komödiantin. Als der Zweite Weltkrieg die königliche Familie 1939 zwang, sich auf Windsor Castle zurückzuziehen, jammerte Margaret: »Wer ist dieser Hitler? Er verdirbt ja alles.«

Während Elizabeth zur nächsten Königin erzogen wurde, überließ man Margaret ein wenig sich selbst. Als sie zwanzig Jahre alt war, war ihre große Schwester bereits verheiratet und hatte zwei Kinder. Margarets Fähigkeiten schienen sich hauptsächlich darauf zu beschränken, die neuesten Tänze zu meistern und fröhlich und witzig zu sein. Ihre einzige Lebensaufgabe bestand darin, einen reichen Aristokraten zu heiraten. Während sie auf dieses unausweichliche Schicksal wartete, stürzte sie sich ins Nachtleben, besuchte Partys und Clubs, blieb bis vier Uhr morgens aus, rauchte in der Öffentlichkeit und amüsierte sich einfach prächtig.

Doch der Mann, in den Margaret sich verliebte, war kein Aristokrat, sondern ein schneidiger Kampfpilot namens Peter Townsend, der den ersten deutschen Bomber über Großbritannien abgeschossen hatte. Mit 29 war er außerdem wesentlich älter als Margaret, die gerade einmal 13 war, als Townsend in den Dienst ihres Vaters trat – als »Ehrenstallmeister«, der dem König Besucher ankündigt. Obendrein war er verheiratet. Er wurde Margarets großer Schwarm, und ein paar Jahre später war sie ernsthaft in ihn vernarrt. Er begleitete sie bei offiziellen Anlässen, und sie wurde oft in seinem Büro im Palast gesehen, das er dank seiner Beförderung zum stellvertretenden Hofmeister bezogen hatte.

Als sie 22 Jahre alt war, wurde die Sache ernst. Townsends Ehe ging den Bach hinunter, und Margaret war kein Kind mehr. Ihre Mutter, Queen Mum, und Königin Elizabeth, die nach dem Tod ihres Vaters am 6. Februar 1952 den Thron bestiegen hatte, waren wohl anfangs bereit, Townsend als ihren Freund zu akzeptieren. Aber Margaret war nun einmal keine Privatperson und durfte nicht selbst entscheiden, wen sie heiraten wollte – ein besonders absurder Aspekt der modernen Aristokratie.

Dem Royal Marriages Act von 1772 nach konnte Margaret bis zu ihrem 25. Lebensjahr ohne Erlaubnis der Königin gar nicht heiraten. Danach würde sie die Zustimmung des britischen Parlaments sowie sämtlicher Regierungen der Commonwealth-Länder brauchen. Die Königin konnte bei ihrer Schwester auch nicht einfach ein Auge zudrücken, weil sie als Monarchin zugleich Oberhaupt der Church of England ist und die Kirche eine Eheschließung Geschiedener nicht akzeptierte. Die Königin wäre von der Zustimmung des Premierministers abhängig gewesen, und Winston Churchill hielt es nicht für eine gute Idee, Elizabeth solche Entscheidungen vor ihrer Krönung treffen zu lassen (die für den 2. Juni 1953 angesetzt war).

Eigentlich eine seltsame Vorstellung, dass Großbritannien, nachdem es eben den Zweiten Weltkrieg überstanden hatte, sich so viele Gedanken um die Hochzeitspläne einer 22-Jährigen machte, und sei sie von königlichem Geblüt. Doch das Land hatte eben erst die Krise der Monarchie von 1936 verwunden, als der Thronfolger um der geschiedenen Wallis Simpson willen abgedankt hatte. Trotz aller Bemühungen, die Sache geheim zu halten, bekam die Presse Wind von Margarets Beziehung. Einem BBC-Bericht zufolge kursierten erste Gerüchte, nachdem Margaret bei Elizabeths Krönung Townsend ein Stäubchen vom Frack geschnippt hatte. Es gab immer mehr schlechte Presse. Eine Tageszeitung schnaubte: »Es ist doch undenkbar, dass eine Prinzessin, die an dritter Stelle der Thronfolge steht, auch nur in Erwägung ziehen könnte, einen geschiedenen Mann zu heiraten.« Der Staat schritt ein, und im Juli 1953 wurde Townsend ins Ausland versetzt. Das Paar sollte sich ein Jahr lang nicht sehen.

Also wartete Margaret ab. Als sie endlich 25 wurde, hoffte sie vorsichtig darauf, dass wenigstens das Parlament der Hochzeit zustimmen würde. Doch die Politiker hatten andere Vorstellungen. Man warnte Margaret, dass ein beträchtlicher Teil der Parlamentarier aus Protest zurücktreten würde, sollte sie einen Geschiedenen ehelichen. Sie hätte Townsend höchstens standesamtlich heiraten können, doch dazu hätte sie auf ihre Rechte als Thronfolgerin, ihre Privilegien und Pflichten als Prinzessin und, schlimmer noch, ihr Einkommen als Royal verzichten müssen. Wie schon ihr Onkel zuvor wäre sie praktisch gezwungen gewesen, auf unbestimmte Zeit im Ausland zu leben. Das war zu viel verlangt. Am 31. Oktober 1955 unterbrach die BBC ihr Programm und ließ die Prinzessin eine Stellungnahme verlesen, in der sie der Nation ihre Entscheidung mitteilte, Townsend nicht zu heiraten. »Mir ist bewusst, dass eine standesamtliche Hochzeit möglich gewesen wäre, wenn ich auf meine Rechte als Thronfolgerin verzichtet hätte. Aber die Kirche lehrt uns, dass die im christlichen Glauben geschlossene Ehe unauflöslich ist, und ich habe mich entschieden, meine Pflicht gegenüber dem Commonwealth über alles andere zu stellen.«

Margaret hatte immer alles haben können, was sie wollte, außer ihrer wahren Liebe. »Wenn ich Peter hätte heiraten dürfen, wären wir gewiss sehr glücklich geworden«, klagte sie später. »Und wer weiß? Vielleicht hätte unsere Ehe gehalten.« Die Ehe, die sie dann tatsächlich schloss, hielt leider nicht.

Die wilden 1960er Jahre

Margarets offiziell vom Königshaus verfasste Biographie ist ziemlich mager: Hochzeit mit Antony Armstrong-Jones am 6. Mai 1960 in Westminster Abbey, zwei Kinder, geschieden 1978. Nur die trockenen Fakten, keine saftigen Details.

Hier kommen sie: Nach der Townsend-Affäre war Margarets eng begrenzter Heiratsmarkt ziemlich leergefegt. All die netten jungen Männer, die für sie als »heiratsfähig« galten, hatten andere Frauen sich schon geschnappt, während sie auf die Erlaubnis gewartet hatte, Townsend zu heiraten. Also stürzte sie sich wieder ins wilde Partyleben, besuchte Nachtclubs und tanzte nächtelang Cha-Cha-Cha, Jitterbug, Jive und Charleston. (Louis Armstrong lernte die Prinzessin nach einem seiner Auftritte kennen und bezeichnete sie als »hippe Braut«). Margaret konnte gut singen, obwohl ihre Stimme nach zehn Jahren als starke Raucherin ein wenig heiser klang, und sie trank gern und viel. All das hinderte sie nicht daran, tagsüber ihre Pflichten zu erfüllen, etwa Schulen zu eröffnen und an allen möglichen Dingen Champagnerflaschen zerschellen zu lassen. Falls Margaret ihrer Schwester die Sache mit Townsend nachtrug, so zeigte sie das höchstens, indem sie zur Feier des zehnten Hochzeitstags der Königin erst nach Mitternacht erschien und keine Stunde lang blieb.

Margaret begegnete ihrem zukünftigen Ehemann Antony Armstrong-Jones zum ersten Mal bei einer Party, wo er als Fotograf arbeitete. Wahrscheinlich erinnerte sie sich danach kaum an ihn. Als sie sich erneut über den Weg liefen, wieder auf einer Party, bei der er aber nun als Gast geladen war, hatte Armstrong-Jones sich bereits einen Namen als aufstrebender Gesellschaftsfotograf gemacht, der für Hochglanzmagazine wie den *Tatler* arbeitete. Die beiden freundeten sich an, und Margaret besuchte ihn oft in seinem Studio in Pimlico, in dem er auch wohnte.

Armstrong-Jones – genannt Tony – war ganz und gar nicht die Art Mann, mit der Margaret sonst so Umgang hatte. Beispielsweise mietete er nach dem Auszug aus seinem Studio ein Zimmer im Haus eines Freundes in den London Docklands, wo er sich die Toilette mit dem Vermieter teilen musste. Das war dann doch etwas ganz anderes als die schottischen Burgen und prächtigen Landsitze, in denen Margaret aufgewachsen war. Tony war der Sohn eines erfolgreichen Anwalts – immerhin ein Plus – aber seine Eltern waren geschieden. Er gehörte so entschieden nicht zu Margarets »Kreisen«, dass eine ihrer Freundinnen ihn zwang, den Dienstboteneingang zu benutzen, wenn er zu Besuch kam. Außerdem hieß es, er sei schwul. Aber er war lustig und interessant, und Margaret hatte jüngst erfahren, dass Peter Townsend wieder heiraten wollte, und naja … da nahm sie Tonys Heiratsantrag eben einfach an. Diesmal veranstaltete ihre Familie keinen Aufstand.

Die beiden heirateten mit großem Pomp in Westminster Abbey, am 6. Mai 1960. Ein Jahr später brachte Margaret ihr erstes Kind zur Welt, nur wenige Wochen nachdem ihr Mann zum Earl of Snowdon und Viscount Linley geadelt worden war (schließlich musste das Kind mit einem Adelstitel geboren werden). Tony verdiente sein Geld weiterhin als Fotograf und später auch als Produzent von Dokumentarfilmen, weil er aus Überzeugung selbst für seinen Lebensunterhalt sorgen wollte.

Die Ehe lief eine ganze Weile gut. Tony und Margaret freundeten sich mit allen möglichen illustren Figuren der wilden Sechziger an, wie dem Schauspieler Peter Sellers, dem Schriftsteller Gore Vidal, der Designerin Mary Quant oder dem Aga Khan. Sie feierten ausgelassen mit Alkohol (sie) und Drogen (er) und reichlich Sex. Nur nicht immer miteinander.

Die Prinzessin und der Punk

Die Risse, die sich ab Mitte der 1960er Jahre in ihrer Ehe bildeten, wuchsen sich zu wahren Abgründen aus. Das Paar blieb der Kinder und der Monarchie zuliebe zusammen – immerhin galt eine Scheidung damals immer noch als Skandal. Aber beide hatten Affären, Tony mit einer 23-Jährigen und Margaret mit mehreren Männern eher in ihrem Alter und aus ihren Kreisen. Außerdem verbrachte sie immer mehr Zeit auf Mustique, der paradiesischen Karibikinsel, auf der ein Freund ihr zur Hochzeit ein Anwesen geschenkt hatte.

1973 befanden Margarets Freunde, dass sie wieder einmal einen neuen Liebhaber brauche, und brachten sie mit Roddy Llewellyn zusammen, einem aristokratisch angehauchten und sexuell desorientierten ehemaligen Punkrocker, der 17 Jahre jünger war als sie. Die beiden lernten sich auf dem Landsitz von Freunden in Schottland kennen, und noch ehe die Woche um war, hatten sie sich ineinander verliebt. (Anscheinend war diese Begegnung sogar vom Schicksal vorherbestimmt. Roddy hatte fünf Jahre zuvor von einer Wahrsagerin erfahren, dass er eine Frau kennenlernen würde, deren Name mit »M« begann und mit der er viel Zeit in der Karibik verbringen würde.)

Zu Beginn der Beziehung erhielt Roddy jede Menge Unterstützung von Margarets Freunden, die ihn geradezu zu ihrem Liebhaber formten. Doch nach einem Jahr fühlte er sich zunehmend unwohl mit den Einschränkungen, die eine Affäre mit einer verheirateten Prinzessin so mit sich brachten – Tony konnte durchaus eifersüchtig sein. Also setzte er sich ab, erst nach Guernsey (noch zu nah) und dann in die Türkei, ohne irgendjemandem Bescheid zu sagen. Margaret soll vor lauter Kummer eine Handvoll Schlaftabletten geschluckt haben. Als er zurückkehrte, beschlossen die beiden, dass sie wohl ein wenig Abstand brauchten. Roddy verhielt sich immer unberechenbarer. Nach einer Sauftour auf Barbados und einem Zusammenbruch auf dem Rückflug nach England wurde er in eine psychiatrische Einrichtung eingewiesen, um sich zu erholen.

Tony hatte sich mittlerweile in seine Sekretärin verliebt, eine Frau, die Margaret nur als »dieses Ding« bezeichnete. Auch er trank viel und machte aus seiner Feindseligkeit gegenüber seiner untreuen Gattin kaum einen Hehl. Später erzählte sie, dass sie einander praktisch anknurrten, wenn sie sich mal auf der Treppe begegneten. 1976 hatten Margaret und der inzwischen genesene Roddy ihre Beziehung wieder aufgenommen und wurden beim gemeinsamen Mittagessen in einer Bar auf Mustique fotografiert. Tony benutzte das verschwommene Foto dazu, endlich eine offizielle Trennung durchzusetzen.

Margarets Beziehung zu Roddy hielt auch während der Trennung von ihrem Mann an, obwohl ihre Schwester und ihr Schwager sie sehr missbilligten. Roddy hatte inzwischen eine Ausbildung im Gartenbau abgeschlossen und seine Berufung zum Gärtner entdeckt. Er wurde zu diversen Anlässen mitgeschleift in der Hoffnung, dass die Öffentlichkeit ihn mit der Zeit akzeptieren würde. Aber dann musste er unbedingt eine Schallplatte aufnehmen. Und in ein Restaurant investieren. Und sich auch ansonsten zum Narren machen. Was Roddy auch tat, es gab fast immer schlechte Presse, und Margaret wurde vorgehalten, dass sie seinetwegen »dumm dastehe«.

Als Roddy sie schließlich einer jüngeren Frau wegen verließ, stand Margaret vor allem aber alleine da. Sie hielt sich tapfer, mit einer Art typisch britischem steifen Realismus: »Ich kann mir nicht vorstellen, je wieder zu heiraten … Als Mitglied der königlichen Familie ist man Aushängeschild für die Monarchie, und das würde meine Schwester in eine schwierige Lage bringen. Außerdem wäre mir in einer Ehe sicher bald langweilig!«

Margaret sollte tatsächlich nie wieder heiraten, und bald hatte sie mit gesundheitlichen Problemen zu kämpfen. Das Trinken wurde zu ihrem größten Laster, obwohl Ende der 1970er Jahre bei ihr eine alkoholbedingte Hepatitis diagnostiziert wurde. 1985 musste ihr ein Teil eines Lungenflügels entfernt werden, doch der BBC zufolge rauchte sie danach weiter. 1994 erlitt sie einen Schlaganfall, im Jahr 2000 einen zweiten. Sie erblindete auf einem Auge und saß fortan im Rollstuhl. Am 9. Februar 2002 verstarb sie im Alter von 71 Jahren.

Während der 1980er und 90er Jahre blieb Margaret das Lieblingsopfer der britischen Presse. Das Magazin *Private Eye* bezeichnete sie ihrer sehr zierlichen Figur wegen stets als den »königlichen Zwerg«. Selbst über die bettlägerige Margaret, die nicht mehr lange zu leben hatte, schrieb ein Boulevardblatt noch: »Sie ist verwöhnt, hat schlechte Manieren und muss im Lauf der Jahre so viel Whisky getrunken haben, dass man damit eine Destille eröffnen könnte.«

Die Presse mochte oft unfair und gemein sein, aber Margaret selbst bemühte sich auch nicht gerade, ihr negatives Image in der Öffentlichkeit zu verbessern. »Irgendwie tut sie einem schon leid, aber sie unternimmt auch nichts, um sich selbst zu helfen«, schrieb ein Insider aus dem Palast. Sie war verwöhnt und anspruchsvoll, auch als erwachsene Frau in mittleren Jahren. Ein Freund bezeichnete sie in seinem Tagebuch als »anstrengend, verzogen, faul und nervtötend. Sie ist ziellos und hat keinerlei besonderes Interesse«. Hilflos und haltlos trank sie sich durchs Leben. Sie konnte sehr mürrisch und übellaunig sein, neigte zum Schmollen und benahm sich gelegentlich grob daneben – all das kommt in der Öffentlichkeit eben nicht gut an.

Doch Margaret konnte auch sehr gütig sein. Sie vergaß keinen Geburtstag und machte gern Geschenke. Ihre zartere Seite kam manchmal sehr eindrucksvoll zum Vorschein, etwa bei einem diplomatischen Besuch auf der winzigen polynesischen Insel Tuvalu. Ihre Hofdame wurde von Insekten fürchterlich zerstochen, und die Prinzessin überließ der bedauernswerten Frau ihr eigenes Bett und kümmerte sich persönlich um die vielen Stiche. Außerdem kannte sie viele etwas schrullig anmutende Haushaltstipps, etwa das Geheimrezept für absolut perfekte Rühreier (ganz zuletzt noch ein rohes Ei in der Pfanne unterrühren). Und es war ihr wichtig, dass die Leute sich in ihrer Gegenwart entspannen und »ganz normal sein« konnten. Margaret mag eine frivole Trinkerin gewesen sein, aber sie nahm ihre offiziellen Pflichten sehr ernst – so ernst, dass sie vor dem Willen der Nation kapitulierte, nicht den Mann heiratete, den sie liebte, und dann lange mit einem anderen Mann verheiratet blieb, von dem sie sich längst hätte scheiden lassen sollen.

Ihr Leben war schon recht bizarr. Sie bekam nie eine wirkliche Aufgabe übertragen und blieb die ewige »Reserve«, praktisch nur Dekoration. So gesehen hatte sie also genug Freiheit, um sich immer wieder in Schwierigkeiten zu bringen. Noch dazu wurde sie ständig von Paparazzi verfolgt, einer neuen Gattung von Journalisten, die viel gnadenloser und allgegenwärtiger waren als ihre Vorgänger. Was immer sie tat, stets stand sie im Scheinwerferlicht, und das in einem Ausmaß, das für frühere Generationen von Royals unvorstellbar gewesen wäre. Das nutzten vor allem jene politischen Kräfte aus, in deren Augen die Monarchie zu mächtig war – und zu viel Geld verdiente. Die Königin, auf deren Haupt die Krone so selbstverständlich zu sitzen scheint wie ihre geliebten Pillbox-Hüte, bot ihnen keine Angriffsfläche. Ihre skandalöse Schwester hingegen reichlich.

Margarets Leben ist Thema zahlreicher unautorisierter Biographien mit Titeln wie »Prinzessin Margaret: Ein unerfülltes Leben« oder »Margaret – die tragische Prinzessin«. Auch wenn die Seiten solcher Bücher vor Spekulationen und Klatsch nur so triefen, treffen zumindest die Titel ins Schwarze.

DREI PRINZESSINNEN, DIE UM DER LIEBE WILLEN AUF DIE KRONE VERZICHTETEN

Prinzessin Margarets Leben geriet unter anderem deshalb zur Tragödie, weil sie für den Mann, den sie liebte, nicht alles aufgeben konnte – den Titel, die Familie, die Privilegien. Andere taten das sehr wohl.

Prinzessin Patricia von Connaught und Strathearn

Die Enkelin von Königin Victoria gab ihren Titel auf, um einen Bürgerlichen zu heiraten. Sie durfte sich zwar nicht mehr »Prinzessin« nennen, gehörte aber natürlich immer noch zur königlichen Familie von Großbritannien, wurde zu entsprechenden Anlässen eingeladen und behielt ihren Platz in der Thronfolge. Aber als Frau eines Kommandanten der Royal Navy hieß sie bis zu ihrem Tod im Jahr 1974 nur noch Lady Patricia Ramsay.

Prinzessin Ubol Rattana Ratchakanya

Die Tochter des thailändischen Königs Bhumibol Adulyadej heiratete 1972 einen bürgerlichen Amerikaner und verzichtete damit auf ihren Titel. Die beiden begegneten sich während des Studiums am Massachusetts Institute of Technology, wo sie einen Abschluss in Biochemie machte. Die Ehe wurde 1998 nach 26 Jahren geschieden, und Ubol Rattana kehrte nach Thailand zurück.

Prinzessin Sayako

Die einzige Tochter des japanischen Kaisers Akihito gab Titel und Privilegien auf, als sie im November 2005 einen Bürgerlichen heiratete. Nun hieß sie schlicht Sayako Kuroda und musste erst einmal Dinge lernen wie Autofahren oder im Supermarkt Einkaufen. Außerdem war der Unterhalt, der ihr als Mitglied der kaiserlichen Familie zustand, und damit ihr Einkommen gestrichen. Dieser schmerzliche Verlust wurde allerdings durch eine Mitgift von über einer Million Dollar ein wenig gemildert.

Prinzessinnen von Sinnen

Prinzessinnen,
die höchstwahrscheinlich
nicht mehr alle Zacken
in der Krone hatten

Anna von Sachsen

DIE PRINZESSIN MIT SCHAUM VOR DEM MUND

23. DEZEMBER 1544 BIS 18. DEZEMBER 1577
DEUTSCHLAND, NIEDERLANDE UND
EIN ZWEI-ZIMMER-VERLIES IN DRESDEN

Im Jahr 1561 suchte Wilhelm von Nassau-Dillenburg eine Frau. Seine erste, eine reiche Erbin, war 1558 verstorben, und dem prominenten Fürsten von Oranien, das damals zum spanischen Reich gehörte, war stets daran gelegen, seinen politischen Einfluss zu stärken.

Prinzessin Anna von Sachsen war die ideale Kandidatin. Als Tochter des verstorbenen Kurfürsten Moritz von Sachsen und Nichte des regierenden Kurfürsten stammte sie aus gutem Hause und hatte beste Verbindungen. Zwar war sie wahrlich keine Schönheit – sie war rotgesichtig, gehbehindert und litt an einer verkrümmten Wirbelsäule. Aber was bedeutete das schon, wenn sie Geld und einflussreiche Verbündete mitbrachte?

Bevor die beiden sich zum ersten Mal begegneten, warnte eine von Annas Hofdamen ihre Tante, dass Anna auf keinen Fall die pflichtbewusste Prinzessin spielen und Wilhelm heiraten würde, falls sie ihn unsympathisch finden sollte: Das Fräulein ließ sich nämlich ihren Worten zufolge niemals zu etwas überreden, das ihr widerstrebte. Welch eine Untertreibung – Prinzessin Anna von Sachsen war schon damals nicht ganz einfach. Doch erst nach ihrer Hochzeit stellte der Rest der Welt fest, wie schwierig sie wirklich sein konnte.

Verrückt nach dir

Anna hatte eine schwere Kindheit. Mit neun Jahren verlor sie den Vater, mit elf Jahren auch die Mutter. Sie wuchs bei Tante und Onkel auf, dem damaligen Kurfürsten von Sachsen, die ihr das Gefühl gaben, der Nabel der Welt zu sein. Zugleich war sie ein Kind, das zu wenig Liebe erfuhr und isoliert aufwuchs – man verzieh ihr sozusagen nie, dass sie kein Junge war. Diese Umstände verstärkten noch ihre grausame, selbstsüchtige Ader. Die Familie sah nur eine Möglichkeit, mit ihrem abscheulichen Benehmen umzugehen: sie schleunigst zu verheiraten und das Problem jemand anderem aufzuhalsen.

Anna traf Wilhelm, mit 28 Jahren der führende Mann des niederländischen Adels, bei einer Hochzeit in seiner Heimat Nassau. Für die 17-jährige Anna war es Liebe auf den ersten Blick. Niemand brauchte mehr zu befürchten, dass sie sich weigern könnte, mit ihm vor den Traualtar zu treten. Stattdessen gab es neuen Anlass zur Sorge: Anna, die so narzisstisch und unbeirrbar war, wenn sie sich einmal etwas in den Kopf gesetzt hatte, verliebte sich bis über beide Ohren. Wenige Stunden nach Wilhelms Abreise hatte sie ihm schon drei Liebesbriefe geschickt. Die Flammen ihrer übereilten Inbrunst wurden vermutlich noch davon angefacht, dass einige ihrer Verwandten Einwände gegen die Verbindung erhoben. Anna klammerte sich verzweifelt an die Aussicht auf Zuneigung, die sie ihr Leben lang vermisst hatte. Ihr Liebeswahn konnte aber auch damit zusammenhängen, dass sie nicht ganz richtig im Kopf war.

Wilhelm hingegen war mit anderen Dingen beschäftigt, also unterschrieb er brav die Liebesbriefe, die sein Bruder für ihn verfasste. Auch wenn er ihr nicht selbst schrieb, wollte er Anna wirklich heiraten – ihre Position und ihr Reichtum machten sie zu einer außergewöhnlich guten Partie. Die Hochzeit fand im August 1561 statt. Gefeiert wurde eine Woche lang mit reichlich Alkohol, einem Turnier im Lanzenstechen und der halb öffentlichen Hochzeitsnacht – ein charmanter Brauch, bei dem das Brautpaar von den angeheiterten Hochzeitsgästen ins Schlafgemach begleitet, unter anzüglichen Scherzen ins Bett gesteckt und dann immerhin allein gelassen wurde, um die Ehe zu vollziehen – während sich die kichernden Gäste vor der Tür drängten. Die insgesamt 5500 Gäste tranken während der Feierlichkeiten 3600 Krüge Wein und 1600 Fässer Bier. Anscheinend hatte Wilhelm auch reichlich davon getrunken, denn er vertraute Annas Tante an, dass seine junge Ehefrau sich lieber dem Tanz und französischen Romanen widmen solle statt der Stickerei und erbaulicher religiöser Lektüre. Die Kurfürstin war schockiert und warnte ihn, dass er Anna nicht solche Freiheiten lassen dürfe – die wären ihr Untergang.

Anna fand tatsächlich ein schlimmes Ende, aber das lag

wohl eher nicht an Tänzen und französischen Romanen. 1565, nach nur vier Jahren, war die Ehe zerrüttet. Jeder in Antwerpen, vom klatschbegeisterten Aristokraten bis zur geschwätzigen Hausfrau, sprach von Anna nur als Wilhelms »Hauskreuz« – heute würde man vielleicht eher »Hausdrache« sagen. Selbst Wilhelms ärgste Feinde, die jede Gelegenheit nutzten, ihn schlechtzumachen, sollen in dieser Hinsicht Mitleid mit ihm gehabt haben.

Vom heutigen Wissensstandpunkt aus betrachtet, wird offensichtlich, dass Anna geisteskrank gewesen sein muss und die Unmengen Alkohol, die sie trank, sowie ihre gesellschaftliche Stellung ihren Zustand noch verschlimmerten. Sie schwankte wild zwischen weinerlicher Melancholie und leichtsinniger Ausgelassenheit hin und her. Sie drohte öfter mit Selbstmord, sprach tagelang mit niemandem, aß nichts, schloss sich in ihrem Gemach ein und wiegte sich dort stumm vor und zurück. Dann wieder reiste sie urplötzlich mit ihren »unzüchtigen« Freunden im Schlepptau nach Spa, einem Heilbad in Belgien. Dort gab sie riesige Summen aus, die sie nicht hatte, und jammerte dann, ihr Mann versuche sie zu vergiften, wenn er ihre Rückkehr forderte. Zu Hause behandelte sie Wilhelms Kinder aus erster Ehe so grausam, dass er gezwungen war, sie fortzuschicken.

Anna war eine üble Säuferin. Sie tobte geradezu vor Wut, als Verwandte sie einmal während einer ihrer letzten Schwangerschaften vom Trinken abhalten wollten. Selbst zu einer Zeit, da Frauen während der Schwangerschaft ganz selbstverständlich auch Alkohol tranken, fürchteten die Verwandten, dass Annas hemmungslose Besäufnisse dem Ungeborenen schaden könnten. Anna selbst schien das egal zu sein. Sie hatte schon zwei Kinder kurz nach der Geburt verloren. Und auch ihren lebenden Kindern konnte sie offenbar keinerlei Zuneigung zeigen.

Doch trotz ihres unberechenbaren Verhaltens und mangelnder mütterlicher Gefühle erfüllte Anna ihre Pflicht und schenkte Wilhelm immerhin insgesamt fünf Kinder.

Anna war außerdem geradezu lächerlich eifersüchtig. Sie machte gern Szenen und deutete des Öfteren an, Wilhelm habe eine unmoralische, womöglich sogar sexuelle Beziehung zu seinem Bruder. Ein adeliger Gast hielt seine Erinnerung an einen katastrophalen Abend schriftlich fest. Anna verbrachte das gesamte Festmahl damit, ihren Mann wegen seines angeblich niedrigeren gesellschaftlichen Ranges zu beschimpfen, und als sie damit fertig war, machte sie mit seinen sexuellen Unzulänglichkeiten weiter. Nach solchen Ausbrüchen entschuldigte Anna sich oft unter Tränen der Reue bei ihrem geplagten Ehemann, der jedoch längst gelernt hatte, dass er nicht an Besserung glauben durfte.

1568 war Annas Verhalten nicht mehr tragbar. Sie schien Wilhelm abgrundtief zu hassen, trotz seiner häufigen Versuche, sich mit ihr zu versöhnen. Einmal, als sie in groteskem Luxus in Köln residierte, traf ein Bote mit einem Brief von Wilhelm ein, der sie bat, nach Hause zu kommen. Vor versammelter Gesellschaft riss sie den Brief in Fetzen, trampelte darauf herum und kreischte, sie wolle ihn lieber tot und begraben sehen, als zu ihm zurückzukehren.

Nach der Geburt ihres letzten gemeinsamen Kindes brach Anna endgültig mit Wilhelm. Sie lief ihm davon und hatte höchstwahrscheinlich eine Affäre mit Johannes Rubens, einem Advokaten, der ebenfalls verheiratet war und Kinder hatte. Das Paar wurde 1571 in einem Liebesnest in der Nähe von Köln aufgespürt. Anna leugnete die Affäre, doch der Beweis dafür war nicht lange zu übersehen – sie war von ihrem Liebhaber schwanger. Rubens gestand die Affäre, woraufhin Anna einen ihrer typischen Wutanfälle bekam. Sie forderte Wilhelm auf, sowohl sie als auch ihren Liebhaber mit dem Tod zu bestrafen, was ihm nach damaligem Recht zustand. Rubens war von dieser Idee natürlich wenig begeistert. Seine Frau überraschenderweise auch nicht. Stattdessen flehte sie um das Leben ihres untreuen Ehemannes.

Wilhelm weigerte sich, einen von beiden zu exekutieren. Eine Prinzessin von Sachsen zu enthaupten, so wahnsinnig sie auch sein mochte, war politisch wenig ratsam. (Diese Entscheidung sollte sich auch für die Kunstgeschichte als großes Glück erweisen, denn Johannes Rubens zeugte später Peter Paul Rubens, den flämischen Barockmaler). Johannes und seine großmütige Ehefrau zogen seine und Annas uneheliche Tochter groß und ersparten dem Kind damit wahrscheinlich ein äußerst unglückliches Leben.

Hinter Schloss und Riegel

Anna hingegen hatte weniger Glück. Wilhelm ließ sich 1571 von ihr scheiden und sah sie nie wieder. Die Scheidung wurde geheim gehalten, und Anna kam in die Obhut ihrer Familie. Ihr manisches Verhalten wurde immer schlimmer. Man ließ sie keinen Moment allein, und sie musste sich zweimal pro Woche lange Predigten anhören in der Hoffnung, dass sie mit göttlicher Unterstützung auf den rechten Weg zurückfinden könnte. Zur damaligen Zeit sah man in Anna nichts anderes als einen mutwillig schlechten Menschen, der sich einer als stur und versteinert beschriebenen Bösartigkeit schuldig machte. Die Behandlung, die ihr gegen Ende ihres Lebens widerfuhr, ist dieselbe wie bei anderen geisteskranken Menschen jener Zeit: Isolation unter erbärmlichen Bedingungen und regelmäßige Dosen Religion.

Im Jahr 1575 wurde Anna zu ihrer Familie nach Dresden gebracht. Auf deren Anwesen blieb sie in zwei Zimmern mit zugemauerten Fenstern eingeschlossen. Die Tür hatte nur eine kleine, vergitterte Öffnung, durch die ihr Essen geschoben wurde. Kein Wunder, dass ihr Zustand sich weiter verschlechterte. Sie beklagte sich, sie bekäme nicht genug zu essen, und trank aus unbegreiflichen Gründen große Mengen Olivenöl. Außerdem litt sie jetzt unter Halluzinationen. Sie tobte und brüllte, man wolle sie ermorden, sie habe ihre Kinder umgebracht oder ihre Töchter hätten Unzucht mit dem eigenen Vater getrieben. Schaum trat ihr vor den Mund, und sie redete wirr vor sich hin. 1576 attackierte sie einen Mann mit mehreren Messern, »rasend und von Sinnen, als wäre sie besessen«. Sie verstarb 1577 im Alter von 33 Jahren.

Bedauerlicherweise könnten einige von Annas Kindern die Geisteskrankheit ihrer Mutter geerbt haben – möglicherweise litten sie aber auch nur unter den Folgen dieser schwer belasteten Kindheit. Emilia, die jüngste Tochter von Wilhelm und Anna, entgleiste am spektakulärsten. Sie wurde als »Wahnsinnige« inhaftiert, schrie jeden an, der in ihre Nähe kam, und versuchte mehrmals, sich das Leben zu nehmen.

DREI WAHNSINNIGE PRINZESSINNEN (UND EINE, DIE WAHRSCHEINLICH GAR NICHT VERRÜCKT WAR)

Anna von Sachsen war keineswegs die einzige unzurechnungsfähige Prinzessin der europäischen Geschichte. Da nahe Verwandtschaft innerhalb des Hochadels kein Ehehindernis darstellte, wurden auch geistige Erkrankungen immer weiter vererbt, und das schon damals halb öffentliche Leben, in das labile Menschen oft durch ihre Position gedrängt wurden, konnte einem ganz schön zusetzen. Aber nicht alle, die als verrückt bezeichnet wurden, waren es auch. So ein bisschen Wahnsinn hatte auch seine Vorteile.

Prinzessin Alexandra Amalie von Bayern

Prinzessin Alexandra Amalie war die Tochter König Ludwigs I. von Bayern und das einzige seiner insgesamt neun Kinder, das unverheiratet blieb. Ihr Vater wimmelte potenzielle Freier wegen ihrer angeblich labilen Gesundheit ab. Doch ihr Gesundheitszustand war weiß Gott nicht das einzig Labile an Alexandra. Mit 23 Jahren sah man die hübsche, dunkelhaarige Prinzessin langsam, sehr vorsichtig und o-beinig durch die Flure des Schlosses wandeln. Als ihre besorgten Eltern sich nach dem Grund erkundigten, behauptete sie, dass sie schon als kleines Mädchen ein gläsernes Klavier verschluckt habe. Die Prinzessin bewegte sich deshalb so vorsichtig, weil sie fürchtete, das Klavier in ihr könne zerbrechen und sie in blutige Fetzen schneiden, falls sie irgendwo anstieß.

Wahnvorstellungen, die sich um Glas drehten, waren ein häufiges Symptom der Melancholie – unter dieser Diagnose fasste man vor dem Zeitalter der Psychologie alle möglichen geistigen und psychischen Erkrankungen zusammen. Die Betroffenen glaubten, ihr Körper bestehe teilweise oder sogar ganz aus Glas. Im 14. Jahrhundert beispielsweise glaubte Karl VI. von Frankreich, seine inneren Organe seien aus Glas, und um sie zu schützen, ließ er eiserne Rippen in seine Kleidung einnähen.

Auch in anderer Hinsicht verhielt Alexandra sich seltsam. Sie trug grundsätzlich nur Weiß und litt an einer Art Reinlichkeitszwang. Manche Gerüche und der Anblick bestimmter Dinge verstörten sie. Es kursierten Gerüchte, sie glaube auch, ein Sofa im Kopf zu haben. Nach einem Aufenthalt in einer Irrenanstalt verbrachte sie den Großteil ihres Erwachsenenlebens in einem Kloster, wo sie es vermutlich dank ihres adeligen Ranges zur Äbtissin brachte. Später schrieb sie hauptsächlich Kindergeschichten. 1875 starb sie im Alter von 49 Jahren.

Gräfin Elisabeth Báthory

Am 29. Dezember 1610 stürmte Graf Georg Thurzo mit einem Trupp bewaffneter Soldaten ein kleines Schloss im Nordwesten Ungarns. Bei der Durchsuchung stießen sie auf den Leichnam einer jungen Frau. Sie war noch nicht lange tot und ihr Körper mit Blutergüssen, Fesselmalen und Schnittwunden übersät. In einem finsteren Verlies stießen sie auf eine weitere Frau, die durch schwärende Wunden am ganzen Leib dem Tod nahe war. Und sie fanden noch mehr – der Herzog schrieb seiner Frau am 30. Dezember in einem hastig hingekritzelten Brief, dass »diese verdammte Frau« mehrere Folteropfer auf Vorrat hielt.

»Diese verdammte Frau« war Gräfin Elisabeth Báthory, Prinzessin aus dem Königshaus von Ungarn und eine der mächtigsten europäischen Aristokratinnen des 16. Jahrhunderts. Die angebliche Massenmörderin, so erzählt man sich, glaubte ihre Jugend dadurch erhalten zu können, dass sie im Blut von Jungfrauen badete. Das ist wahrscheinlich ein Mythos, aber ohne Zweifel war Elisabeth grausam, sadistisch, amoralisch und wahnsinnig.

Wie viele junge Frauen und Mädchen sie folterte oder tötete, indem sie ihre Opfer schlug, biss, ihnen Brandmale und Schnittwunden zufügte, sie verhungern oder mitten im Winter nackt im eiskalten Wasser stehen ließ, ist unbekannt. Eine Untersuchungskommission benannte vier ihrer Bediensteten als Komplizen, und diese sagten aus, sie seien an 36 bis 50 Morden beteiligt gewesen. Spätere Zeugen gaben bis zu 650 Opfer an, doch diese Zahl ist wahrscheinlich wirklich übertrieben.

Dass Elisabeth so viele Frauen töten und so lange ungestraft damit durchkommen konnte, erscheint unbegreiflich. Aber das Feudalsystem im damaligen Ungarn schuf ein tödliches Ungleichgewicht. Der Adel hatte alle

Macht, aber kaum Verpflichtungen gegenüber seinen Leibeigenen. Durfte ein Leibeigener schon wegen Diebstahls hingerichtet werden, so konnte eine Aristokratin straflos einen Mord begehen, wenn das Opfer von niederem Stand war. Grausamkeiten, wie Elisabeth sie an ihrer Dienerschaft verübte, waren keine Einzelfälle. Geringfügige oder gar eingebildete Vergehen mit schweren Züchtigungen zu bestrafen, war ein Vorrecht des herrschenden Standes. Obendrein war Elisabeth eine besonders mächtige Gräfin – über ihr stand nur noch der König.

Für die Öffentlichkeit war Elisabeth eine fürsorgliche Mutter und einflussreiche politische Figur, auch nach dem Tod ihres Mannes, dem für seine Grausamkeit berüchtigten Grafen Nádasdy. Ihre mörderischen Exzesse kamen erst um 1609 ans Licht, als sie sich auch an Mädchen aus dem niederen Adel zu vergreifen begann – ja, die meisten Opfer, deren Namen vor Gericht genannt wurden, waren irgendwie mit Elisabeth verwandt. Obwohl sie in dem Ruf stand, eine sehr harte und strenge Herrin zu sein, erhielt sie ständig Nachschub an jungen Damen von verarmten Adelsfamilien. Nach langen Jahren des Krieges hatten viele Familien mehr Töchter, als sie verheiraten konnten.

Trotz der ungeheuerlichen Vorwürfe und zahlreichen politischen Gegner, die sie nur zu gern auf dem Schafott gesehen hätten, wurde Elisabeth nie verurteilt. Drei ihrer Bediensteten und Komplizen wurden hingerichtet, ebenso eine Frau, die angeblich als Hexe für sie tätig geworden war. Bestraft wurde Elisabeth allerdings schon, aber nicht durch irgendein Gericht, sondern von ihrer eigenen Familie. Sie wurde in ihrem Schlafgemach eingeschlossen und die Tür zugemauert bis auf einen schmalen Spalt, durch den man Essen hineinschob. Sie starb am 21. August 1614.

Maria I. von Portugal

Königin Maria I. von Portugal war einem eher religiösen Wahn verfallen. Sie ängstigte die Bewohner ihres Palastes etwa damit, dass sie zu jeder Tages- und Nachtzeit »Ai, Jesus, Jesus!« vor sich hin stöhnte.

Allerdings war sie nicht immer so gewesen. Maria, 1734 geboren, erbte den Thron von ihrem Vater im Jahr 1777. Als Allererstes warf sie den Marquis von Pombal raus, dem ihr Vater freie Hand gelassen hatte, Aristokraten ins Gefängnis zu werfen oder hinzurichten, wann immer er sich bedroht fühlte. Damit machte sie sich schon mal einen Namen als weise Königin. Und selbst als sie 1788 den Tod von fünf geliebten Menschen innerhalb von drei Monaten verkraften musste, zeigte sie Haltung und Kraft. Doch 1791 holten ihre Gene sie ein.

Maria entstammte einer langen Ahnenreihe überängstlicher, nervöser, geisteskranker Aristokraten. Ihr Großvater, Philipp V. von Spanien, wurde von dem Wahn gequält, dass ein Feuer ihn innerlich verzehrte. Er ließ sich weder Haare noch Fußnägel schneiden und behauptete, seine Füße seien unterschiedlich groß. Ihr Onkel, Ferdinand VI., weigerte sich, zu baden oder sich zu rasieren, schlug stundenlang den Kopf an die Wand und nahm keinerlei feste Nahrung zu sich. Und Marias

Vater litt unter Klaustrophobie, seit ein gewaltiges Erdbeben seinen Palast zerstört und über 100 000 Menschen das Leben gekostet hatte. Schon früh zeigte Maria der Beschreibung von Zeitgenossen nach ein »düsteres Temperament«, »Nervenleiden«, Panikattacken und eine irrationale Angst um ihre unsterbliche Seele.

Marias Beichtvater war ein ruhiger Mann, der es verstand, ihre Ängste zu besänftigen. Nach seinem Tod wurde diese Aufgabe einem neuen Priester anvertraut, der mit seinem Faible für das Höllenfeuer und die ewige Verdammnis kaum ungeeigneter hätte sein können. Er verschlimmerte Marias Angst um ihr eigenes Seelenheil und das ihrer Familie beträchtlich. Die Revolution im nahen Frankreich, die den Bourbonen-König entmachtet hatte, erfüllte sie mit zusätzlichem Schrecken. 1789 verbot sie dem Verleger der größten Tageszeitung von Lissabon, weiterhin über das Blutvergießen im Ausland zu berichten.

Spätestens seit Oktober 1791 litt Maria unter nächtlichen Panikattacken, die sie um den Schlaf brachten. Sie klagte über Schmerzen im Bauch und in der Kehle und weigerte sich zu essen. Zwei Monate später wollten Ärzte ihren Zustand mit einem ordentlichen Aderlass kurieren. Doch diese »Therapie« verängstigte die arme Königin nur noch mehr.

Am 2. Februar 1792 begann Maria während einer Opernaufführung laut zu heulen. In derselben Woche schrieb ihr Außenminister an den portugiesischen Botschafter in England: »Zu meinem größten Bedauern muss ich Sie darüber informieren, dass Ihre Majestät an schwerer Melancholie leidet, die sich nun zur Geisteskrankheit gesteigert hat, ja, man befürchtet bereits, sie könnte dem Wahnsinn verfallen sein.« Der Minister bat darum, Dr. Francis Willis zu schicken, den berühmten Arzt aus Lincolnshire, der den bedauernswerten König George III. von England während dessen Wahnanfällen betreut hatte. Und zwar erfolgreich, wie Willis behaupten konnte – er hatte den König in seiner privaten Irrenanstalt binnen weniger Monate »geheilt« (allerdings sollte George III. dann im Jahr 1811 endgültig den Verstand verlieren). Während man auf Willis wartete, behandelten die Hofärzte Maria mit den einzigen Methoden, die sie kannten: Sie wurde zur Ader gelassen, in einem Heilbad zwangsweise ins Wasser getaucht, und weil sie sich weigerte, Medizin einzunehmen, hielt man sie fest und verpasste ihr Einläufe. Als Willis eintraf, verlangte er freie Hand bei der Behandlung der Königin, für die das Königshaus ihm 20 000 Pfund bezahlte (nach heutiger Rechnung wären das über 1 Million Euro). Seine brutale Kur war kein bisschen aufgeklärter als die der Hofärzte, aber immerhin empfahl er, mit den täglichen Messen und der exzessiven, prunkvollen Frömmigkeit auszusetzen, die ihren Zustand zu verschlimmern schienen.

Inzwischen hatte Marias Sohn, Prinz Johann, ein furchtsamer und schlecht vorbereiteter Herrscher, die Regierung übernommen. Während Maria in Depression und Wahnsinn versank, fiel Portugal unter Johanns feiger Führung Napoleon Bonaparte zum Opfer. Im November 1807 marschierte die Armee des französischen Kaisers in Lissabon ein. Die königliche Familie floh. Maria musste in einer Sänfte davongetragen und dann unter Zwang in das Boot verfrachtet werden, das sie zu ihrem Flaggschiff bringen sollte. Drei Monate später segelte sie mit ihrer Familie im Hafen von Rio ein. Maria wurde in ein Karmeliterkloster abgeschoben, wo sie 1816 verstarb.

Juana »la Loca«

Juana la Loca, zu Deutsch Johanna die Wahnsinnige, war vermutlich gar nicht wirklich verrückt. Doch gewisse Leute wollten die zukünftige Königin von Kastilien unter Kontrolle haben – unter anderem ihr Mann, ihr Vater und ihr Sohn. Da war es praktisch, alle Welt glauben zu lassen, sie sei unzurechnungsfähig.

Johanna, 1479 geboren, war eine Tochter der sogenannten »Katholischen Könige«, Isabella I. von Kastilien und Ferdinand II. von Aragón, die jeweils ein eigenes Königreich regierten. Die Infantin war sehr hübsch, hatte langes, kastanienbraunes Haar und hellblaue Augen und beherrschte Latein, Italienisch und diverse Sprachen der iberischen Halbinsel. Außerdem war sie klug und fromm und sehr auf die höfische Etikette bedacht, kurz: die perfekte Prinzessin. 1496, im Alter von 16 Jahren, heiratete sie Philipp den Schönen. Diese Hochzeit mit dem 17-jährigen Herzog von Burgund verband ihre Familie, die Trastámaras, mit den Habsburgern.

Johanna liebte ihren Mann, und er liebte eine Menge anderer Frauen. Dennoch bekam das Paar in acht Jahren sechs Kinder, womit die Dynastie erst einmal gesichert war. 1500 verstarben allerdings unerwartet drei von

Johannas Geschwistern, sodass sie nun an erster Stelle der kastilischen Thronfolge stand. Und etwa um diese Zeit herum wurden die ersten Samen ihres späteren »Wahnsinns« gesät.

Johanna war zwar eine Prinzessin, verfügte aber kaum über eigenes Geld. Philipp hielt den Schlüssel zur Schatzkammer in der Hand, das heißt, er kontrollierte ihren gemeinsamen Haushalt und bald auch ihre offiziellen Angelegenheiten. Als Johanna Anstalten machte, sich dagegen aufzulehnen, begann Philipps Gefolge, Gerüchte über sie zu verbreiten. Johanna war schon immer launisch gewesen und neigte zur Hysterie. Diese Schwäche übertrieben die Höflinge ihres Mannes nun gewaltig, indem sie behaupteten, sie sei eifersüchtig bis zum Wahnsinn, stimme allem zu, was Philipp sagte, und verbringe viele Stunden im Bad mit ihren maurischen Sklavinnen. Königin Isabella, Johannas unerschrockene Mutter, durchschaute Philipps Machtspielchen und wusste, dass es ihm nicht um die Interessen Kastiliens ging. Trotz der Gerüchte über Johannas »schlechte geistige Gesundheit« bestätigte Isabella in ihrem Testament die Rechte ihrer Tochter als Thronfolgerin. Sie hinterließ außerdem die ausdrückliche Anweisung, Philipp daran zu hindern, sich die kastilische Krone unter den Nagel zu reißen.

Doch nach Isabellas Tod im November 1504 geschah genau das – Philipp erklärte sich zum König von Kastilien. Dann sperrte er seine Gemahlin weg, ließ ein Dokument aufsetzen, das ihm erlaubte, an ihrer Stelle zu regieren, und fälschte ihre Unterschrift darunter. Er und seine Anhänger behaupteten, die »wahnsinnige«

Johanna sei nicht fähig, das Land zu regieren. Zwei Jahre später, nach Philipps Tod, fand Johannas Vater es ganz praktisch, bei dieser Lüge zu bleiben, denn er hatte eigene Pläne für das Königreich seiner verstorbenen Frau.

Auf den ersten Blick verhielt Johanna sich auch nicht gerade klug. Als Philipp starb, war sie im achten Monat schwanger. Trotzdem bestand sie darauf, ihn im fernen Granada zu begraben, eine sehr aufwändige und kostspielige Angelegenheit. Diese Entscheidung spielte ihren politischen Gegnern in die Hände, die ihren Geisteszustand als zweifelhaft hinstellten und sich dabei auf frühere Gerüchte stützten, sie liebte ihren Mann ein bisschen zu sehr. Während die Begräbnisprozession quer durchs Land reiste, gab es Gerede, Johanna könne sich nicht von Philipps verwesendem Leichnam trennen, öffne immer wieder seinen Sarg, um seine verfaulenden Füße zu küssen, und glaube an seine Wiederauferstehung.

Es gibt keinerlei Belege dafür, dass Johanna ihren verstorbenen Mann jemals zärtlich berührte. Und ihre Entscheidung, ihn in Granada zu begraben, war in Wahrheit sehr schlau – Südspanien wurde vom einzigen politischen Lager kontrolliert, das ihr vielleicht den Rücken stärken würde. Die weite Reise brachte sie erst einmal außer Reichweite der habsburgischen Verwandten und Berater ihres Mannes, die lautstark forderten, sie müsse den Thron abtreten. Zudem stärkte der Pilgerzug mit Sarg durch das ganze Land bei der kastilischen Bevölkerung die Wahrnehmung Johannas als rechtmäßige Herrscherin.

Bedauerlicherweise ging ihr Plan nicht auf. Ihre Autorität war bereits zu sehr geschwächt, und Johannas verschlagener Vater überlistete sie mit Leichtigkeit (nicht umsonst war Ferdinand II. eines der Vorbilder für Machiavellis Fürsten). Er spielte sehr überzeugend den besorgten Patriarchen und machte alle Welt glauben, Johanna karre Philipps Leichnam durch die Gegend, weil sie wahnsinnig sei. Er übernahm immer mehr die Kontrolle über ihren Haushalt und Hofstaat, genau wie Philipp es schon zu Beginn ihrer Ehe getan hatte. Im Jahr 1507 übernahm er auch ihre Regierung, und 1509 wurde Johanna auf der Festung von Tordesillas weggeschlossen. Als Ferdinand 1516 starb, erhielt Johannas Sohn Karl die Lüge vom Wahnsinn seiner Mutter aufrecht.

Johannas Verhalten mag manchmal seltsam gewesen sein, doch das galt auch für die Lebensumstände, die man ihr aufzwang. Letztlich erreichte die Propaganda der Familie ihr Ziel: Johanna starb am 12. April 1555 in Tordesillas, und bis heute wird ihrer als »Juana la Loca« gedacht, der wahnsinnigen Königin von Spanien.

Elisabeth von Österreich

DIE MÄRCHENKAISERIN MIT DER FLEISCHMASKE

24. DEZEMBER 1837 BIS 10. SEPTEMBER 1898
KAISERREICH ÖSTERREICH

Falls Elisabeth, die Kaiserin von Österreich, jemals erklärte, sie habe keine Zeit, weil sie sich die Haare waschen müsse, dürfte man ihr das geglaubt haben. Zum einen war ihr Haar unglaublich lang. Sie trug es geflochten und zu einer Art Krone hochgesteckt, sodass ihr Kopf einem Zeitgenossen zufolge zu groß für ihren Körper wirkte. Diese fast bodenlangen braunen Locken zu waschen, glich einem militärischen Manöver und erforderte, wie ihr Kammerdiener erklärte, mehrere Dutzend Eigelb oder zwanzig Flaschen besten französischen Cognac. Später fügte sie ihrer

Shampoo-Mischung noch zerquetschte Zwiebeln und einen Wundbalsam hinzu.

Auch das allabendliche Bürsten dauerte mehrere Stunden und hatte seine eigenen Rituale: Der Boden wurde mit einem weißen Tuch bedeckt, die Coiffeuse war ganz in Weiß gekleidet. Wenn sie Elisabeths Haar gebürstet und geflochten hatte, sammelte sie die ausgekämmten Haare auf und zählte sie. Wenn es zu viele waren, reagierte die Kaiserin verstört. Sie bewahrte sie auf und notierte zu jedem das Datum, an dem es ausgefallen war. Sich derart exzessiv mit dem eigenen Haar zu befassen, kann einem schon sinnvoll erscheinen, wenn die Haarpracht praktisch das *Einzige* im Leben ist, worüber man selbst Kontrolle hat.

Von der Prinzessin zur Kaiserin

Prinzessin Elisabeth – oder Sisi, wie sie genannt wurde – wuchs unter anderem auf einem weitläufigen bayrischen Landsitz auf und hatte eine eher wilde Kindheit. Sie stibitzte Obst aus den Gärten der Nachbarn und verfasste schmalzige Gedichte über die Natur und tragische, heldenhafte Jungfrauen. Manchmal verkleideten sie und ihr Vater sich als Bauern und verdienten sich aus Spaß ein paar Pfennige, indem sie vor Biergärten sangen und tanzten. Warum auch nicht? Immerhin wurde nicht Sisi, sondern ihre ältere Schwester Helene gründlich darauf vorbereitet, eine glänzende Partie zu machen, vorzugsweise mit dem österreichischen Kaiser Franz Joseph, einem Cousin mütterlicherseits.

Doch es war die schöne, offenherzige und temperamentvolle Elisabeth, damals 15 Jahre alt, in die sich der gutaussehende 23-jährige Kaiser verguckte. Sie lernten sich bei einem

Familienfest kennen, und auf dem Ball am folgenden Tag forderte er jeden Tanz mit ihr. Es war wie in den Märchen und Romanen, die Elisabeth so gern las – nur leider geschah all das ihr, und sie hatte schreckliche Angst. Wenige Tage später hielt Franz Joseph um ihre Hand an. Sie weinte verzweifelt in den Armen ihrer Mutter und klagte, dass sie ihn natürlich auch liebte, aber – »wenn er doch nur kein Kaiser wäre!«

Elisabeth wurde hastig in allem Möglichen geschult, von Geschichte bis Etikette. Ständig war sie von Hofdamen, Schneiderinnen, Tutoren, Ärzten, Juristen und Botschaftern umgeben. Das wäre jedem zu viel geworden, und erst recht einem so lebhaften Mädchen, das seine bisherige Freiheit schmerzlich vermisste. Am 24. April 1854 heiratete das hochadelige Liebespaar, und Elisabeth wurde Kaiserin von Österreich. Sie weinte wie ein Kind, und das mit gutem Grund. Das Kaiserreich, das sie nun mitregierte, war geprägt von Anarchisten, Abdankungen und Attentaten, ganz zu schweigen vom erstickenden und manchmal bizarren Hofzeremoniell. Elisabeth war sowohl von ihrem Temperament als auch von ihrer Erziehung her nicht für all das gewappnet.

Schon gar nicht war sie ihrer mitleidslosen Schwiegermutter gewachsen. Als die kaiserliche Ehe zwei Tage nach der Hochzeit vollzogen wurde, erfuhr Erzherzogin Sophia als Allererste davon. Nachdem sie einmal die »gelben Zähne« ihrer Schwiegertochter bemängelt hatte, lächelte Elisabeth nie wieder mit offenem Mund, ja, sie öffnete ihn kaum zum Sprechen. Allerdings gab es sowieso nur wenige Menschen, mit denen sie sich hätte unterhalten können. Elisabeths Umgang wurde auf ein paar ausgesuchte Familien beschränkt, und Freundinnen hatte sie so gut wie keine. Weil sie auf einmal eine berühmte Persönlichkeit war, konnte sie ohne Polizeischutz nicht einmal in ein Geschäft gehen und ein Paar Handschuhe kaufen. All das störte sie sehr, und ihr Hass auf ihre Schwiegermutter sollte bis zu deren Tod 1872 noch besessene Züge annehmen.

Als Elisabeth schwanger wurde, nahm man ihr auch noch das letzte bisschen Freiheit. Im März 1855, mit 17 Jahren, brachte sie ein Mädchen zur Welt, das *von* der Erzherzogin *nach* der Erzherzogin Sophia genannt wurde. Dann nahm die Großmutter Elisabeth das Kind weg, um es selbst aufzuziehen. Die kaiserlichen Kindermädchen wurden von der Erzherzogin persönlich ausgewählt, und das Kinderzimmer lag praktischerweise im selben Flur wie ihre Gemächer. Obwohl Elisabeth sich später darüber beklagte, dass man sie von ihren Kindern fernhielt, fand sie das wahrscheinlich gar nicht so schrecklich. Von den Anforderungen der Kindererziehung befreit, hatte sie mehr Zeit für ihr liebstes Hobby: ihren Schönheitswahn.

Die Schönste im ganzen Land

Wäre Elisabeth eine Märchenfigur gewesen, dann diejenige mit dem Spruch: »Spieglein, Spieglein an der Wand …« Ihr geradezu manisches Streben nach makelloser Perfektion würde man heute als klassisches Symptom einer Körperschemastörung bewerten. Da sie über die meisten Aspekte ihres Lebens keinerlei Kontrolle hatte, wandte sie sich dem zu, was ihr blieb: ihrem Körper.

Neben der unglaublich aufwändig gepflegten Haarpracht war das vor allem ihre schlanke Taille, deren Umfang nur etwa 45 cm betragen haben soll – absurd schlank, selbst nach den eng geschnürten Maßstäben ihrer Zeit. Sie hungerte, um so schlank zu bleiben, und präsentierte ihre Figur, indem sie sich etwa in ihre Reitkleidung einnähen ließ. Ihre Unterwäsche war aus Sämischleder, das wärmte, ohne aufzutragen. Sie bestand darauf, sich zweimal täglich zu wiegen. Wenn sie ihr selbst gestecktes Limit von 50 Kilogramm überschritt (bei einer Körpergröße von 1,72 Metern), setzte sie sich sofort auf eine strenge Diät: Orangen, Fleischsaft und rohes, gesalzenes Eiweiß. Während ihrer Schwangerschaften fand sie ihren eigenen Körper abstoßend und ließ sich ungern in der Öffentlichkeit sehen. Nach jeder Geburt arbeitete sie besessen daran, ihre Figur zurückzugewinnen, indem sie hungerte und exzessiv Sport trieb. 1875 trug sie sogar zum Schlafen heiße Handtücher um die Taille, um schlank zu bleiben. Obwohl sie inzwischen 38 Jahre alt und Mutter von vier Kindern war, maß ihre Taille noch immer nicht mehr als 50 Zentimeter. Ihre dürre Figur hielt sie mit Crash-Diäten, bei denen sie etwa nur Weintrauben oder Milch und Veilcheneis zu sich nahm.

Elisabeth war ihr Leben lang sehr sportlich. Fünf bis sechs Stunden täglich verbrachte sie mit Wandern, Fechten und Reiten. Um ihre Muskeln geschmeidig zu halten, ließ sie sich mit einer speziellen Lotion aus Alkohol, Glyzerin und Ochsengalle massieren. Außerdem achtete sie beinahe krankhaft auf Sauberkeit und Hygiene. In ihren Ankleidezimmern ließ sie eine Badewanne aufstellen, damit sie jeden Morgen in kaltes Wasser eintauchen konnte. Später badete sie oft in warmem Olivenöl, um ihre Haut glatt und zart zu erhalten. Wenn sie sich in Küstennähe aufhielt, ließ sie Meerwasser herbeiholen und für ihr Bad erwärmen.

Dieser strenge Schönheits- und Fitnessplan konnte regelrecht gefährliche Ausmaße annehmen. Als Elisabeth 20 Jahre alt war, starb ihre Tochter Sophia an den Masern. Elisabeth verweigerte jegliche Nahrung, als wollte sie sich absichtlich zu Tode hungern. Erst als sie zum dritten Mal schwanger wurde, raffte sie sich wieder zum Essen auf in der Hoffnung, das Kind könnte ein Sohn werden und sie müsste keine weiteren Kinder mehr bekommen. Nach der Geburt von Kronprinz Rudolph im Jahr 1858 stürzte sie sich wieder in ihr Training. Sie ließ sich ein Turnzimmer mit Barren und Ringen einrichten, das auch auf ihren Reisen stets dabei war.

Mit fortschreitendem Alter machten sich Elisabeths viele Stunden an der frischen Luft und die häufigen Crash-Diäten an ihrer Haut bemerkbar, und sie griff zu radikalen Maßnahmen. Lange bevor Lady Gaga Fleischlappen zum modischen Accessoire erklärte, schlief Elisabeth mit einer seidenen Maske, die mit rohem Kalbfleisch ausgekleidet war – das sollte gegen Sommersprossen helfen. Gelegentlich bestrich sie ihr Gesicht mit geklärtem Honig, den sie mehrere Stunden lang einwirken ließ, gefolgt von einer Paste aus frischen Erdbeeren und Vaseline. Sie reiste mit einem Gefolge von Jersey-Rindern, weil sie fand, dass diese besonders reine Milch gäben. Aus deren Sahne, vermischt mit Lilienknospen, wurde eine Lotion für die Kaiserin hergestellt. Wenn man bedenkt, dass Kosmetika im 19. Jahrhundert oft Blei oder Arsen enthielten, war das eine kluge Idee von ihr.

Unglücklich bis ans Ende ihrer Tage

Obwohl Elisabeth so viel für ihre Schönheit tat, konnte sie es seltsamerweise nicht ausstehen, von anderen angesehen zu werden. Sie verbarg ihr Gesicht meist hinter einem ledernen Fächer oder einem Sonnenschirm. Beinahe schien sie sich als Göttin zu betrachten, deren Schönheit sterbliche Augen nicht erblicken sollten – als könnten die Blicke der Leute sie irgendwie zerstören. Dazu passte auch ihre Faszination für die griechische Sprache, die griechischen Göttern und Helden, für die Poesie, die sie las und verfasste, und für Märchen. Sie entwickelte die neue Besessenheit, die schönste Frau der Welt sein zu wollen, und sammelte ganze Alben voller Bilder von Frauen, die sie als Rivalinnen betrachtete. Wenn sie nicht mehr begehrenswert sei, soll sie mehr als einmal gesagt haben, so sei ihr Leben sinnlos.

Elisabeths exzentrische Gewohnheiten wirkten sich auf viele Aspekte ihres persönlichen Lebens aus. Am schwersten betrafen sie allerdings ihre Ehe. Der Kaiser war vernarrt in seine junge Frau, doch sie war ihm auch ein Rätsel. Er war praktisch veranlagt – sie war romantisch und neigte zur Eifersucht. Er klammerte sich an die Etikette – sie war die Gesellschaft von Menschen wie ihrer Mutter gewohnt, die bei Tisch ihre Hunde auf ihrem Schoß sitzen ließ, ihre Flöhe zerquetschte und die toten Insekten auf dem Tellerrand ablegte. Im Grunde hat Franz Joseph seine Frau nie verstanden, und das frustrierte sie zutiefst. Außerdem weigerte er sich, zur Kenntnis zu nehmen, dass das junge Mädchen, das er geheiratet hatte, zu einer klugen Frau mit rascher Auffassungsgabe und großem, auch mitfühlendem Verständnis für internationale Politik herangewachsen war. Oft wies er ihre Ratschläge zurück und missachtete damit durchaus gute Empfehlungen.

Im Lauf der Jahre wurde auch Sex in dieser Ehe zum Problem. Elisabeth fand ihren eigenen Körper während der Schwangerschaft so abstoßend, dass ihr davor graute, weitere Kinder zu bekommen. Nach Rudolphs Geburt weigerte sie sich, mit ihrem Mann zu schlafen. Diese Abstinenz schmeichelte auch ihrem Selbstbild als reine, unbefleckte Göttin – begehrt, aber unerreichbar. Doch da sie ihm den Sex verwehrte, musste sie fürchten, dass Franz Joseph sich eine andere Frau suchen würde. Und 1860 wurde ihre schlimmste Angst wahr: Bei der 23-jährigen Kaiserin wurde eine Geschlechtskrankheit diagnostiziert (höchstwahrscheinlich Gonorrhoe), und Elisabeth konnte nicht mehr die Augen davor verschließen, dass ihr Mann untreu gewesen war. Sie reiste ab – die erste der vielen Reisen, die sie ihr Leben lang nutzte, um dem österreichischen Hof und Franz Joseph zu entkommen. Zumindest finanzierte ihr Mann diesen wanderlustigen Lebensstil klaglos.

Im Jahr 1867 versöhnte sich das Paar immerhin so weit, dass Elisabeth wieder schwanger wurde. Sie gebar eine Tochter, Valerie, das einzige ihrer Kinder, das sie selbst großzog, wie sie es für richtig hielt. Danach hielt sie sich den Kaiser ihr restliches Leben lang vom Leib. Als Franz Joseph 1885 eine lange Affäre mit einer Schauspielerin begann, förderte Elisabeth diese Beziehung nicht nur, sie scheint sie sogar eingefädelt zu haben, indem sie dafür sorgte, dass die beiden sich öfter begegneten. Von Eifersucht konnte offensichtlich keine Rede mehr sein.

Wahn und Wahnsinn

Elisabeths Schönheitswahn war nicht ihre einzige psychische Auffälligkeit. Sie litt außerdem unter Verfolgungswahn – schon mit 22 Jahren behauptete sie regelmäßig, sie sei von Feinden umgeben. Sie weinte oft und schloss sich tagelang in ihren Gemächern ein. Obendrein neigte sie zur Hypochondrie, die durch ihre Depression, ihre ungesunde Ernährung und die Hofärzte verschlimmert wurde.

Elisabeths labiler psychischer Zustand war keine große Überraschung. Mehrere nahe Verwandte litten ebenfalls an mehr oder minder schweren geistigen Erkrankungen. König Ludwig II. von Bayern, einer ihrer Lieblingscousins, schwelgte in romantischer Isolation, ehe er angeblich paranoid und gewalttätig wurde. Elisabeth war bewusst, dass Geisteskrankheit in ihrer Familie vorkam, und sie machte sich Gedanken darüber, dass auch sie eines Tages verrückt werden könnte. Doch auch ohne genetische Veranlagung gab es in ihrem Leben genug, was einen völlig gesunden Menschen in den Wahnsinn hätte treiben können. Neben ständig neuen politischen Gefahren und wachsender Isolation setzten ihr persönliche tragische Ereignisse zu. Ihre Geschwister und andere Verwandte kamen auf zunehmend grässliche Weise ums Leben (etwa durch einen Brand, ein Erschießungskommando oder ein Schiffsunglück). 1889 begingen ihr Sohn, der ihr völlig entfremdet war, und seine 17-jährige Geliebte gemeinsam Selbstmord. Kein Wunder also, dass sie sich einmal zu ihrem Geburtstag einen bengalischen Tiger oder eine vollständig eingerichtete Irrenanstalt wünschte.

Elisabeth reagierte auf all diesen Druck mit Flucht, was ihre problematische, selbstgewählte Isolation nur verschlimmerte. »Ihr Geist ist krank, und sie führt ein so einsames Leben, dass sie davon nur kränker wird«, bemerkte eine Hofdame. Doch das ständige Reisen half Elisabeth, sich wieder wie die Person zu fühlen, die sie zu sein glaubte. Sie strahlte vor Glück, wenn sie etwa in Irland Parforcejagden ritt oder vor einer griechischen Insel im Meer schwamm. Fernab des Hofes war sie charmant, herzlich, eine liebevolle und besorgte Mutter und Ehefrau. Vielleicht betrieb sie das Reisen deshalb fast so exzessiv wie ihren Körperkult.

Elisabeths Mutter warf ihr in einem Brief vor, sie verstünde es nicht, zu leben und sich den Erfordernissen des modernen Lebens anzupassen. Sie gehöre in ein Zeitalter der Heiligen und Märtyrer und solle nicht gar so sehr die Heilige spielen oder sich über ihr eingebildetes Martyrium selbst das Herz zerbrechen. Diese Worte sollten sich auf gruselige Weise bewahrheiten. Elisabeth wurde tatsächlich zu einer Art Märtyrerin, zum Sinnbild für den Untergang der europäischen Monarchien. Am 10. September 1898 wurde sie bei einem Spaziergang in Genf von dem italienischen Anarchisten Luigi Lucheni erstochen. Sie starb im Alter von 60 Jahren. Ihr Mörder erklärte später, er habe an jenem Tag Ausschau nach einem gekrönten Haupt gehalten und Elisabeth wäre ihm zufällig gerade recht gekommen. Tief getroffen hätte Elisabeth vor allem seine Aussage, sie sei nicht sehr schön gewesen, und schon recht alt.

HÜTET EUCH VOR DEM SCHWARZEN ZWERG

Prinzessin Katharina Radziwill, in Ungnade gefallene osteuropäische Aristokratin (ihre Geschichte ist ab S. 135 nachzulesen), verdiente ihr Geld mit angeblichen Enthüllungsgeschichten über den Hochadel Europas, darunter auch ein Buch mit dem Titel *The Black Dwarf of Vienna and Other Weird Stories*. Die Titelfigur dieser Geschichtensammlung war ein gefürchteter Geist, der angeblich jedes Mal erschien, bevor eine Katastrophe die österreichischen Monarchen heimsuchte.

Der Gnom soll der Hofnarr eines österreichischen Kaisers gewesen sein, der von seinem Arbeitgeber aus unbekannten Gründen zum Tode verurteilt worden war und angeblich seither in der Hofburg herumspukte. Seinen ersten Auftritt hatte er 1683, als er höhnisch lachend durch die Flure streifte, kurz bevor die Stadt von den Türken belagert wurde. Der Geist verschwand erst wieder, als die polnische Armee der Stadt zu Hilfe kam. Während der Herrschaft der unglücklichen Maria Theresia, die Radziwill zufolge »während ihrer langen Jahre auf dem Thron kaum einen ruhigen Augenblick kannte«, muss er praktisch täglich zu sehen gewesen sein. Er erschien auch an dem Tag, an dem die französische Königin und frühere österreichische Prinzessin Marie Antoinette aufs Schafott stieg – bei dieser Gelegenheit besaß er zumindest den Anstand, »unendlich traurig« dreinzublicken.

Außerhalb der Hofburg soll der schwarze Gnom nur ein einziges Mal jemandem erschienen sein, nämlich

Kaiserin Elisabeth und ihrer Hofdame in ihrem Hotel in Genf. Radziwill zufolge »schwebte er vor Elisabeth den Flur entlang, doch als sie ihre Gemächer betrat, verschwand er nach einem stummen Abschiedsgruß. Dessen Bedeutung wurde wenige Stunden später nur allzu deutlich, als Luchenis Feile die Kaiserin in die Ewigkeit sandte«.

Charlotte von Belgien

DIE PRINZESSIN, DIE DEN PAPST DAS FÜRCHTEN LEHRTE

7. JUNI 1840 BIS 19. JANUAR 1927
BELGIEN, MEXIKO UND DIE PRIVATGEMÄCHER DES PAPSTES

Eine wohlerzogene Prinzessin – überhaupt jeder wohlerzogene Mensch – weiß natürlich, dass es sich nicht gehört, den Finger in die heiße Schokolade des Papstes zu tunken. Doch als Prinzessin Charlotte von Belgien beim Frühstück seiner Heiligkeit im Vatikan hereinplatzte, hatte sie seit Tagen kaum etwas gegessen, weil sie überzeugt war, dass man sie zu vergiften versuchte. Aber der Frühstückskakao des Papstes musste ja wohl sauber sein, oder? Gewiss würde niemand den Papst vergiften wollen …

Ein mexikanisches Abenteuer

Doch Charlotte war nicht immer ein durchgeknallter Schokoholic. Das Leben der hübschen, dunkelhaarigen Prinzessin hatte recht vielversprechend begonnen. Sie kam 1840 als Tochter von Leopold von Sachsen-Coburg, König der Belgier, und seiner zweiten Frau zur Welt. Obwohl sie nach Leopolds erster verstorbener Frau benannt wurde (siehe *Das Viktorianische Zeitalter,* S. 309), deutete nichts in ihrer Kindheit auf spätere Tragödien hin. Die kleine Charlotte war ein ernstes, kluges Kind, las mit elf Jahren Plutarch und war der Liebling des Vaters. Mit 16 verliebte sie sich in Ferdinand Maximilian, den 24-jährigen Erzherzog aus dem Hause Habsburg, Bruder des österreichischen Kaisers Franz Joseph. Er war recht ansehnlich und diskutierte gern und leidenschaftlich über Philosophie und Religion. Gegen den Wunsch ihres Vaters, der eigentlich den König von Portugal für sie angedacht hatte, heiratete sie Maximilian am 27. Juli 1857.

Bedauerlicherweise erstreckte Max' Leidenschaft sich nicht nur auf Philosophie und Religion, sondern auch auf andere Frauen. Charlotte bemühte sich, die Fassade einer glücklichen Ehe aufrechtzuerhalten, doch schon im Jahr 1859 teilte sie nicht mehr das Bett mit ihrem untreuen Ehemann. Gerüchteweise hieß es, er habe sie mit einer Geschlechtskrankheit angesteckt, doch spätere Biographen vermuten, dass Max, der schnell gelangweilt war und stets neue Herausforderungen brauchte, bei ihr einfach nicht mehr in der Lage war, seine eheliche Pflicht zu erfüllen.

1863 bot Napoleon III. Maximilian den Thron von Mexiko an. Das Land hatte Jahrzehnte des Bürgerkriegs und blutiger Auseinandersetzungen hinter sich. Seit 1860 war die Republik wiederhergestellt, doch die Reformregierung unter dem liberalen Benito Juárez war pleite und konnte hohe Auslandsschulden nicht bezahlen. 1861 marschierten dann Frankreich, Spanien und England in Mexiko ein, angeblich um ihr Geld zurückzuholen. Spanien und England zogen sich im April 1862 zurück, doch Napoleon III. wollte unbedingt ein Großreich nach dem Vorbild seines Onkels aufbauen und ließ seine Truppen in der Hauptstadt. Maximilian war nur ein Teil seines Plans, seine Ansprüche in Lateinamerika zu stärken und eine Allianz mit Österreich aufzubauen.

Doch in dem Moment, als Maximilian 1864 in Mexiko-Stadt eintraf, stellte sich heraus, dass das ganze »Mexikanische Kaiserreich« ein Wolkenschloss war. Die meisten Mexikaner wollten keinen fremdländischen Herrscher, und nur wenige jubelten, als die Parade des neuen Kaisers durch die Stadt zog. Die Menschen hatten reichlich Grund, wütend zu sein. An jeder Ecke der Stadt, die in Schmutz und Elend versank, bettelten die Ärmsten und die verkrüppelten Veteranen des letzten Krieges um Essen. Niemand, der für die »kaiserliche Regierung« arbeitete, war bisher bezahlt worden, und die Schulden stiegen immer weiter.

Anfangs ging Charlotte enthusiastisch an die Arbeit. In einem Brief an ihre Cousine, Königin Victoria von England, beschrieb sie das Land als riesiges Feld, das es zu bestellen galt – und man könne eben nichts anderes tun, als es erst einmal zu pflügen. Die Hand, die den Pflug führte, war allerdings äußerst zittrig. Maximilian war als Herrscher ebenso miserabel wie als Ehemann. Er erließ einige gute Gesetze, doch seine Politik schwankte wild hin und her zwischen zu liberal und zu konservativ, und er hörte allzu oft auf schlechte Berater. Benito Juárez und seine Rebellen bildeten unterdessen in Chihuahua eine Sezessionsregierung, die unter anderem von den Amerikanern offiziell anerkannt wurde. Napoleon III. geriet immer mehr unter Druck, sowohl international als auch in seiner Heimat, während die mexikanischen Rebellen weiterhin erbitterten Widerstand leisteten. Schließlich drohte er damit, seine Truppen abzuziehen.

Die Situation verschlimmerte sich zusehends, und das galt auch für Charlottes psychische Stabilität. Sie hatte versucht, sich engagiert ihren kaiserlichen Pflichten zu widmen, war durch Yucatán gereist und hatte Wohltätigkeitsveranstaltungen ausgerichtet. Doch um 1865 schwand ihre Kraft. Sie verabscheute Mexiko und fand es unerträglich schmutzig und gefährlich. Sie litt unter schrecklichen Kopfschmerzen. Die tiefe Melancholie, in die sie nach dem Tod ihres Vaters gestürzt war, ließ sie nie wieder ganz los. Da sie mit ihrem Mann keine sexuelle Beziehung führte, konnte sie auch nicht mehr auf ein Kind hoffen. Die mexikanische Bevölkerung verhöhnte sie als unfruchtbar. Zugleich erfuhr sie, dass die Gärtnersfrau auf einem Anwesen in Cuernavaca, wohin ihr Mann sich oft zurückzog, ein Kind von Max erwartete. Charlotte war erst 26 Jahre alt, als ihre Briefe an Max immer wirrer wurden – die Äußerungen einer Frau kurz vor dem psychischen Zusammenbruch: »Ich finde, Du solltest [Königin] Victoria eine Medaille schicken, damit Du den Hosenbandorden bekommst. Gott hab Erbarmen mit unseren Seelen im Fegefeuer. Ich glaube, es wird bald schneien.«

Doch als Napoleon III. Max alle militärische und finanzielle Unterstützung entzog und die einzig vernünftige Entscheidung die Abdankung gewesen wäre, ergriff Charlotte die Initiative, um ihren Thron zu verteidigen. Im August 1866 reiste sie ohne Max nach Europa, um persönlich an den französischen Kaiser zu appellieren.

Papst vs. Paranoia

Der Geisteszustand der Kaiserin war schon bei ihrer Abreise nach Europa fragwürdig, und die Aufregungen ihrer wichtigen Mission waren dann endgültig zu viel für sie. Zeitgenossen berichten, sie sei dünn und ausgezehrt, kaum als die ernste, aber jugendliche Prinzessin wiederzuerkennen, die Europa nicht einmal drei Jahre zuvor verlassen hatte.

Die Unterredung mit Napoleon III. fand hinter geschlossenen Türen statt. Später beschuldigte Charlotte ihren Gastgeber, man habe sie zu vergiften versucht. Ein zweites Gespräch verlief sogar noch schlimmer und endete damit, dass Napoleons Frau Kaiserin Eugénie einen Ohnmachtsanfall vortäuschte, um Charlottes wirrem Gerede über das Unrecht in Mexiko und die Versprechungen Frankreichs endlich zu entkommen. Danach verlor Charlotte endgültig den Verstand, offenbar zutiefst verzweifelt, weil es ihr nicht gelungen war, die Unterstützung des französischen Monarchen für das wankende mexikanische Kaiserreich zu gewinnen. Sie kam zu dem Schluss, der heuchlerische Napoleon sei der Teufel in Person, der es darauf abgesehen habe, sie und ihren Mann ins Verderben zu stürzen. Von diesem Zeitpunkt an war sie besessen von der Vorstellung, dass von Napoleon beauftragte Attentäter sie zu vergiften versuchten.

Während ihres gesamten Besuchs in Europa tobte Charlotte wie von Sinnen, ihr Vater, ihre Mutter und ihr Bruder seien vergiftet worden, und sie solle ebenfalls ermordet werden. An manchem Abend aß sie nur Orangen und Nüsse, nachdem sie die Schalen genau untersucht und sich vergewissert hatte, dass sie intakt waren. Überall sah sie Spione. Auf dem Weg durch Italien war sie plötzlich überzeugt davon, dass ein Bauer auf einem Feld sie auf Napoleons Befehl hin umbringen wollte. Ein Leierkastenmann in Bozen war ebenfalls ein gedungener Mörder. Sogar ihr eigenes Gefolge, das sie aus Mexiko mitgebracht hatte, betrachtete sie auf einmal mit größtem Misstrauen, und sie war nur noch phasenweise und immer seltener bei klarem Verstand.

Als jeder dachte, sie könne sich kaum noch absonderlicher verhalten, tat sie genau das. In Rom ließ sie sich zum berühmten Trevi-Brunnen kutschieren, sprang hinein, schöpfte gierig Handvoll um Handvoll und trank. Dabei murmelte sie angeblich vor sich hin: »Hier kann mich zumindest niemand vergiften. Ich hatte ja solchen Durst.« Dann ließ sie sich zum Vatikan weiterfahren, wo sie eine Audienz bei Papst Pius IX. verlangte. Erhitzt und zitternd flehte Charlotte ihn an, sie vor Napoleons Meuchelmördern zu schützen. Sie entdeckte einen Becher heiße Schokolade auf dem Tisch, stürzte sich darauf, tunkte die Finger hinein, leckte sie ab und heulte: »Ich verhungere! Alles, was sie mir geben, ist vergiftet!«

Charlotte weigerte sich, den Papst wieder zu verlassen, und schimpfte und tobte stundenlang über die Lage in Mexiko. Bis zum Mittag schien sich der Sturm wieder gelegt zu haben. Beim Mittagessen verhielt sie sich sogar fast normal – sie bestand nur darauf, vom selben Teller zu essen wie ihre Hofdame. Am Nachmittag konnte man sie schließlich überreden, in ihr Hotel zurückzukehren. Doch als sie merkte, dass ihr Zimmerschlüssel fehlte – jemand aus ihrem Gefolge hatte ihn eingesteckt, um sie über Nacht sicherheitshalber einzuschließen –, wurde sie hysterisch und verlangte, sofort zurück in den Vatikan gebracht zu werden, der einzige Ort, wo sie sich sicher fühlte. Also machte das ganze Gefolge kehrt und stand abends um zehn wieder beim Papst vor der Tür, der geduldig anordnete, die Bibliothek in ein provisorisches Gästezimmer zu verwandeln. »In diesem Leben bleibt mir wahrlich nichts erspart«, soll er trocken bemerkt haben, »jetzt muss auch noch eine Frau im Vatikan den Verstand verlieren.« Unter dem Einfluss starker Beruhigungsmittel verbrachte Charlotte eine friedliche Nacht, weigerte sich jedoch am nächsten Morgen, irgendetwas zu essen oder zu trinken, das nicht für seine Heiligkeit zubereitet worden war.

Eine gewöhnliche Verrückte wäre schlimm genug gewesen, aber eine verrückte Kaiserin stellte ein echtes diplomatisches Problem dar. Es wurde bereits getratscht, und irgendjemand musste eine Möglichkeit finden, Charlotte aus ihrer päpstlichen Zuflucht zu locken. Einer der Kardinäle kam auf die Idee, die Oberin eines nahen Klosters um Hilfe zu bitten. Sie sollte Charlotte einladen, die Waisen zu besuchen, um die das Kloster sich kümmerte. Charlotte fühlte sich geschmeichelt und sagte zu. Anfangs spielte sie die Rolle der gütigen, wohltätigen Kaiserin. Dann zeigte man ihr die Küche, und sie äußerte sich anerkennend über den köstlichen Duft, der aus den Töpfen aufstieg. Die Nonne, die sie herumführte, bot ihr etwas von dem Ragout an und schnitt das Fleisch mit einem Messer, an dem sich ein Schmutzfleckchen befand. Charlotte begann zu schreien: »Gift! Gott allein hat mich davor bewahrt!« Aber sie war sehr hungrig – seit dem frühen Morgen hatte sie nichts mehr gegessen, und in ihrem verwirrten Zustand glaubte sie, ein Stück Fleisch direkt aus dem kochend heißen Topf wäre sicher nicht vergiftet. Sie verbrühte sich die Hand so schlimm, dass sie in Ohnmacht fiel, während die Verletzungen versorgt wurden.

Die Ärzte diagnostizierten bei Charlotte eine Schädigung des Gehirns und benachrichtigten ihren Mann darüber, hatten jedoch auch keine Therapie oder Medizin, um der Kaiserin zu helfen– abgesehen von hohen Dosen von Bromid, das damals als starkes Beruhigungsmittel eingesetzt wurde. Die Woche vom 30. September, als Charlotte beim Papst hereinplatzte, bis zum Eintreffen eines kaiserlichen Hofarztes am 6. Oktober muss sehr lang gewesen sein. Sämtliche anderen Gäste mussten das Hotel räumen. So wollte man möglichst verhindern, dass Charlotte erneut einen Tobsuchtsanfall wegen irgendwelcher »Attentäter« bekam, die sie ermorden wollten. Morgens ließ sie sich zu einem der zahlreichen Brunnen Roms fahren, füllte dort einen kristallenen Krug und trank das Wasser aus einem Glas, das sie aus den Gemächern des Papstes mitgenommen hatte. Sie weigerte sich, irgendetwas zu essen, das nicht vor ihren Augen zubereitet worden war. Ihre Diener brachten lebende Hühner ins Hotel, um sie in Charlottes Gegenwart zu töten und zu rupfen. Bis dahin wurden die Hühner in ihrer Suite an den Beinen eines vergoldeten Tisches angebunden. Ihre Briefe an Max schwankten zwischen zärtlichen Liebesbotschaften einer Frau, die sich dem Tode nahe sieht, und den zornigen Beschimpfungen einer verbitterten Person, die unter Verfolgungswahn litt und überzeugt war, dass ihr Mann versucht hatte, sie zu ermorden.

Das Imperium schlägt zurück

Währenddessen musste Max in Mexiko allmählich einsehen, dass sein Kaiserreich so gut wie verloren war. Seine Frau war geisteskrank, die französischen Truppen zogen ab, und ein blutiger Bürgerkrieg griff um sich. Doch statt abzudanken, seine

Gefolgsleute im Stich zu lassen und beschämt nach Europa zurückzukehren, beschloss er zu bleiben. Das sollte sich als selbstmörderische Entscheidung erweisen.

Die Franzosen zogen am 5. Februar 1867 endgültig aus Mexiko ab. Mit nur noch 8000 treuen Soldaten gegen etwa 40 000 Mann auf der Seite der Rebellen hielt Max der Belagerung in Santiago de Querétaro eine Weile stand. Die Stadt fiel am 15. Mai, Max und seine Generäle wurden auf der Flucht gefangengenommen. Man machte ihnen wegen Hochverrats den Prozess und verurteilte sie zum Tode. Am 19. Juni 1867 wurde Kaiser Maximilian I. von Mexiko von der neuen Regierung des Landes, das er hatte adoptieren wollen, durch ein Erschießungskommando hingerichtet.

Charlotte erfuhr nie vom Tod ihres Mannes. Ihr restliches Leben verbrachte sie in der Obhut ihrer Familie in Belgien. Sie fürchtete sich vor allem und jedem und lebte in einem Schloss hinter einem Burggraben, körperlich wie geistig abgeschirmt von der Außenwelt. Hin und wieder hatte sie noch klare Momente, doch meistens lebte Charlotte in ihrer eigenen dämmrigen Welt, ohne je zu begreifen, dass Max tot war. Sie wartete auf seine Rückkehr und fragte manchmal ihre Bediensteten, warum er zu spät zum Abendessen käme. Jeden Frühling ging sie hinunter zum Burggraben, bestieg ein Ruderboot und verkündete: »Heute brechen wir auf nach Mexiko.«

KÖNIGLICHER DRAHT NACH OBEN

Charlotte von Belgien hatte problemlos eine Audienz beim Papst bekommen, doch eine andere Prinzessin behauptet, noch weiter hinauf Kontakt zu haben: Prinzessin Märtha Louise (geboren 1971), die einzige Tochter von König Harald V. und Königin Sonja von Norwegen, vierte in der norwegischen Thronfolge. Sie sagt, schon als Kind habe sie die Gefühle der Menschen lesen und hellsehen können. Erst durch ihre Erfahrungen im Umgang mit Pferden erkannte sie dann ihre Fähigkeit, mit Engeln und mit den Toten zu kommunizieren.

2007 gründete sie gemeinsam mit Elisabeth Nordeng (die sie bei einem Kurs für Hellseher kennenlernte) in Norwegen das englischsprachig geführte Institut Astarte Education, das Menschen helfen will, ihre persönlichen »spirituellen Passwörter« zu finden und mit Engeln in Kontakt zu treten. Inzwischen haben die Prinzessin und Nordeng auch mehrere Bücher über ihre spirituelle Reise verfasst, die in Norwegen zu Bestsellern wurden. Sie schreiben: »Es gibt unendlich viele Engel überall um uns herum, die uns unter allen Umständen und jederzeit helfen wollen … Sie sind für uns da. Es gibt sie wirklich.« Im Eröffnungsjahr bot das Institut einen dreijährigen Kurs in Engelsspiritualität für knapp 3000 Euro pro Studienjahr an. Heute kann man dort auch Workshops in Engelskommunikation absolvieren.

Märtha Louises Behauptungen, mit Himmelsboten in Verbindung zu stehen, machte sie beim religiösen Teil der Bevölkerung nicht gerade beliebt – immerhin ist ihr Vater offiziell das Oberhaupt der Staatskirche. 2010 erklärte die norwegische Bischöfin Laila Rikaasen Dahl: »Wir wissen nicht genug über den Status der Toten – nur, dass sie zu Gott gehören und man ihnen ihren Frieden lassen sollte. Wir sollten der Toten gedenken, aber nicht versuchen, mit ihnen in Kontakt zu treten.« Andere Stimmen warnten die Prinzessin, es sei »ungesund«, Verbindung zu den Toten zu suchen. Der Palast verliert jedenfalls kein Wort über Prinzessin Märtha Louises direkten Draht nach oben.

Franziska

DIE FRAU OHNE GEDÄCHTNIS, DIE ZUR VERSCHOLLENEN ROMANOW-PRINZESSIN WURDE

16. DEZEMBER 1896 BIS 12. FEBRUAR 1984
RUSSLAND, BERLIN, DIVERSE IRRENANSTALTEN, VIRGINIA UND IM REICH DER FANTASIE

In der Nacht auf den 17. Februar 1920 stürzte in Berlin eine polnische Fabrikarbeiterin namens Franziska Schanzkowska von einer Brücke in den eisigen Landwehrkanal. Später gab sie zu, dass sie sich das Leben hatte nehmen wollen. Und in gewisser Weise gelang ihr das auch. Als die Polizei sie aus dem eiskalten Wasser fischte, weigerte sie sich zu sprechen. Sie hatte keinerlei Papiere und kein Geld bei sich, nichts außer der Kleidung, die sie am Leib trug. Da die Polizei nicht recht wusste, wohin mit ihr, wurde sie in ein Krankenhaus gebracht.

Das Bad im Kanal schien die junge Frau körperlich und geistig unversehrt überstanden zu haben. Man nannte sie »Fräulein Unbekannt«, denn sie weigerte sich, ihren Namen zu nennen, und sprach überhaupt kaum. Schließlich wurde sie nach Dalldorf überwiesen, in eine staatliche Klinik für Geisteskranke. Dort blieb Fräulein Unbekannt vorwiegend im Bett, verbarg das Gesicht unter der Decke und wollte sich nicht fotografieren lassen. Sie las viel, hauptsächlich Zeitungen und Zeitschriften. So sah Franziskas Leben anderthalb Jahre lang aus – bis zu jenem Tag, da sie von den Romanows las.

Einmal Sibirien und zurück

18 Monate bevor Franziska in den Kanal sprang, wurde Anastasia Romanowa kurz nach ihrem 17. Geburtstag im Keller eines Anwesens in Sibirien erschossen. Sie war die jüngste Tochter von Zar Nikolaus II. von Russland, der ein Jahr zuvor abgedankt hatte. Die unerbittlichen Bolschewisten – Kommunisten, die das Ende der Monarchie forderten – hatten ihn dazu gezwungen. Nikolaus, seine Frau und ihre Kinder wurden unter Hausarrest gestellt und später nach Jekaterinburg in Sibirien gebracht. Als die Weiße Armee – die antikommunistischen Unterstützer der Monarchie – immer weiter nach Jekaterinburg rückte, gerieten die Bolschewisten in Panik.

In der Nacht zum 17. Juli 1918 wurde die Familie Romanow mit drei ihrer Diener und dem Leibarzt in den Keller des Gebäudes hinuntergeführt und dort erschossen, auf Anordnung des kommunistischen Revolutionsführers Wladimir Lenin. Kaiserin Alexandra starb, ehe sie sich fertig bekreuzigen konnte, und die Opfer, die den ersten Kugelhagel überlebten, wurden mit Bajonetten erstochen oder mit Gewehrkolben erschlagen. So schnell, brutal und blutig war eine über dreihundert Jahre alte russische Dynastie ausgelöscht.

Die Leichen zweier Kinder verbrannte man, die übrigen verscharrte man in einer Grube. Die Hinrichtung der Familie wurde vertuscht – die Bolschewisten bestätigten nur die Exekution des Zaren, wegen eines angeblichen Fluchtversuchs. Dass sie auch den Rest der Familie ermordet hatten, erwähnten sie mit keinem Wort. In dieser Ungewissheit gediehen Gerüchte, ein paar Romanows hätten überlebt, natürlich prächtig. In den darauffolgenden Monaten meldeten sich gleich mehrere Prätendenten, die behaupteten, dieses oder jenes Mitglied der Zarenfamilie zu sein. Die meisten wurden sofort als Schwindler enttarnt, aber manch andere Behauptung war nicht so leicht von der Hand zu weisen.

Und im Jahr 1921 führte das Schicksal Franziska Schanzkowska und Prinzessin Anastasia zusammen.

Einfach Anna

Während der 19 Monate, die Franziska in der Klinik verbrachte, waren Zeitungen und Zeitschriften ihre wichtigste Verbindung zur Außenwelt. Eines Tages zeigte eine geschwätzige Krankenschwester ihr die Ausgabe der *Berliner Illustrirte Zeitung* vom 23. Oktober 1921 mit einem Bild von drei der russischen Prinzessinnen. In dem Artikel dazu ging es um die dramatische Spekulation, Anastasia könne die Hinrichtung überlebt haben. Bis heute sei nicht zweifelsfrei festgestellt, ob die Großfürstin Anastasia bei dem Massaker eventuell nur schwer verwundet wurde. Bald darauf verkündete Franziska, sie sei Anastasia.

Nachdem sie diese Bombe hatte platzen lassen, ließ Franziska Mitarbeiter und Patienten der Klinik strenge Geheimhaltung schwören. Doch ihre Behauptung, sie sei die verschollen geglaubte Romanow-Prinzessin, sprach sich bald herum (ein Mitinsasse trug die Geschichte nach draußen). Es dauerte nicht lange, bis zahlreiche Neugierige, russische Emigranten, ehemalige Offiziere des Zaren, Monarchisten und adelige Exilanten Schlange standen, um die angebliche Romanow-Erbin zu sehen. Die meisten glaubten ihr nicht. Doch ein halbes Jahr später wurde Franziska von zwei russischen Emigranten, einem Baron und seiner Frau, adoptiert. Sie waren der echten Anastasia nie begegnet, aber dennoch überzeugt davon, dass diese Frau die Wahrheit sagte.

Durchaus nicht ohne Grund. Franziska war etwa genauso groß wie die ermordete Prinzessin, hatte die gleichen auffallend blaugrauen Augen und sogar die gleiche leichte Deformation am Fuß, eine Schiefzehe (Hallux valgus). Schon Berichte über ihre Rettung aus dem Kanal hatten zahlreiche Verletzungen und Narben festgehalten, darunter eine verheilte Stichwunde im rechten Fuß, deren Form dem dreieckigen Bajonett der Bolschewiken entsprach.

Bald kamen weitere Beweise hinzu. Franziska weigerte sich, Russisch zu sprechen, verstand es aber, und einem ihrer Ärzte zufolge sprach sie es im Schlaf fließend. Stand sie unter einem starken Beruhigungsmittel, schimpfte sie in makellosem Englisch, der Sprache von Anastasias Mutter, und auch ihr Französisch war absolut perfekt. (Wie andere Prinzessinnen hatte Anastasia schon als kleines Mädchen Französisch gelernt.) Franziska konnte sich zudem an sehr private Details aus dem Familienleben der Romanows erinnern, darunter Spitznamen, die Anastasia angeblich Höflingen und Offizieren verliehen hatte. Ihre höfische Etikette war untadelig. Sie überzeugte Handschriften-Experten (nachdem sie offenbar Anastasias Unterschrift auf einer Fotografie in einem Buch gefunden und geübt hatte) und brach in echte Tränen aus, als sie einen eher unbekannten Walzer hörte, der einmal für die Prinzessin gespielt worden war. Wie hätte sie all das wissen können, wenn sie keine echte Romanow gewesen wäre?

1922 lebte Franziska noch immer im Haushalt des Barons in Berlin und schien es nicht eilig zu haben, Anspruch auf ihren Prinzessinnen-Titel zu erheben. Allerdings redete sie diese Vorstellung auch niemandem aus. Auf die Frage ihrer Gastgeber, wie sie sie ansprechen sollten, antwortete Franziska, sie sollten ruhig auf allzu große Förmlichkeit verzichten und sie einfach Fräulein Anna nennen. Das war schmeichelhaft für ihre Gönner und praktisch für sie selbst, denn so war sie nicht permanent dem Druck ausgesetzt, sich wie eine Prinzessin zu verhalten. So verschaffte Franziska sich Zeit, um sich zu überlegen, wie sie am besten zu Anastasia werden könnte.

Anfangs stellten nur ein paar glückliche Zufälle, wie etwa der deformierte Fuß, eine Verbindung zwischen Franziska und der verstorbenen Prinzessin her. Doch im Laufe der Zeit drängten mehrere Faktoren sie dazu, ihre Behauptung aufrechtzuerhalten: vermeintliche Erinnerungslücken, die wachsende Angst, enttarnt zu werden (Franziska war eine psychisch labile Frau, die nichts zu verlieren, aber eine Menge zu gewinnen hatte), und die Tatsache, dass so viele Menschen ihr so gern glauben wollten.

Sie behauptete, das Trauma der Hinrichtung, die schweren Verletzungen, die die Bolschewiken ihr beigebracht hatten, und die Strapazen der Flucht hätten ihr Erinnerungsvermögen beeinträchtigt, sodass sie unter teilweisem Gedächtnisverlust litte. Mal erzählte sie, sie sei von einem Soldaten gerettet worden, den sie noch nie zuvor gesehen habe, dann wieder von einem jungen Wärter, der schon in den Wochen vor der Hinrichtung sehr freundlich zu ihr gewesen sei. Mal war ihr Retter ein Bauer, der sie auf der Flucht vergewaltigt hatte, ein andermal gehörte er zu einer gestürzten polnischen Adelsfamilie, und sie hatte ihn geheiratet und ein Kind von ihm bekommen (und dann verloren). Außerdem behauptete sie, ihr Retter habe irgendeine Art Apparat benutzt, um die Form ihrer Nase und ihrer Lippen zu verändern – was die äußerlichen Unterschiede zwischen ihr und Anastasia erklärte. Andere Details waren ebenso verschwommen, widersprüchlich und halbgar. Beispielsweise sagte sie aus, sie könne kein Deutsch lesen, oder die Uhr, oder Zahlen (obwohl sie hingebungsvoll Patiencen legte). Ihre Unterstützer sahen in all diesen Widersprüchen nur weitere Beweise dafür, wie schrecklich die Revolutionäre die junge Frau misshandelt haben mussten.

Franziska fürchtete sich immer mehr davor, enttarnt zu werden. Sie verschlang alles, was sie über die Romanows in die Finger bekommen konnte, und merkte sich alle möglichen Informationen, um für Nachfragen gerüstet zu sein. Mit diesen Einzelheiten gewann sie endgültig die Herzen der Leute, die besonders verzweifelt hofften, Anastasia könnte noch am Leben sein – Verwandte der Romanows. Auch andere Aristokraten sehnten sich nach den Zeiten vor der Russischen Revolution, die ihren privilegierten Lebensstil völlig vernichtet hatte. Wiederum andere unterstützten sie in der Hoffnung, für ihre Treue und Hilfe entlohnt zu werden, wenn die Zarenfamilie eines Tages wieder an die Macht gelangte. Sie alle ignorierten offenbar jene Momente, in denen die Prinzessin sich sonderbar benahm, etwa den Totalausfall ihrer höfischen Tischmanieren, als sie sich halb unter den Esstisch beugte, um sich die Nase zu putzen.

Glaubte man diese abenteuerliche Geschichte erst einmal,

war es offenbar schwer, wieder damit aufzuhören. Wer von dem Gedanken überzeugt war, dass Anastasia noch lebte, dem war ebenso daran gelegen, die Scharade aufrechtzuerhalten, wie Franziska selbst. Nicht einmal nachgewiesene Lügen konnten diese Leute davon abbringen. Im Jahr 1928 taten sich ein Dutzend Verwandte des verstorbenen Zaren zusammen und erklärten einhellig, dass Anna Anderson (diesen Namen benutzte Franziska in Hotels in Amerika, um nicht von Reportern aufgespürt zu werden) nicht Anastasia sei. Sie erklärten: »Wir fühlen uns verpflichtet, der Öffentlichkeit mitzuteilen, dass diese Geschichte nichts weiter ist als ein Märchen. Das Andenken an unsere verstorbenen Lieben verbietet uns, tatenlos mit anzusehen, wie sich dieses Fantasiegespinst weiter verbreitet und an Glaubwürdigkeit gewinnt.« Nicht einmal solche Aussagen konnten die treuen Franziska-Anhänger umstimmen. Und deren fester Glaube reichte aus, um die restliche Öffentlichkeit, die ohnehin nach Neuigkeiten über die falsche Anastasia gierte, an diesen Aussagen zweifeln zu lassen.

Franziska und ihre Getreuen hatten einen weiteren Grund, trotz aller Lücken bei ihrer Geschichte zu bleiben: Geld. Das beträchtliche Vermögen des Zaren war nicht komplett mit ihm verschwunden. Eine kleine Rücklage von zwei Millionen Rubel (heute knapp 15 Millionen Euro) verstaubte in einer Berliner Bank. 1933 zahlte die Bank einen Bruchteil des Vermögens an sieben Romanow-Erben aus. Anastasia gehörte nicht dazu.

Franziskas Anwälte konnten die Auszahlung des Erbes mit einem Antrag vorerst verhindern. Es folgte ein 37 Jahre dauernder Rechtsstreit – der längste in der Geschichte Deutschlands – darum, ob Franziska/Anna Anderson nun Anastasia war oder nicht. Immer wieder wurden Ansprüche abgewiesen, Berufung eingelegt und auf beiden Seiten reichlich Lügen verbreitet. Als das Gericht 1961 schließlich entschied, dass

Franziskas Ansprüche unbegründet seien, legten ihre Anwälte erneut Berufung ein, und der Prozess wurde fortgesetzt. Franziska selbst erschien niemals bei Gericht, was ihr einem späteren Biographen zufolge erst recht die Aura selbstverständlicher Echtheit verlieh.

Der lange Rechtsstreit stellte die inzwischen über Jahrzehnte angesammelten widersprüchlichen Geschichten regelrecht zur Schau. Zeugen auf beiden Seiten fabrizierten Lügen, machten ungenaue oder widersprüchliche Aussagen und sorgten allgemein für immer mehr Verwirrung. Schriftsachverständige, Sprachwissenschaftler, die auf Akzente spezialisiert waren, Psychologen, Experten für die Analyse von Fotografien und selbsternannte Forensiker, die behaupteten, Menschen anhand der Form ihrer Ohren identifizieren zu können, nahmen sich die Beweise vor. Die Ergebnisse waren sehr durchwachsen. Manche Gutachter betrachteten manche Fakten als Bestätigung für Franziskas Geschichte, doch insgesamt sprach die Beweislage eher gegen sie. Am 17. Februar 1970 fällte der Bundesgerichtshof das abschließende Urteil: Die angebliche Anastasia habe ihre Behauptung nicht bewiesen. Franziska war das egal. Inzwischen war sie Mitte 70, gebrechlich und lange genug von Leuten, die ihre Geschichte glaubten, herumgezogen und -geschoben, verwöhnt und bedrängt worden.

Von der Zarentochter zum Tiermessie

Tatsächlich war Franziska ein bisschen verrückt. Kaum verwunderlich, wenn man bedenkt, dass ihre lebenslange Karriere als Zaren-Prätendentin mit einem Selbstmordversuch begann. Von Anfang an schien sie stets am Rand eines Nervenzusammenbruchs zu stehen und schwankte zwischen stiller Freude, tränenreicher Erregung und finsterer Depression hin und her. Für jemanden, der sich eine derart Aufmerksamkeit erregende Geschichte ausgedacht hatte, war sie erstaunlich Publicity-scheu. Bald steigerte sich das bis zur Paranoia, und Franziska hielt sich für das Opfer einer nebulösen Verschwörung. Bei dem Baron und seiner Frau, die sie aufgenommen hatten, machte Franziska sich mit heftigen Wutanfällen unbeliebt und musste schließlich wieder ausziehen. Während der nächsten Jahre wanderte sie zwischen diversen Kliniken und den Gästezimmern ihrer Unterstützer herum. Ab 1928 lebte sie in Amerika bei einer reichen Cousine von Anastasia – der echten Anastasia –, namens Xenia Leeds, danach bei Annie Burr Jennings, einer Salonlöwin der feinen Gesellschaft Manhattans, die gern eine Attraktion beherbergte. Nachdem Franziska die Dienstboten attackiert hatte, nackt aufs Dach gelaufen war, in einem Geschäft einen Wutanfall und dann einen Nervenzusammenbruch bekommen hatte, weil sie versehentlich auf ihren Sittich getreten war und ihn getötet hatte, ließ Jennings sie in ein Erholungsheim nördlich von New York einweisen. Franziska verließ das Sanatorium 1931, verbrachte einige Zeit in einer psychiatrischen Klinik in Deutschland und nahm dann ihren nomadischen Lebensstil wieder auf. 16 Jahre lang zog sie von einem Gästezimmer ins nächste und war stets auf die Großzügigkeit ihrer Freunde angewiesen.

Franziskas erstes festes Zuhause war ein ehemaliges Kasernengebäude im Schwarzwald, das einer ihrer Gönner ihr 1949 kaufte. Sie vernagelte die Fenster mit Brettern, um sich vor Spionen zu schützen, zog einen Stacheldrahtzaun um das Grundstück und schaffte sich vier riesige Wolfshunde an, die das Anwesen bewachen sollten. Sie wurde zum Messie, umgeben von zahlreichen Katzen und Stapeln ungeöffneter Post. Im Jahr 1960 zog sie in ein Haus auf dem Land, wiederum von einem treuen Anhänger finanziert. 1968 wurde sie darin bewusstlos aufgefunden, im Kreise ihrer Katzen. Im selben Jahr reiste Franziska, inzwischen über 70 Jahre alt, auf Drängen eines langjährigen Gönners nach Amerika. Als ihr Touristenvisum ablief, heiratete sie den 20 Jahre jüngeren John Eacott Manahan, einen exzentrischen Geschichtsprofessor und begnadeten Genealogen aus Charlottesville, Virginia. Für ihn *war* Franziska die Prinzessin, Punkt. Er bezeichnete sich als »Schwiegersohn des Zaren« und »künftiger Großfürst«. Franziska, die sich nun »Anastasia Manahan« nannte, blieb dabei, dass sie die verschollene Prinzessin sei. Doch sie litt zunehmend unter Demenz, und ihre Geschichten über die russische Zarenfamilie wurden immer bizarrer und widersprüchlicher. Manchmal behauptete sie sogar, keiner der Romanows sei ermordet worden, alle hätten Doppelgänger gehabt, die in jenem Keller erschossen wurden, während die echten Romanows entkommen konnten.

Das Paar lebte über zehn Jahre lang unter erbärmlichen Umständen in der Art Haus, das Nachbarn dazu bringt, sich bei Behörden über die Ratten, den Müll, die Katzen und den Gestank zu beschweren. Sie teilten sich dieses Zuhause mit über 20 Hunden und Dutzenden von Katzen, bei denen es sich Franziska zufolge um Reinkarnationen von Anastasias verstorbenen Verwandten und Freunden handelte. Wenn eine Katze starb, wurde sie im Kamin kremiert. Der Balkon beherbergte einen riesigen Bottich voller Kartoffeln, weil Franziska fürchtete, im Winter hungern zu müssen. Ihr Auto war mit Verpackungen diverser Schnellrestaurants vollgestopft – keiner von beiden kochte jemals.

Als beide im November 1983 am Rocky-Mountains-Fleckfieber erkrankten, konnte Manahan sich nicht mehr um seine Frau kümmern. Sie wurde zur Beobachtung in eine psychiatrische Klinik eingewiesen, aber prompt von ihrem Mann »befreit« und drei Tage später in ihrem schmutzigen Auto auf einer verlassenen Farm aufgefunden. Danach kam Franziska in ein privates Pflegeheim. Am 28. Januar 1984 erlitt sie einen Schlaganfall. Sie verstarb am 12. Februar an einer Lungenentzündung. Manahan behauptete später, sie sei von KGB-Agenten ermordet worden, vielleicht auch vom britischen Geheimdienst.

Ironischerweise bekam Franziska durch ihre Sterbeurkunde den Nachweis, den sie ihr Leben lang zu erbringen versucht hatte. Ihr Mann füllte das Formular aus und trug als Namen »Anastasia Nikolaievna Manahan« ein, als Geburtsdatum den 5./18. Juni 1901 (also den 5. Juni nach dem julianischen Kalender, der vor der Revolution in Russland Gültigkeit hatte, und den 18. Juni nach dem gregorianischen Kalender) und als Geburtsort Peterhof. Ihre Eltern: Zar Nikolaus II. und Alix von Hessen-Darmstadt. Unter Beruf steht »Mitglied des Königshauses«. Manahan starb 1990.

Identitätskrise

Trotz der Gerichtsentscheidung blieben Zweifel und Fragen an der Identität Anastasias/Annas/Franziskas, bis endlich die Wissenschaft der Welt eine eindeutige Antwort geben konnte. 1979 hatte Franziska sich einer Darmoperation unterziehen müssen. 1994 führten Forensiker mit Zellmaterial, das bei dieser OP entfernt worden war, einen Gentest durch und stellten zweifelsfrei fest, dass sie *keine* Romanow war. Außerdem waren sie zu 98,5 Prozent sicher, dass es sich bei der angeblichen Prinzessin um eine polnische Fabrikarbeiterin handelte, die 1920 als vermisst gemeldet worden war. Doch obwohl man nun weiß, wer sie wirklich war, bleiben Fragen offen. Warum hat sie überhaupt erst behauptet, die Zarentochter zu sein? Und warum hat sie diese Lüge ihr Leben lang aufrechterhalten?

Die zweite Frage ist leichter zu beantworten. Als Franziska sich erst einmal zu Anastasia erklärt hatte, kam sie aus ihrer eigenen Geschichte nicht mehr heraus. Aus Angst vor juristischen Folgen musste sie bei ihrer Behauptung bleiben. Außerdem musste sie sich gut überlegen, wann und wie nachdrücklich sie ihren Anspruch geltend machen sollte, denn sie riskierte jedes Mal, dass ihre Geschichte auffliegen könnte. Von dem Moment an, als sie sich zu Anastasia gemacht hatte, lebte sie in einer Art traurigem Schwebezustand – sie konnte nicht wieder zu Franziska werden, aber es würde ihr wahrscheinlich nie gelingen, die richtigen Leute davon zu überzeugen, dass sie die Zarenerbin war.

Und was die erste Frage angeht – den Grund für ihre Entscheidung, die Romanowa zu spielen, darf man in denselben Nöten vermuten, die sie dazu trieben, ihrem Leben so früh ein Ende machen zu wollen. Als Fabrikarbeiterin hatte Franziska es sicher nicht leicht. Man kann sich heute kaum mehr vorstellen, wie hart das Leben in Europa zur Zeit des Ersten Weltkriegs war. Es gab wenig zu essen, kaum Arbeit und selten gute Neuigkeiten. Franziskas Geschichte ist besonders tragisch. Sie verließ Polen um 1916 und schaffte es, Arbeit in Deutschland zu finden, erst als Dienstmädchen, dann als Kellnerin und schließlich als Arbeiterin in einer Munitionsfabrik. Sie lernte einen jungen Soldaten kennen, die beiden verlobten sich, und Franziska wurde schwanger. Doch noch bevor sie heiraten konnten, wurde er an die Ostfront geschickt und dort tödlich verwundet. Höchstwahrscheinlich ließ Franziska das Kind abtreiben. Dann fiel sie eines Tages bei der Arbeit in Ohnmacht, und die Handgranate, an der sie gerade arbeitete, rollte zu ihrem Vorarbeiter, explodierte und riss ihn in Fetzen. Franziska kam in einer riesigen Blutlache wieder zu sich.

Nach einem Nervenzusammenbruch und einem kurzen Aufenthalt in Polen, wo sie in der Landwirtschaft arbeitete, verließ Franziska ihre wenig mitfühlende Mutter und kehrte nach Berlin zurück. Eine andere Landarbeiterin hatte sie mit ihrem Arbeitsgerät angegriffen und ihr die dreieckige Narbe am Fuß beigebracht. Franziska fand ein Zimmer bei einer freundlichen Wirtin und arbeitete offenbar als Gelegenheits-Prostituierte. 1920, als sie mit 23 Jahren in den eiskalten Kanal sprang, hatte sie nichts mehr, wofür es sich zu leben lohnte. Und dann schenkte ihr diese bizarre Taufe ein neues Leben – sie wurde erst als Fräulein Unbekannt wiedergeboren und erlangte später sogar Weltruhm als die verschollene Romanow-Prinzessin.

Auch andere Menschen haben sich als verschollene Aristokraten ausgegeben – einige sogar als Anastasia. Aber keiner von ihnen hatte einen solchen Einfluss auf seine Zeitgenossen wie Franziska. Dank ihrer Scharade blieb die echte Prinzessin Anastasia keine tragische Randnotiz in einem dunklen Kapitel der russischen Geschichte – ihre Geschichte wurde *das* Drama der bolschewikischen Revolution, verfilmt mit Ingrid Bergman in der Hauptrolle, als Musical und seltsamerweise auch als Ballett auf die Bühne gebracht. Nicht einmal Franziskas Tod setzte den Fabeln ein Ende: 1997 produzierte Fox Animation den Musical-Zeichentrickfilm *Anastasia*, der die Grundzüge der Romanow-Geschichte mit einem finsteren Zauberer, einer sprechenden Albino-Fledermaus und mit Meg Ryan als Stimme der verlorenen Prinzessin ausschmückte.

Dieses Zeichentrickmärchen entspricht in puncto Wahrheitsgehalt in etwa Franziskas Version … allerdings geht es im Gegensatz zur echten Geschichte natürlich gut aus.

Am Ende holt der Tod uns alle, Prinzessin oder Penner. Aber manche Prinzessinnen verabschiedeten sich ein bisschen stilvoller, ein bisschen heldenhafter, ein bisschen *dramatischer* als andere. Rani Lakshmibai von Jhansi starb im Kampf gegen die Briten. Königin Durgavati nahm sich das Leben, nachdem sie im Kampf verwundet wurde, um nicht ihren Feinden in die Hände zu fallen. Andere starben, wie sie gelebt hatten: Anne Boleyn, schlagfertig bis zum Schluss, scherzte mit dem Scharfrichter – er werde es mit dem Köpfen heute leicht haben, weil ihr Hals so dünn sei. All diese denkwürdigen Frauen mögen aus dem Leben geschieden sein, doch sie gingen in die Legende ein.

Marie Antoinette: Die Prinzessin, die sich entschuldigte (gewissermaßen)

Marie Antoinette, das bezaubernde, extravagante, modeverrückte und oft geschmähte Opfer der Französischen Revolution, betrat am 16. Oktober 1793 in königlicher Haltung das Schafott. Ob man in dieser Haltung allerdings Mut und Charakterstärke sah oder Hochmut und Arroganz, hängt davon ab, wer die Geschichte erzählt.

Die meisten Berichterstatter sind sich zumindest über die letzten Worte der österreichischen Prinzessin und französischen Königin einig: »Entschuldigen Sie, das habe ich nicht mit Absicht getan.« Sie bezog sich dabei jedoch nicht auf ihren verschwenderischen Lebensstil (der sich unter anderem zeigte an den Porzellantassen in Form ihrer Brüste, einem Bauernhäuschen, in dem sie und ihre Freundinnen sich gern als Schäferinnen verkleideten, und erst all den mondänen Partys in Versailles …) oder ihren in den Augen der Revolutionäre so verderblichen Einfluss auf ihren schwachen Mann, Louis XVI. (der bei ihrer Hinrichtung bereits seit neun Monaten tot war). Nein, sie entschuldigte sich bei ihrem Henker, weil sie ihm auf den Fuß getreten war.

Elisabeth von Hessen-Darmstadt: Die Prinzessin, die singend starb

Elisabeth war eine Enkelin der respekteinflößenden Königin Victoria und in ihrer Jugend eine bewunderte Schönheit. Sie heiratete 1894 den Bruder des russischen Zaren, doch die Ehe währte nicht lange: Ihr Mann Sergej fiel im Februar 1905 einem Bombenanschlag der Sozialrevolutionäre zum Opfer. Elisabeth sah seinen zerfetzten Leichnam im Schnee liegen. Als fromme Konvertitin zum russisch-orthodoxen Glauben verzieh Elisabeth seinem Mörder, betete für ihn und bat sogar die Richter, sein Todesurteil abzuändern. Danach wurde Elisabeth Vegetarierin und Nonne und steckte ihr ganzes gewaltiges Vermögen in die Gründung eines Klosters – sogar ihren Ehering verkaufte sie.

Doch der Mann, der ihren Gemahl ermordet hatte, stand mit seinem Hass auf die Aristokratie nicht allein da. 1917 war die bolschewistische Bewegung nicht mehr aufzuhalten. Auch nur entfernt mit dem Zarenhaus verwandt zu sein, kam einem Todesurteil gleich, und 1918 wurde Elisabeth auf Befehl Lenins verhaftet. Man hatte ihr zuvor die Möglichkeit gegeben, aus Russland zu fliehen, doch sie war bei ihrem Orden geblieben. Nach ihrer Festnahme wurde Elisabeth monatelang von einem Ort zum anderen verfrachtet, ihren brutalen und erbarmungslosen Wachen ausgeliefert.

Als die Bolschewisten vor Ort von der Hinrichtung des Zaren erfuhren, entschieden sie, dass auch der Rest seiner Familie sterben müsse. In der Nacht zum 17. Juli 1918, am selben Tag, an dem man den Zaren und seine Familie ermordete (siehe dazu auch die Geschichte von Franziska, S. 384), wurden Elisabeth und mehrere weitere Mitglieder der Herrscherfamilie von Soldaten geweckt und in einen Karren bugsiert.

Einer der Mörder, ein Soldat namens Ryabow, berichtete später, er und seine Kameraden hätten sich den halb gefluteten, etwa 20 Meter tiefen Schacht einer verlassenen Mine außerhalb eines kleinen Dorfes für ihre Schandtat ausgesucht. Ryabow erzählte, sie hätten die Prinzessin und die anderen in den Schacht hinabgestoßen in der Hoffnung, dass der Sturz tödlich sein oder ihre Opfer ertrinken würden. Das taten sie aber nicht, also warfen die Mörder noch eine Handgranate hinterher. Unbegreiflicherweise waren die Opfer danach immer noch am Leben, also legten die Soldaten eine weitere Handgranate nach. »Und dann, stellen Sie sich vor, hörten wir sie singen! Mich packte das kalte Grauen. Sie sangen dort unten Psalmen!«, berichtete Ryabow. »Wir hatten keine Handgranaten mehr, aber wir konnten die Sache nicht unvollendet lassen. Also füllten wir den

Schacht mit Reisig und zündeten ihn an. Ihr Gesang stieg noch eine ganze Weile durch den dichten Qualm zu uns auf.«

Etwa drei Monate später entdeckten Soldaten der Weißen Armee – der anti-bolschewistischen Kräfte – die Leichen in der Mine. Für Elisabeths grausigen Tod und ihr gottgefälliges Leben wurde sie 1981 von der russisch-orthodoxen Kirche heiliggesprochen und 1992 zur Märtyrerin erklärt (wohlgemerkt, erst nach dem Sturz des kommunistischen Regimes, das sie ermordet hatte).

Noor Inayat Khan: Die Widerstands-Prinzessin, die mit »Liberté« auf den Lippen starb

Prinzessin Noor Inayat Khan, eine wahre Heldin des Zweiten Weltkriegs, verdient eigentlich ein ganzes Kapitel, ja, ein ganzes Buch für sich. Noor wurde 1914 als Kind eines indischen Vaters und einer amerikanischen Mutter geboren und stammte von Tipu Sultan ab – einem indischen Fürsten, der im 18. Jahrhundert die britische East India Company besiegt hatte und als »Tiger von Mysore« bekannt geworden war. Sie war eigentlich eine sanfte Person, eine gläubige sufistische Pazifistin. Vor dem Zweiten Weltkrieg spielte sie Harfe und schrieb Kinderbücher. Doch sie hatte offenbar auch etwas von Tipus Kampfgeist geerbt.

Im Jahr 1940 trat Noor der britischen Women's Auxiliary Air Force bei und ließ sich zur Funkerin ausbilden. Zwei Jahre später schickte der SOE, eine Sondereinsatztruppe des britischen Geheimdienstes, sie zur Unterstützung der Résistance nach Frankreich – mit nichts weiter als einem falschen Pass, einer Pistole und dem Codenamen »Madeleine«. Mit 29 Jahren war sie die erste weibliche Funkerin im von den Nazis besetzten Frankreich. Im Sommer 1943, als die Gestapo den britischen Spionagering Stück für Stück aushob, leistete sie die Arbeit von sechs Funkern und war damit praktisch allein für den Funkverkehr des Widerstands verantwortlich.

Noor wurde von einem ihrer Kontakte verraten und nach drei Monaten auf der Flucht von der Gestapo verhaftet. Sie kämpfte wie eine Tigerin, versuchte zu fliehen, wurde aber wieder eingefangen. Die Deutschen stuften sie als unkooperativ und gefährlich ein und steckten Noor gemäß des Nacht-und-Nebel-Erlasses in Einzelhaft – dieser Erlass für den Umgang mit Widerstandskämpfern sah vor, solche Personen einfach spurlos verschwinden zu lassen. Zehn Monate lang verhörten, fesselten, schlugen und folterten die Nazis Noor und ließen sie hungern. Doch sie gab nichts preis. Am 13. September 1944 wurde Noor im KZ Dachau durch einen Genickschuss ermordet. Ihr letztes Wort: »*Liberté*«.

Noor wurde posthum mit dem George Cross geehrt, einer Auszeichnung für besondere Tapferkeit, die nur drei Frauen der SOE erhielten, und außerdem mit dem französischen Croix de Guerre. Lange engagierten sich viele Menschen in einer Kampagne, die Spenden für ein Denkmal von Noor sammelte, und 2012 enthüllte Prinzessin Anne schließlich feierlich eine Bronzebüste der Widerstandsprinzessin in einem Londoner Park.

Bibliographie

Einleitung

Orenstein, Peggy *Cinderella ate my daughter.* Harper Collins, New York 2011

Alfhild

Davidson, Hilda Ellis (Kommentar) und Peter Fisher (Übers.) *Saxo Grammaticus: The History of the Danes, Books I–IX, Vol. II Commentary.* D. S. Brewer, Woodbridge 1980

Grammaticus, Saxo *The Danish History, Books I–IX.* Projekt Gutenberg, http://tinyurl.com/c3ryzv3 (Abrufdatum: 15. Mai 2013)

Sawyer, Birgit und Peter Hayes Sawyer *Medieval Scandinavia: From Conversion to Reformation, Circa 800–1500.* University of Minnesota Press, Minneapolis 1993

Deutsche Übersetzung der Zitate aus Saxo Grammaticus – Gesta Danorum nach:

Paul Hermann *Erläuterungen zu den ersten neun Büchern der Dänischen Geschichte des Saxo Grammaticus*, Erster Teil, Übersetzung. Leipzig 1901

Pingyang

Cawthorne, Nigel *Daughter of Heaven: The True Story of the Only Woman to Become Emperor of China.* Oneworld, Oxford 2007

Lewis, Mark Edward *China's Cosmopolitan Empire: The Tang Dynasty.* The Belknap Press of Harvard University Press, Cambridge 2009

Peterson, Barbara Bennett et al. (Hg.) *Notable Women of China: Shang Dynasty to the Early Twentieth Century.* M. E. Sharpe, Armonk 2000

Walker, Hugh Dyson *East Asia: A New History.* AuthorHouse, Bloomington 2012

Sieben Kriegerprinzessinnen der Antike

Dio, Cassius *Dio's Roman History.* Übers. Earnest Cary und Herbert Baldwin Foster. Loeb Classical Libary, Cambridge 1925

Herodotus »Queen Tomyris of the Massagetai and the Defeat of the Persians under Cyrus.« Internet Ancient History Sourcebook. http://tinyurl.com/bnuw5h9 (Abrufdatum: 15. Mai 2013)

Jones, David E. *Women Warriors: A History.* Brassey's, Washington D. C. 1997

Plutarch »Pyrrhus.« *Parallel Lives.* Übers. John Dryden. Internet Classics Archive. http://tinyurl.com/5r7ejr (Abrufdatum: 15. Mai 2013)

Schwarz-Bart, Simone und Andre Schwarz-Bart *In Praise of Black Women. Vol. 1, Ancient Africa Queens.* University of Wisconsin Press, Madison 2001

Skinner, Patricia »›Halt! Be Men‹: Sikelgaita of Salerno – Gender and the Norman Conquest of Southern Italy.« *Gender and History* 12 Nr. 3 (November 2000)

Olga von Kiew

Sherman, Heidi »Grand Princess Olga: Pagan Vengeance and Sainthood in Kievan Rus.« *World History Connected* 7 Nr. 1 (Februar 2010)

Zenkovsky, Serge A. *Aus dem alten Rußland. Epen, Chroniken und Geschichten.* Übers. Hans Baumann und Elisabeth Kottmeier. Hanser, München 1968

Khutulun

Polo, Marco *The Travels of Marco Polo: The Complete Yule-Cordier Edition.* Dover, New York 2012

Weatherford, Jack *The Secret History of the Mongol Queens: How the Daughters of Genghis Khan Rescued His Empire.* Crown Publishers, New York 2010

»The Wrestler Princess.« Roundtable (Blog), *Lapham's Quarterly,* September 2010. http://tinyurl.com/bqjvdyq (Abrufdatum: 15. Mai 2013)

Lakshmibai

Kincaid, C.A. »Lakshmibai Rani of Jhansi.« *Journal of the Royal Asiatic Society* Nr. 1–2 (Januar 1943), S. 100–104

Lebra-Chapman, Joyce *The Rani of Jhansi: A Study in Female Heroism in India.* University of Hawaii Press, Honolulu 1986

Mukherjee, Rudrangshu »The Reluctant Rebel: Rani Lakshmibai of Jhansi.« *Manushi* Nr. 87 (1995), S. 6–10

Hatschepsut

Brown, Chip »Hatshepsut.« *National Geographic,* April 2009

»Egypt's Golden Empire.« PBS interactive website, 15. März 2006 http://tinyurl.com/2lmqnd (Abrufdatum: 15. Mai 2013)

Tyldesley, Joyce *Hatschepsut: Der weibliche Pharao.* Limes Verlag, München 1997

»Hatshepsut and Tuthmosis: A Royal Feud?« BBC History, 17. Februar 2011 http://tinyurl.com/7xvfpyb (Abrufdatum: 15. Mai 2013)

Wilford, John Noble »Tooth May Have Solved Mummy Mystery.« *New York Times* vom 27. Juni 2007

Familienangelegenheiten

Dobbs, David »The Risks and Rewards of Royal Incest.« *National Geographic,* September 2010

Wu Zetian

Anderson, Mary M. *Hidden Power: The Palace Eunuchs of Imperial China.* Prometheus Books, Buffalo 1990

Barrett, T. H. *The Woman Who Discovered Printing.* Yale University Press, New Haven 2008

Clements, Jonathan *Wu: The Chinese Empress Who Schemed, Seduced, and Murdered Her Way to Become a Living God.* Sutton Publishing, Stroud 2007

Dash, Mike »The Demonization of Empress Wu.« Past Imperfect (Blog), *Smithsonian,* 10. August 2012 http://tinyurl.com/bv79xlg (Abrufdatum: 15. Mai 2013)

Auf Weis Weise

Clements, Jonathan *Wu: The Chinese Empress Who Schemed, Seduced, and Murdered Her Way to Become a Living God.* Sutton Publishing, Stroud 2007

Njinga

Heywood, Linda M. und John K. Thornton *Central Africans, Atlantic Creoles, and the Foundation of the Americas, 1585–1660.* Cambridge University Press, New York 2007

Jones, David E. *Women Warriors: A History.* Brassey's, Washington D. C. 1997

Miller, Joseph C. *Kings and Kinsmen: Early Mbundu States in Angola.* Clarendon Press, Oxford 1976

»Nzinga of Matamba in a New Perspective.« *Journal of African History* 16, Nr. 2 (1975), S. 201–216

Orchardson-Mazrui, Elizabeth *Nzinga, the Warrior Queen.* Jomo Kenyatta Foundation, Nairobi 2006

Schwarz-Bart, Simone und Andre Schwarz-Bart *In Praise of Black Women.* Vol. 1, *Ancient African Queens.* University of Wisconsin Press, Madison 2001

Sweetman, David *Queen Nzinga: The Woman Who Saved Her People.* Longman, London 1971

Thornton, John »Legitimacy and Political Power: Queen Nzinga, 1624–1663.« *Journal of African History* 32, Ausg. 1 (1991), S. 25–40

Justa Grata Honoria

Bury, J. B. »Justa Grata Honoria.« *Journal of Roman Studies* 9 (1919), S. 1–13

Gordon, Colin Douglas *The Age of Attila: Fifth-Century Byzantium and the Barbarians.* University of Michigan Press, Ann Arbor 1960

Jenkins, Philip. *Jesus Wars: How Four Patriarchs, Three Queens, and Two Emperors Decided What Christians Would Believe for the Next 1,500 Years.* HarperOne, New York 2010

Oost, Stewart Irvin *Galla Placidia Augusta: A Biographical Essay.* University of Chicago Press, Chicago 1968

Isabella von Frankreich

Castor, Helen *She-Wolves: The Women Who Ruled England Before Elizabeth.* Faber, London 2010

Die Hexen-Prinzessinnen

Davis, J. *Duke Humphrey: A Sidelight on Lancastrian England.* Hrsg. Mary P. Lucy. Arthur H. Stockwell, Ilfracombe 1973

Gregory, Philippa, David Baldwin und Michael Jones *The Women of the Cousin's War.* Simon & Schuster, New York 2011

Mantel, Hilary »Anne Boleyn: Witch, Bitch, Temptress, Feminist.« *The Guardian,* 11. Mai 2012

Vickers, Kenneth Hotham *Humphrey, Duke of Gloucester: A Biography.* A. Constable, London 1907
Deutsche Übersetzung der Zitate aus William Shakespeare – Heinrich VI nach:
Shakespeare's Dramatische Werke. Übersetzt von August Wilhelm Schlegel. Achter Theil. Unger Verlag, Berlin 1801

Roxelane

Clot, André *Suleiman the Magnificent: The Main, His Life, His Epoch.* Saqi Books, London 2005
Peirce, Leslie P. *The Imperial Harem: Women and Sovereignty in the Ottoman Empire.* Oxford University Press, New York 1993
Yermolenko, Galina I. (Hg.) *Roxolana in European Literature, History and Culture.* Ashgate, Fanham 2010
»Roxolana: The Greatest Empress of the East.« *The Muslim World* 95, Nr. 2 (April 2005)

Catherine Radziwill

»Ex-Princess Held at Ellis Island.« *New York Times* 30. April 1917
Ferrant, Leda *The Princess from St. Petersburg.* Book Guild, Lewes 2000
»Princess Radziwill Held as Hotel Beat.« *New York Times* 14. Dezember 1921
Roberts, Brian *Cecil Rhodes and the Princess.* Hamish Hamilton, London 1969
Thomas, Antony *Rhodes: The Race for Africa.* Penguin, London 1997

Stephanie von Hohenlohe

Hohenlohe, Franz zu *Stephanie: das Leben meiner Mutter.* Amalthea, München/Wien 1991
Roosevelt, Franklin Delano »Memorandum regarding Princess Stephanie von Hohenlohe Waldenburg, with aliases.« 28. Oktober 1941. Franklin D. Roosevelt Presidential Library and Museum, New York
Schad, Martha *Hitlers Spionin: das Leben der Stephanie von Hohenlohe.* Heyne, München 2002
Wilson, Jim *Nazi Princess: Hitler, Lord Rothermere, and Princess Stephanie von Hohenlohe.* History Press, Gloucestershire 2011

Lucrezia

Bellonci, Maria: *Lucrezia Borgia.* Phoenix, London 2002
Bradford, Sarah *Lucrezia Borgia: Life, Love and Death in Renaissance Italy.* Viking, New York 2004
Gregorovius, Ferdinand *Lucretia Borgia: According to Original Documents and Correspondence of Her Day.* Übers. John Leslie Garner. Benjamin Blom, New York 1904
Shankland, Hugh *The Prettiest Love Letters in the World: Letters between Lucrezia Borgia and Pietro Bembo.* Collins Harvill, London 1987
Deutsche Übersetzung des Zitats aus Victor Hugo – Lucrezia Borgia nach:
Hugo, *Lucrezia Borgia*, Übers. Philipp Külb, Mainz 1833, S. VII–VIII

Malinche
Cutter, Martha J. »Malinche's Legacy: Translation, Betrayal, and Interlingualism on Chicano/a Literature.« *Arizona Quarterly: A Journal of American Literature, Culture and Theory* 66, no. 1 (Spring 2010): S. 1–33
Cypess, Sandra Messinger *La Malinche in Mexican Literature from History to Myth.* University of Texas Press, Austin 1991
Thompson, Maris Wistar »La Malinche: Various Perspectives.« In: Gerald M. Garmon (Hg.) *Selected Essays from the International Conference on Word and World of Discovery 1992*, West Georgia International Conference, Carrolton 1994
Townsend, Camilla *Malintzin's Choices: An Indian Woman in the Conquest of Mexico.* University of New Mexico Press, Albuquerque 2006

Prinzessinnen als Kriegsbeute
Maund, Kari *Princess Nest of Wales: Seductress of the English.* Tempus, Stroud 2007

Sophie Dorothea
Herman, Eleanor *Im Bett mit dem König.* Fischer Krüger, Frankfurt a. M. 2004
Dies. *Leidenschaft im Dienste ihrer Majestät.* Krüger, Frankfurt a. M. 2006
Van der Kiste, John *The Georgian Princesses.* Sutton Publishing, Stroud 2000
Williams, Robert Folkstone *Memoirs of Sophia Dorothea, consort of George I, chiefly from the secret archives of Hanover, Brunswick, Berlin, and Vienna …* London: H. Colburn, 1845.

Ehe oder Irrenanstalt?
Marengo »Princess Louise of Belgium: ›Eve After The Fall of Man.‹« The Royal Articles, 19. Mai 2009. http://tinyurl.com/banvev7 (Abrufdatum: 15. Mai 2013)
»Princess Louise of Belgium Elopes.« *New York Times,* 1. Februar 1897
»Princess Louise of Belgium Insane.« *New York Times,* 6. Januar 1902
»Princess Louise, Long a Court Exile, Dies.« *New York Times,* 2. März 1924
»Sister Asks Judicial Counsil For Estate of Louise of Belgium.« *New York Times,* 12. März 1912
»$300,000 for Princess: Louise of Belgium Settles Her Troubles With Creditors.« *New York Times,* 18. Januar 1914

Sarah Winnemucca
Canfield, Gae Whitney *Sarah Winnemucca of the Northern Paiutes.* University of Oklahoma Press, Norman 1983
Hopkins, Sarah Winnemucca *Life Among the Piutes: Their Wrongs and Their Claims.* Hg. Mrs Horace Mann. Cupples, Upham, Boston 1883
Lape, Noreen Groover »›I Would Rather Be with My People, but Not to Live with Them as They Live‹: Cultural Liminality and Double Consciousness in Sarah Winnemucca Hopkins's *Life Among The Piutes: Their Wrongs and Claims.*« *American Indian Quarterly* 22, no. 3 (Summer 1998): S. 259–279

McClure, Andrew S. »Sarah Winnemucca: [Post]Indian Princess and Voice of the Paiutes.« *MELIUS* 24, no. 2 (Summer 1999): S. 29–51
Senier, Siobhan *Voices of American Indian Assimilation and Resistance: Helen Hunt Jackson, Sarah Winnemucca, and Victoria Howard.* University of Oklahoma Press, Norman 2001
Sneider, Leah »Gender, Literacy, and Sovereignty in Sarah Winnemucca's *Life Among the Piutes.*« *American Indian Quarterly* 36, no. 3 (Summer 2012): S. 257–287
Sorisio, Carolyn »Playing the Indian Princess? Sarah Winnemucca's Newspaper Career and Performance of American Indian Identities.« *Studies in American Indian Literatures* 23, no. 1 (Spring 2011): S. 1–37
Stewart, Patricia. »Sarah Winnemucca: Paiute Princess.« *Nevada Magazine* 1978

Sofka Dolgoruki

Dolgoruki, Sofka *Sofka.* Zsolnay Verlag, Wien und Hamburg 1968
Zinovieff, Sofka *Die rote Prinzessin: Ein revolutionäres Leben.* Zsolnay Verlag, Wien und Hamburg 2008

Christina von Schweden

Buckley, Veronica *Christina – Königin von Schweden.* Eichborn, Frankfurt a. M. 2005
Jones, David E. *Women Warriors: A History.* Brassey's, Washington D.C. 1997
Thomas, Henry und Dana Lee Thomas *Living Biographies of Famous Women.* W. H. Allen, London 1959

Carabu

Gutch, John Matthew *Caraboo: A narrative of a singular imposition, practised upon the benevolence of a lady residing in the vicinity of the city of Bristol…* Baldwin, Cradock and Joy, London 1817
Raison, Jennifer und Michael Goldie *Caraboo: The Servant Girl Princess. The Real Story of the Grand Hoax.* Windrush Press, Gloucestershire 1994
Wells, John *Princess Caraboo: Her True Story.* Pan Books, London 1994

Sechs Tipps für falsche Prinzessinnen

Bloch, Hannah »Mummy Not So Dearest.« *Time,* 23. April 2001
Brodie, Neil »Persian Mummy.« Trafficking Culture, 12. August 2012. http://tinyurl.com/a38np7j (Abrufdatum: 15. Mai 2013)
Burton, Sarah *Impostors: Six Kinds of Liar.* Viking, London und New York 2000
Danilevsky, Grigory *The Princess Tarakanova: A Dark Chapter of Russian History.* Swan Sonnenschein, London 1891
Grigoriadis, Vanessa »Her Royal Lie-ess.« Intelligencer (blog), *New York,* 21. Mai 2005. http://tinyurl.com/at7gdlv (Abrufdatum: 15. Mai 2013)
Khan, Aamer Ahmed »Burial for Pakistan's Fake Mummy.« BBC News, 5. August 2005. http://tinyurl.com/aelytlv (Abrufdatum: 15. Mai 2013)
Martinez, Jose »Fake Princess Antoinette Millard Drops $1.1 Million Lawsuit

against Michael Eigen New Directions.« *New York Daily News,* 26. März 2010
»Mysterious Mummy ›Princess‹ Examined in Pakistan.« *Al Bawaba,* 26. Oktober 2000. http://tinyurl.com/a8fyy5n (Abrufdatum: 15. Mai 2013)
»The Mystery of the Persian Mummy.« *BBC Horizon,* BBC Two, 20. September 2001, Transkript: http://tinyurl.com/ax6q9 (Abrufdatum: 15. Mai 2013)
Naqvi, Abbas »Fake ›Mummy‹ Still Awaits Burial.« BBC News, 24. Januar 2008. http://tinyurl.com/aac9l6r (Abrufdatum: 15. Mai 2013)
Romey, Kristin M. und Mark Rose: »Special Report: Saga of the Persian Princess.«, *Archeology* 54, no. 1 (Jan/Feb 2001)
Saulny, Susan »Officials Cite Big Spending of a Princess Who Wasn't.« *New York Times,* 8. Mai 2004
Serres, Olivia Wilmot *The Princess of Cumberland's Statement to the English Nation, as to her application to ministers…* Redford & Robins, London 1822
Shapiro, Harriet »Dressmaking Was Not Beneath India's Princess Sumair – Now Only Her Prices Are Untouchable.« *People,* 5. Mai 1980
Sheppard, Eugenia »Designing Princess Flouts Custom.« *Palm Beach Daily News,* 27. November 1979
Wasserstein, Bernard »Collaborators and Renegades in Occupied Shanghai.« *History Today* 48, no. 9 (1998): S. 20
Ders. *Secret War in Shanghai: Treachery, Subversion and Collaboration in the Second World War.* Profile Books, London 1999

Charlotte von Preußen

Connolly, Kate »Sex parties, bloody duels, and blackmail: Life at court of last German emperor.« *The Guardian,* 2. September 2010
Van der Kiste, John *Charlotte and Feodora: A troubled Mother-Daughter Relationship in Imperial Germany.* Amazon Media, Seattle 2012

Clara Ward

»American Girls Who Married Titles: Clara Ward Becomes Princess Chimay.«, *The Pittsburgh Press,* 13. Juni 1915
»American Who Thrilled Europe with Her Loves: End of a Whirlwind Career.« *Evening Telegraph,* 4. Januar 1917
Amory, Cleveland *Who Killed Society?* Harper, New York 1960
Cabot, James L. »Lumberman's Daughter Married a Prince.« *Ludington Daily News,* Ders. 1. März 2003
»The Chimay Scandal.« *Lincolnshire Echo,* 3. August 1897
»Clara Ward Left by Angry Husband.« *The Pittsburgh Press,* 19. Juni 1910
Henrickson, Wilma Wood (Hg.) *Detroit Perspectives: Crossroads and Turning Points.* Wayne State University Press, Detroit 1991
»Hooting a Princess: The Gipsy and His Royal Wife: Hissed in a Paris Theatre.« *The Evening Post,* 5. April 1902
Passante, Anna »Clara Ward: Paparazzi Princess.« *Bay View Compass,* 1. August 2010
»The Princess de Chimay.« *Evening Telegraph,* 23. Januar 1897
»A Princess with Conneaut Connections.« *Star Beacon,* 1. April 2012

Die Dollar-Prinzessinnen
Brandon, Ruth *The Dollar Princesses*. Weidenfield and Nicolson, London 1980
Kahan, Sylvia *Music's Modern Muse: A Life of Winnaretta Singer, Princesse de Polignac*. University of Rochester Press, Rochester 2003
Sebba, Anne »Hearts and Hearths.« *History Today* 57, no. 9 (2007): 2
»What Happened to Gladys Deacon, Duchess of Marlborough?« BBC News, 17. Februar 2011 http://tinyurl.com/b3b8m8w (Abruf-datum: 15. Mai 2013)

Gloria von Thurn und Taxis
Colacello, Bob »The Conversion of Gloria TNT.« *Vanity Fair*, Juni 2006
Ders. »Let Them Eat Lobster!« *Vanity Fair*, September 1986
Fesperman, Dan »The Party Over, Bavarian Princess Hosts a Most Unusual Yard Sale.« *The Baltimore Sun*, 10. Oktober 1993
Melikian, Souran »Death and Taxes Squeeze Thurn und Taxis Estate: The Growing Cost of Keeping Art.« *New York Times*, 22. Juli 1992
Petkanas, Christopher »Icon of the Decade: the 1980s: Gloria von Thurn und Taxis.« *W Magazine*, November 2012
»Princess Gloria von Thurn und Taxis.« *Bloomberg Businessweek*, 16. Juni 2002
Rockwell, John »A Princess Tightens Her High-Fashion Belt.« *New York Times*, 14. Oktober 1993
Silva Horacio »The Talk: Gloria in Extremis.« *T Magazine*, 4. Dezember 2008
Stockem, Stefani »A New Bang for ›TNT‹: Princess Gloria's New York Tea Party.« *Spiegel Online*, 9. Oktober 2008 http://tinyurl.com/cdoxmk4 (Abrufdatum: 15. Mai 2013)
»West Wing.« Thurn und Taxis Family Website. http://tinyurl.com/bnge6ts (Abrufdatum: 15. Mai 2013)

Prinzessinnen-Exzesse
Pettifer, Hannah »Thai Princess Clears Shelves During 8-hour, $40,000 UK Antique Shopping Spree.« NBC News, 8. Oktober 2012. http://tinyurl.com/d28xpxf (Abrufdatum: 15. Mai 2013)
Rayner, Gordon »WikiLeaks cables: Thailand's Royal Pet.« *Daily Telegraph*, 5. Februar 2011
Rice, Tamara Talbot *Elisabeth von Russland: die letzte Romanow auf dem Zarenthron*. Callwey, München 1973
Shaw, Adrian »Epic bail: Saudi princess caught doing a runner from hotel at 3:30 am … with 60 servants in tow.« *The Mirror*, 5. Juni 2012
Wilson, Peter H. »Women and Imperial Politics: The Württemberg Consorts 1674–1757.« In: Clarissa Campbell Orr (Hg.) *Queenship in Europe, 1660–1815: The Role of the Consort*, S. 221–251. Cambridge University Press, Cambridge 2004

Caroline von Braunschweig-Wolfenbüttel
Holme, Thea *Caroline: A Biography of Caroline of Brunswick*. Atheneum, New York 1980

Melville, Lewis [Lewis Saul Benjamin] *An Injured Queen: Caroline of Brunswick.* Hutchinson, London 1912
Plowden, Alison *Caroline and Charlotte: Regency Scandals, 1795–1821.* History Press, Stroud 2005
Richardson, Joanna *The Disastrous Marriage: A Study of George IV and Caroline of Brunswick.* Cape, London 1960
Van der Kiste, John *The Georgian Princesses.* Sutton Publishing, Stroud 2000

Pauline Bonaparte

Fleischman, Hector *Pauline Bonaparte and her lovers, as revealed by contemporary witnesses, by her own loveletters, and by the anti-Napoleonic pamphleteers.* John Lane, London 1914
Fraser, Flora *Pauline Bonaparte: Venus of Empire.* Alfred Knopf, New York 2009
Kühn, Joachim *Pauline Bonaparte.* Müller & Kiepenheuer Verlag, Potsdam & Berlin 1935
Ortzen, Len *Imperial Venus: The Story of Pauline Bonaparte-Borghese.* Constable, London 1974

Margaret

Dempster, Nigel *H. R. H. the Princess Margaret: A Life Unfulfilled.* Chivers Press, Bath 1981
Heald, Tim *Princess Margaret: A Life Unravelled.* Weidenfeld & Nicolson, London 2007
Lawrence, Will »Revisiting the Riddle of Baker Street.« *The Daily Telegraph,* 15. Februar 2008

Anna von Sachsen

Midelfort, H. C. Erik *Verrückte Hoheit: Wahn und Kummer in deutschen Herrscherhäusern.* Klett-Cotta, Stuttgart 1996
Wedgwood, C. V. *Wilhelm der Schweiger. Graf von Nassau, Fürst von Oranien 1533–1584.* Claassen & Goverts, Hamburg 1949

Drei wahnsinnige Prinzessinnen

Aram, Bethany *Juana the Mad: Sovereignty and Dynasty in Renaissance Europe.* Johns Hopkins University Press, Baltimore 2005
Fox, Julia *Sister Queens: The Noble, Tragic Lives of Katherine of Aragon and Juana, Queen of Castile.* Ballantine, New York 2011
Levy, Deborah, und Kate Bland, Prod. »The Glass Piano.« BBC Radio 3, Dezember 2011
Midelfort, H.C. Erik *Verrückte Hoheit: Wahn und Kummer in deutschen Herrscherhäusern.* Klett-Cotta, Stuttgart 1996
Poeta, Salvatore »The Hispanic and Luso-Brazilian World: From Mad Queen to Martyred Saint: The Case of Juana la Loca Revisited in History and Art on the Occasion of the 450th Anniversary of Her Death.« *Hispania* 90, no. 1 (März 2007): S. u 165–172
Roberts, Jenifer »Portugal's Mad Queen.« *History today* 57, no. 12 (2007): S. 32

Thorne, Tony *Countess Dracula: The Life and Times of the Blood Countess, Elisabeth Báthory.* Bloomsbury, London 1997

Elisabeth von Österreich

Haslip, Joan *Elisabeth von Österreich.* Biederstein, München 1966
Sinclair, Andrew *Elisabeth: Kaiserin von Österreich.* Econ, München 2000

Hütet euch vor dem schwarzen Zwerg

Radziwill, Catherine *The Black Dwarf of Vienna and Other Weird Stories.* William Rider and Son, London 1916

Charlotte von Belgien

Haslip, Joan *Maximilian Kaiser von Mexiko.* Heyne, München 1988
Ibsen, Kristine *Maximilian, Mexico, and the Invention of Empire.* Vanderbilt University Press, Nashville 2010
Reiss, Ben »Death by Firing Squad.« *History Today* 57, no. 1 (2007): S. 2

Könglicher Draht nach oben

Astarte Education Website http://tinyurl.com/mjmkxrz (Abrufdatum: 5. Juni 2013)
»Norway princess ›talks to angels.‹« BBS News, 25. Juli 2007. http://tinyurl.com/lamg7d7 (Abrufdatum: 5. Juni 2013)
»Norway's princess moving to London with family.« The Local, 27. April 2012. http://tinyurl.com/n24dh6v (Abrufdatum: 5. Juni 2013)
»Princess Märtha Louise celebrates 40th birthday.« Norway.com, 22. September 2011. http://tinyurl.com/kc3syt3 (Abrufdatum: 5. Juni 2013)
»Princess upsets Norway's bishops.« Views and News from Norway, 14. September 2010. http://tinyurl.com/22n6ps8 (Abrufdatum: 5. Juni 2013)

Franziska

King, Greg und Penny Wilson *The Resurrection of the Romanovs: Anastasia, Anna Anderson, and the World's Greatest Royal Mystery.* Wiley, Hoboken 2011
Tucker, William O., Jr. »Jack & Anna: Remembering the Czar of Charlottesville Eccentrics.« *The hook,* no. 627 (5. Juli 2007)

Berühmte letzte Worte

Fraser, Antonia. *Marie Antoinette: The Journey.* London: Phoenix, London 2001
»Noor Anayat Khan: The *Princess* who Became a Spy.« *The Independent,* 20. Februar 2006. http://tinyurl.com/2ejarkw (Abrufdatum: 5. Juni 2013)
Olsoufieff, Alexandra. »Palace Personalities: HIH Grand Duchess Elisabeth Feodorovna.« Trans. Rob Moshein. Alexander Palace Time Machine http://tinyurl.com/kq5y8zz (Abrufdatum: 5. Juni 2013)
Serfes, Archimandrite Nektarios »Murder of the Grand Duchess Elizabeth.« Achimandrite Nektarios Serfes Website http://tinyurl.com/mmauaao (Abrufdatum: 5. Juni 2013)

Danksagung

Dieses Buch hätte ich niemals schreiben können ohne die Arbeit der vielen Historiker, die sich der Aufgabe gewidmet haben, die Geschichte einer Prinzessin zu erzählen. Ihre wunderbaren Werke haben mir die Arbeit sehr erleichtert – einige meiner Quellen finden Sie in der Bibliographie. Es lohnt sich wirklich, da mal einen Blick hineinzuwerfen.

Die British Library und ihre großartigen Mitarbeiter – einen besonders lieben Gruß an den Lesesaal Geisteswissenschaften I und die Cafeteria! – waren mir eine große Hilfe bei der Recherche. Dass es einen Ort gibt, wo man das 1817 von John Matthew Gutch verfasste Pamphlet über Prinzessin Carabus Abenteuer im ländlichen England im Original lesen, leicht pornographische Darstellungen von Prinzessin Nest beim Liebesspiel mit Henry I. betrachten und einen Gesamtkatalog von Prinzessin Catherine Radziwills Schriften finden kann, ist ein Geschenk.

Ich bedanke mich auch beim wunderbaren Team von Quirk Books, vor allem Jason Rekulak, aus dessen genialer Idee dieses Buch hervorging, und bei Rick Chillot, der als Lektor dafür sorgte, dass es auch sinnvoll und ordentlich ist. Ein dickes Dankeschön an die Leute vom *Mental Floss Magazine*, den ehemaligen wie den aktiven, die mich dazu gebracht haben, Texte über die Geschichte des Toilettenpapiers oder den Einfluss des Essens auf die menschliche Evolution zu schreiben.

Ich danke meinen Freunden und meiner Familie (McRobbies, Eides und London), die sich unzählige Geschichten anhören mussten über diese Prinzessin, die mit einem Zigeuner durchbrannte, und jene Prinzessin, die ihre Rivalinnen auf so unglaublich grausige Weise aus dem Weg räumte. Meiner Mutter Anita Corbitt danke ich dafür, dass sie mich nie ihre »kleine Prinzessin« genannt hat und auch ansonsten einfach großartig war. Und danke Joel Corbitt, meinem Stiefvater, dafür, dass er sie geheiratet hat. Meinem prächtigen, wunderbaren, anbetungswürdigen, klugen kleinen Sohn Austin Thomas Rodriguez McRobbie – danke, du bist für mich der beste Grund, jemals die Bibliothek zu verlassen.

Und natürlich danke ich einem, ohne den dieses Buch viel, viel dünner wäre (praktisch nicht vorhanden): meinem Kater Norgus.

Das war nur ein Witz, Kätzchen, du bist ein Idiot. Tatsächlich verantwortlich dafür, dass Sie diese Seiten lesen können, ist Christopher Austin McRobbie, mein persönlicher Märchenprinz – danke, dass ich morgens so oft ausschlafen konnte.

Register